JÉRÔME CORDELIER

APRÈS LA NUIT

Ces chrétiens
qui ont reconstruit
la France et l'Europe
1945-1954

CALMANN LÉVY

CALMANN LÉVY
ÉDITEUR DEPUIS 1836

COUVERTURE
Maquette : Olo.éditions
Photographie : © Jakub Kriz/Unsplash

ISBN : 978-2-7021-8521-6

À mes enfants, Ludovic et Élise
et à leur cousine et cousin, Madeleine et Felix,
à ce fil précieux qui les lie à leurs grands-parents,
Jean-Pierre et Annie Cordelier.

AVANT-PROPOS

« Plus nous savons, moins nous comprenons. » Cette vieille formule du Prix Nobel de physique Albert Einstein n'a jamais été d'une aussi brûlante actualité. Dans notre XXIe siècle déroutant, les hommes contemporains défrichent les *terrae incognitae* de la modernité conquérante avec la foi et la ferveur des pionniers et des convertis, et c'est heureux ! Mais l'angoisse étreint les peuples et condamne leurs dirigeants, à mesure que les fractures économiques, sociales, géographiques et politiques se multiplient. Alors que les migrations, les guerres, les régimes antidémocratiques bouleversent l'équilibre du monde, que les communautarismes et les surenchères victimaires qui les accompagnent, ainsi que les radicalités, l'arrogance scientiste, le mépris pour le sacré et ses mystères insondables qui vont avec, minent nos sociétés dites postmodernes, ce qui nous reste d'humanité s'inquiète. Où allons-nous ? se demande-t-on. Mais il est une question, tout aussi essentielle, voire davantage encore et que, pourtant, nous dévions quelque peu : d'où venons-nous ?

Cette interrogation, Georges Bernanos l'a tournée et retournée pendant la guerre, comme l'on bêche les sols, dans sa ferme du Minas Gerais, au cœur du Brésil rural. Dans cette terre de lenteur et d'espérance, à la source d'un christianisme des humbles, l'écrivain puisait la force de combattre par les mots la barbarie nazie et de trouver un renouveau spirituel. De retour en France en 1945, après sept années d'exil, ses rêves de résurrection sont vite désabusés, désenchantement qu'il exprime dans son livre prophétique, un de plus, publié deux ans avant sa mort : *La France contre les robots*. En se replaçant dans un long mouvement historique, le volcanique Bernanos déplore l'avènement d'une « Civilisation des Machines » sur l'autel de laquelle l'homme sacrifie sa liberté. Pour s'opposer à cette prise de pouvoir du technique sur chacun, Bernanos en appelle à l'élévation spirituelle : il faut sauver l'âme humaine face à la matière conquérante.

Un combat perdu d'avance ?

> « Je ne prétends pas que la Machine à bourrer les crânes est capable de débourrer les âmes, ou de vider un homme de son âme, comme une cuisinière vide un lapin, écrit Georges Bernanos. Je crois seulement qu'un homme peut très bien garder une âme et ne pas la sentir, n'en être nullement incommodé ; cela se voit, hélas ! tous les jours. L'homme n'a de contact avec son âme que par la vie intérieure, et dans la Civilisation des Machines la vie intérieure prend peu à peu un caractère anormal[1]. »

---

1. Georges Bernanos, *La France contre les robots*, Robert Laffont, 1947. Republié en 2019 par Bouquins-Robert Laffont

À peu près à la même période, Antoine de Saint-Exupéry adresse sa fameuse lettre au général X. Elle est datée du 30 juillet 1944. Ce sera la dernière de l'écrivain : il disparaît en avion le lendemain, au large des côtes marseillaises. Cette lettre, titrée : « Que faut-il dire aux hommes ? », prend donc un aspect prophétique et, quand on la relit aujourd'hui, on est frappé, là aussi, de son actualité. Saint-Ex', comme Bernanos, confie sa tristesse de voir sa génération « vide de toute substance humaine », ses contemporains « plus desséchés que des briques ». Il s'inquiète du déclin de soif spirituelle, de sens de la grandeur, d'élévation, qui transforme les hommes, précise-t-il aussi, en robots.

Une urgence presse cet homme qui va mourir mais qui ne le sait pas.

Que veut Saint-Ex' ?

« Rendre aux hommes une signification spirituelle, des inquiétudes spirituelles, faire pleuvoir sur eux quelque chose qui ressemble à un chant grégorien. On ne peut vivre de frigidaires, de politique, de bilans et de mots croisés, voyez-vous ! On ne peut plus vivre sans poésie, couleur ni amour. » La cause tient en une phrase, écrit Saint-Exupéry : « Redécouvrir qu'il est une vie de l'esprit plus haute encore que la vie de l'intelligence, la seule qui satisfasse l'homme. » Cette lettre de désespérance se conclut toutefois par un message de perspective, qui tient en une expression : « Il faut absolument parler aux hommes. »

---

avec l'ensemble des œuvres de l'écrivain sous le titre *Scandale de la vérité*.

C'est dans cet esprit dont témoignent si puissamment les deux grands écrivains combattants catholiques que se situe l'action des résistants chrétiens après la libération de l'Europe. Catholiques, protestants, orthodoxes, ils furent parmi les premiers à entrer en résistance contre les nazis, en bravant le plus souvent leur culture, leur milieu social et familial, ainsi qu'un pouvoir épiscopal qui soutient le régime de Vichy. Ils furent parmi les premiers, et ils furent si nombreux et si discrets que leurs noms, souvent enfouis dans les oubliettes de l'histoire, finissent par émerger seulement aujourd'hui…

Après la publication de mon enquête sur la résistance de ces chrétiens[2], quelle ne fut pas ma surprise de recevoir tant de messages pour signaler l'histoire de tel homme, telle femme dans un coin de France, qui étaient entrés ainsi dans la lutte clandestine, souvent par hasard, afin de sauver la vie d'êtres humains qu'ils ne connaissaient pas toujours mais qui se trouvaient en danger de mort, en vertu de la haute idée qu'ils se faisaient de la liberté, de leur pays, de leur patrie, de l'humanité…

La guerre est terminée, la paix, comme on le sait, n'est pas installée pour autant. La France est en ruine, l'Europe en miettes, réfugiés et chômeurs errent dans des sociétés délabrées, les luttes pour l'indépendance fracassent les empires coloniaux des grandes puissances, la géopolitique mondiale est en plein bouleversement. Les défis sont immenses, tout est à

---

2. Jérôme Cordelier, *L'espérance est un risque à courir. Sur les traces des résistants chrétiens*, Calmann-Lévy, 2021.

reconstruire : l'économie, l'État, le sens politique, les nations, l'esprit collectif, la fraternité entre les peuples, et la liberté… Les résistants catholiques, protestants, orthodoxes vont se retrouver aux avant-postes de la génération qui a pour tâche de refonder la France et forger l'Europe. Ils sont les bâtisseurs de ces temps de reconstruction qui n'est pas seulement économique, politique, sociale, mais aussi intellectuelle, spirituelle. Ce sont des chefs politiques répondant à une vision du monde, parmi lesquels les pères de l'Europe, dont l'union est garante de la stabilité. De grands intellectuels engagés qui allument des lanternes au milieu des tempêtes. Des prêtres, des pasteurs, des religieux, des religieuses, affolés par la déshumanisation d'un siècle barbare et qui fondent des organisations pérennes pour reconstituer le puzzle social, lesquelles imprègnent notre société aujourd'hui encore, des années après la mort de leurs fondateurs… Comme ils avaient su prendre les armes, matérielles et spirituelles, pour dire « non » aux barbares, ces femmes et ces hommes seront dans cette époque qui commence, et encore longtemps après, le sel d'une société d'expansion et le ferment d'une Europe de la paix.

Leur histoire, on l'a oubliée, et pourtant elle a en grande partie construit la nôtre.

La voici.

Chapitre 1

NE JAMAIS BAISSER LES BRAS

C'est la colère qui la tient. Ce n'est pas la haine, plus maintenant. Ce n'est pas de la rage non plus, elle s'est émoussée, le temps a fait son œuvre. C'est une colère sourde, qui gronde en elle comme un torrent rocailleux dévalant la pente d'une montagne, une colère qui s'écoule dans ses veines, irriguant un vaisseau vivant. Elle est en vie, elle ne devrait plus l'être. Depuis longtemps. « Sans la colère, je n'aurais jamais pu traverser tout cela… », dit-elle d'une voix ferme. Cette colère ne tarit pas, alors qu'elle approche du centenaire, malgré les épreuves, à cause des épreuves. Jacqueline Fleury-Marié est une force de la nature. Elle aurait dû s'écrouler cent fois et rester à terre, elle s'est relevée cent fois. Face à la mort. Face à la vie.

Elle a survécu à un siècle d'épreuves. L'entrée à vingt ans en résistance dans une France occupée par les nazis. Les tortures de la Gestapo. L'enfer des camps. La barbarie jusqu'aux marches de la mort, des jours à marcher sans manger ni boire – contrainte de sucer des brins d'herbe nimbés de rosée pour tenir – sous le joug des SS. Puis l'angoisse à l'aube d'une vie nouvelle, mais qui ne sera jamais comme avant, une famille qui se crée, s'agrandit, et soudain, la mort de ses parents dans un accident de voiture, tous les deux résistants et déportés, sa mère qui avait survécu à deux guerres et à Ravensbrück avec elle... Tués sur le coup, sans que le conducteur de leur véhicule ait la moindre égratignure.

Nous sommes tous les enfants de nos souffrances. Certains sombrent, d'autres tombent et se relèvent. Comment bascule-t-on d'un côté plutôt que de l'autre ? Jacqueline Fleury-Marié a choisi la vie, dans un océan de douleurs, les siennes et celles des autres. Les autres, elle en parle souvent : « À Ravensbrück, j'ai découvert l'amitié, la solidarité, le partage », a-t-elle coutume de dire. Ce sont ses sœurs, les fantômes du camp qui hantent encore et toujours ses nuits. Elles ne sont plus, alors qu'*elle* est restée. C'est grâce à elles, pour elles, avec elles que Jacqueline a décidé de rester. Qu'elle a pu se reconstruire quand tout s'était effondré. Sa force, c'est d'elle-même qu'elle la tient. Et de la colère aussi. De la colère surtout.

Comment croire à la vie, après avoir serré de si près la mort ? Jacqueline m'a souvent raconté que ses camarades, ainsi qu'elle les appelle toujours en regardant son interlocuteur droit dans les yeux, que les survivantes des camps, comme elle, ont trouvé difficile, une fois revenues, de donner la vie.

Elles partagent le même traumatisme comme le racontent ces rescapés dans *Le Grand Livre des témoins* publié sous la direction de Jean-Pierre Vittori.

« Au camp, dit ainsi Marie-Jo Chombart de Lauwe, j'avais adopté une petite Polonaise, Barbara, je m'y étais particulièrement attachée. Elle est morte et cela m'a énormément touchée. Quand je suis rentrée, que je me suis mariée et que j'ai été enceinte, j'ai eu beaucoup de mal à me faire à l'idée de mettre un enfant au monde. Notre terrible angoisse[1]. »

Une angoisse qu'elles partagent toutes.

Après la guerre, certaines n'ont pas eu d'enfants, d'autres en ont mis de nombreux au monde. Pas de juste milieu. Jacqueline a toujours gardé en mémoire l'étrange destin de sa camarade Marie-Madeleine Delabre, qui eut treize enfants. Treize enfants, après la déportation. Elle se souvient aussi de son ami, Daniel Urbejtel, déporté juif, qui eut sept ou huit enfants, alors que le frère de celui-ci, qui connut le même sort, n'en eut aucun.

Des enfants, pour conjurer la malédiction de Ravensbrück. C'est la vie qu'elle aussi a choisie, la vie qu'elle s'est choisie. Dieu les avait oubliées, comme elle le dit souvent, elle et ses camarades du camp – à l'exception de Germaine Huard et de Geneviève de Gaulle-Anthonioz, toutes deux portées par une foi extraordinaire. Dieu, Jacqueline le retrouvera chez son mari, Guy Fleury. Connu avant la guerre, elle l'épouse le 21 mars 1946. L'espérance tranquille de cet homme, patient et cultivé, jaillira sur elle. « Une chance », dit-elle. Le christianisme tiendra une place importante au sein de la famille Fleury-Marié.

1. En dehors de celui de Jacqueline Fleury-Marié, les témoignages des rescapés cités dans cet ouvrage sont donc tirés du *Grand Livre des témoins*, sous la direction de Jean-Pierre Vittori, avec la collaboration d'Irène Michine, préface de Stéphane Hessel, Les Éditions de l'Atelier, 2005.

« Mon père avait une foi intense, faite d'engagement dans la vie de l'Église, de charité, de don de soi, témoigne Hervé Fleury, l'un de leurs fils, qui fut tenté dans sa jeunesse par la prêtrise, jusqu'à entrer un moment au grand séminaire, avant de renoncer. Mes parents nous ont élevés dans les valeurs du christianisme et du scoutisme ; et même après la mort de mon père, ma mère a toujours continué à suivre la messe tous les dimanches matin[2]. »

Avec cet homme intelligent et pondéré, Jacqueline eut cinq enfants – quatre garçons, une fille –, de qui naquirent dix petits-enfants, qui eux-mêmes leur donnèrent quinze arrière-petits-enfants. La chaîne de la vie. Fonder une famille fut pour elle « un nouvel acte de résistance ». Je me souviendrai toujours de ce jour, le 29 novembre 2019, où elle fut décorée de la grand-croix de la Légion d'honneur dans les salons d'honneur de l'Élysée, par le président de la République Emmanuel Macron. J'étais stupéfait par la foule de ces descendants entourant la vieille dame souriante dont le chef de l'État ne lâchait pas la main.

C'est par les enfants qu'elle a repris le chemin de la vie, qu'elle a pu quitter l'outre-monde. Fuir la peur, la mort et le silence. Oublier les cauchemars, du moins un peu, puisque les cauchemars sont à jamais les compagnons des déportés. On ne revient jamais des camps de la mort.

« Pendant de longs mois après notre retour, je rêvais presque chaque nuit de notre arrivée au camp,

2. Hervé Fleury, entretien avec l'auteur.

témoignera ainsi Jean-Claude Vogel. Je voyais ma mère monter dans un camion avec mon frère, le camion démarrait, ma mère m'abandonnait. Je me mettais à pleurer et courais derrière le camion ; ma course s'interrompait par le coup de matraque sur la tête que m'assenait l'un des SS. Je me réveillais dans le camp, le cauchemar recommençait. »

Comment reprendre pied parmi les vivants, après les camps, les marches de la mort, le long périple de la Libération[3] ? Au cours des nombreuses conversations que j'ai eu la chance d'avoir avec Jacqueline, cette question m'a toujours taraudé.

« Quand nous sommes rentrés des camps, nous avions l'impression de ne pas être comme tout le monde », avait-elle coutume de répondre.

À la Libération, Jacqueline et sa mère, qui ne se sont pas quittées tout au long de la guerre, se retrouvent, ainsi que tous les déportés, dans le grand hall de l'hôtel *Lutetia*, au milieu de la foule des rescapés et des familles qui cherchent les leurs. Une « ruche » assourdissante, où l'on reçoit jusqu'à 20 000 personnes par jour, dont le brouhaha hurle aux oreilles des deux femmes. Elles se voient attribuer une chambre dans cet établissement de luxe, mais leur premier réflexe est de jeter les matelas par terre : elles sont habituées à dormir sur du dur, à même les planches étroites des châlits de Ravensbrück. Le lendemain matin, après une nuit agitée, on leur donne à chacune dix francs et

3. Lire le témoignage de Jacqueline Fleury-Marié sur ces années de guerre, dans *Résistante*, Calmann-Lévy, 2019.

un ticket de métro pour tout viatique, afin de repartir chez elles. Près de quatre-vingts ans plus tard, Jacqueline se montrait encore indignée de la brutalité de ce retour :

> « On nous a lâchées comme ça, seules dans la nature ; j'étais très en colère. Pour ma mère, surtout, qui avait déjà vécu la guerre de 1914, et qu'on laissait ainsi dans le vague. Nous avions reçu un nombre incalculable de coups de matraque des SS, et nos libérateurs, notre pays, la France, pour laquelle nous nous étions battues, nous abandonnait. Nous nous étions extirpées des décombres de l'Allemagne. Nous sortions de l'enfer, où tous les jours on croyait qu'on allait mourir ; même encore aujourd'hui, je me demande si nous n'aurions pas mieux fait… N'ayant plus que la peau sur les os, nous avions toutes une drôle d'allure. Monter les escaliers du métro, être bousculées par la foule, tout ce qui avant relevait de l'ordinaire paraissait désormais insurmontable. Il nous fallait tout réapprendre[4]. »

On leur avait donné des vêtements plus convenables, mais comme elles étaient « très marquées physiquement », selon les mots de Jacqueline, les passants qui les croisaient les toisaient avec un mélange d'ahurissement et de peine. C'était ce que Jacqueline ressentait. Elle eut du mal à supporter leur regard, nous dira-t-elle.

Bien après que les militaires et les politiques eurent fait la paix, dans les cœurs ordinaires, la guerre continuait.

---

4. Entretien avec l'auteur, 23 novembre 2021.

« Voilà, c'est le retour à la vie, expliquera ainsi Renée Moreau. Le monde que nous retrouvons est tellement différent : ce retour nous montre combien nous avons été déracinés, il faudra nous réadapter à la vie progressivement. Nous restons entre deux mondes qui s'affrontent en nous. Il faut tout repenser, tout redécouvrir, retrouver un sens à cette nouvelle vie. »

Ces vertiges de l'inconnu, ainsi en parlera Denise Dufournier : « À la joie du retour, que tempérait la tristesse d'être si peu nombreuses, s'ajoutait l'angoisse de l'inconnu que nous allions affronter. Il nous semblait que nous sortions d'un long et inexplicable cauchemar. Ce monde, dans lequel nous venions d'être si subitement réintroduites, nous était étranger. »

Était-ce la fin, dans le paradoxe de la promesse d'une aube nouvelle, de la fameuse « solidarité des camps » qui permit à ces femmes et à ces hommes de traverser ces épreuves, et dont surent témoigner avec force Geneviève de Gaulle-Anthonioz et Germaine Tillion, entre autres ?

« Nous venions de quitter nos compagnes de déportation, et c'était un déchirement, poursuit Jacqueline Fleury-Marié. Je ne sais pas si vous pouvez comprendre, mais dans les camps, nous étions toujours quatre camarades, soudées les unes aux autres ; on avait l'habitude de s'appuyer sur une épaule ou de saisir une main amie. Notre camarade, Germaine Huard, qui avait laissé ses enfants – elle en avait eu cinq –, son mari, ses parents, nous avait quittées sur le quai du train pour les rejoindre, et nous avions vécu son départ comme un arrachement… »

Voici Jacqueline et sa mère devant chez elles, boulevard de Lesseps, dans le quartier Montreuil, à Versailles. Dans quel état vont-elles trouver la maison ? Que sont devenus les hommes de la famille, le père et le fils, que les deux femmes n'ont pas revus depuis le début de la guerre ? Eux aussi se sont engagés contre les nazis. Où sont-ils ? Ont-ils été arrêtés ? Ont-ils survécu ? Une frêle silhouette, que Jacqueline a du mal à reconnaître de prime abord, leur ouvre la porte. Papa ! « Il venait de sortir de l'hôpital de Percy, raconte Jacqueline. Il avait été déporté à Buchenwald, et, diabétique, il était devenu aveugle. On l'avait récupéré sur un charnier, où il avait été laissé pour mort. Perdre la vue, c'était l'horreur pour lui. Ne pas pouvoir lire et écrire, pour un historien… La fin du monde. »

Le père donne des nouvelles du fils, qui est vivant lui aussi ; il s'est même marié, pendant l'hiver 44, avec une Versaillaise. Les deux femmes pénètrent dans la maison. Les pièces sont en grande partie vides. Elle a été pillée. Il ne reste plus grand-chose.

Et maintenant ?

Les premiers jours sont terribles.

> « On se retrouve dans nos habitudes, raconte Jacqueline, mais nos habitudes, elles sont nulles. Personne pour nous aider dans le voisinage. On ne nous donne même pas un morceau de pain. La sensation qui m'habite le plus est celle du vide. On revient de l'enfer, mais dans cet enfer, nous avions des compagnes extraordinaires, on se serrait les coudes. Et au retour, rien. Pas une main tendue. La mairie est tenue par les communistes, sous la férule d'Émile Sosthène Labeyrie,

qui a été gouverneur de la Banque de France sous le Front populaire, puis premier président de la Cour des comptes avant sa révocation par Pétain en 1940. Ils nous ignorent. Pas un ne bouge. »

Pour nombre de déportés, le chemin du retour est un long périple, qui s'étire sur de lentes semaines ; certains doivent transiter par plusieurs centres de rapatriement, parfois à travers plusieurs États comme la Suède, bringuebalés de bus en trains, durant d'épuisants trajets. 20 millions de déplacés se retrouvent sur les routes de l'Europe en ruine ; rescapés des camps, travailleurs forcés, habitants du Reich vaincu se mélangent dans cette longue errance. Ils sont si nombreux que les camps humanitaires montés à la hâte par les Alliés, certains dans les anciens lieux d'extermination nazis, ne peuvent accueillir ce flot ininterrompu d'hommes, de femmes et d'enfants, jusqu'à ce que l'Unrra, l'Administration des Nations unies pour le secours et la reconstruction, largement financée par les États-Unis, monte en puissance afin de prendre en charge le problème.

Le retour à la maison sera pour beaucoup de libérés une épreuve interminable – et pour certains, qui ont tout perdu, cette errance durera des années.

Ainsi André Roth évoque-t-il cette liberté retrouvée au compte-gouttes :

« Je suis rentré bien après les autres, en train sanitaire, et une ambulance m'a emmené à l'hôpital. De cette ambulance, je voyais les gens dans la rue qui marchaient normalement. Je retrouvais un monde que je ne connaissais pas, avec lequel j'avais totalement perdu le contact.

Mes premiers pas dehors, je les ai faits soutenu par ma tante et ma sœur aînée. Je pesais trente-huit kilos. »

S'extirper de l'enfer, c'est un chemin de croix qui n'en finit pas.

> « La mémoire me revient, je suis capable de lire un peu, d'écrire, de faire quelques promenades sans ma canne, raconte Suzanne Busson. J'essaye d'obtenir quelques renseignements des déportés, car mon mari ne rentre pas et à l'impatience d'un retour succède l'anxiété. J'arrive à connaître son lieu de déportation : Mauthausen ; son commando : Gusen, et par étapes – parce qu'on veut me ménager, hélas ! –, j'apprends sa maladie, sa mort ! Nous étions donc ensemble, à quatre kilomètres l'un de l'autre, l'ignorant complètement, entre parenthèses… Tous mes rêves de bonheur sont désormais anéantis. »

Même quand l'un et l'autre ont survécu, des mondes désormais les séparent : « Peu de couples ont résisté à la déportation, surtout quand l'un a été déporté et l'autre pas, indique Monique Nosley. J'étais devenue une autre. Louis était en mission en Angleterre quand je suis revenue. Il m'a rapporté de quoi m'habiller, parce que là-bas il y avait du tissu. Je l'ai regardé, abasourdie : il est fou ! On ne se comprenait pas. »

L'un des voisins des Marié viendra souvent chercher refuge chez Jacqueline et ses parents, parce que en rentrant des camps, il a découvert que sa femme avait couché avec des Allemands. Il ne s'en remet pas, il est anéanti par le chagrin, il en mourra.

Comme on peut l'imaginer, l'épreuve physique et morale des « marches de la mort » pèse de tout son poids sur les corps et les esprits. Jacqueline et sa mère sont très affaiblies. Le docteur Goliard, leur médecin de famille, passe les voir tous les jours, elles sont honorées qu'il « se dérange » pour elles. Cela ne suffit pas : sous-lieutenant des Forces françaises combattantes (ex-France libre), Jacqueline est admise – avec son père – pour des soins à l'hôpital militaire Dominique-Larrey à Versailles. Un vaste hôpital de sept cents lits, installé dans un bâtiment du Grand Commun du château, mais qui, malheureusement, est dans un état d'hygiène déplorable : il n'y a pas de tout-à-l'égout, l'eau a une couleur douteuse. Jacqueline est transférée au Val-de-Grâce à Paris, elle y séjournera longtemps. Et plus tard, durant des années, elle sera obligée de suivre des cures à Vichy – « C'est ce qui m'a sauvée », me dira-t-elle.

Jacqueline, encore :

> « Beaucoup de camarades sont morts en arrivant de déportation, à cause de l'alimentation. Les anciens prisonniers mangeaient trop, alors que leur estomac avait rétréci ; à tel point que l'une de mes camarades devait être nourrie à la petite cuillère. Avant de reprendre un équilibre alimentaire normal, il va se passer du temps. Nous sommes obligés de cantonner nos repas à de petites quantités. »

À Versailles, comme ailleurs en France, l'hiver est rude, on se chauffe avec une grande difficulté, les denrées alimentaires manquent encore. Devant les commerces, les files d'attente perdurent... Il faut attendre le 1er décembre 1949 pour que soit supprimé le Haut-Commissariat au ravitaillement – qui occupait encore 8200 fonctionnaires en mars 1949 (contre 21800 en 1946) – et les derniers tickets de rationnement. *Le Monde* annonce ce jour-là sur trois colonnes à la une « la mise en vente libre du sucre, de l'essence et du café », que vient de décider le Conseil des ministres. Le plan Marshall, l'aide de 2,7 milliards de dollars octroyée par les États-Unis, qui améliore l'ordinaire des Français, n'est mis en place qu'en 1948. Des années après la Libération, les Français doivent encore se « serrer la ceinture ».

> « Nous, on réussit à vivoter grâce à ma grand-mère, qui va nous aider à manger à nouveau normalement en nous accueillant à la campagne, dans le Poitou, relate Jacqueline. Les villageois se pressent pour nous aider, nous chouchouter. Je vois mon père qui reprend un aspect humain. Les gens tout simples de la campagne partagent le peu qu'ils ont, mais dans la grande ville, Versailles, on ressent du vide. »

La capitale royale est, en effet, méconnaissable.

> « Elle est dévastée, se souvient Jacqueline. Le quartier Montreuil, très prisé des vieilles familles, où nous avions toujours habité avec mon frère et mes parents, a été bombardé. Plusieurs maisons ont été détruites, il y a eu des morts. Certains commerces ont fermé, notamment la boutique d'un homme juif, une figure du quartier, qui avait une mercerie vers le milieu de la rue Montreuil, où il vendait du fil, toutes sortes d'aiguilles,

de la laine, des dentelles, du caoutchouc… Il avait disparu ! La gare de Versailles Chantiers a été pulvérisée, parce que Saint-Cyr-l'École, qui est toute proche, et qui est un nœud ferroviaire, était une cible pour les nazis, et parfois les bombardiers visaient mal. »

Dans son quartier, Jacqueline assiste aux allées et venues constantes des camions et des employés de la société Magnard, entreprise de bâtiment et travaux publics travaillant pour la reconstruction de la Normandie, tenue par deux frères, qui a son siège rue Saint-Charles.

L'espoir d'un côté, et de l'autre l'horreur qui continue. La barbarie que Jacqueline voit se prolonger dans la rue, autour de chez elle, dans « la sauvagerie qui se déchaîne », les règlements de comptes, la justice expéditive, les exécutions sommaires après des simulacres de procès. Neuf mille miliciens et collaborateurs sont ainsi exécutés durant l'été 1944. Jacqueline ne supporte pas cette déferlante de haine, cette « épuration sauvage » qui envahit la France. C'est encore une fois Dieu qui s'évapore… La jeune femme est particulièrement affectée, meurtrie même par le spectacle de ces femmes tondues, traînées plus bas que terre. À l'image de l'une d'entre elles, sur la célèbre photo prise par le reporter Robert Capa, le 16 août 1944 dans les rues de Chartres, le jour de la Libération, cette femme au crâne rasé, le front marqué au fer rouge, tenant un nourrisson dans ses bras, pressée par une foule moqueuse et dédaigneuse. Jacqueline tremble. « La tondue de Chartres » s'appelle Simone Touseau, elle a vingt-trois ans ; militante du Parti populaire français de Doriot, elle a servi d'interprète aux Allemands, elle a aimé un soldat de la Wehrmacht, Erich Göz, au vu et au su de tout le monde, et ensemble ils ont eu une fille, Catherine, née quelques jours avant la Libération. On accuse Simone et sa mère – les deux femmes ne cachaient pas leurs convictions anticommunistes et antibritanniques – d'avoir dénoncé des voisins. Plus tard, le parquet relèvera que les charges sont insuffisantes, après que Simone a été condamnée à dix ans d'indignité nationale, en 1947… Ce même mercredi 16 août 1944, à Chartres, onze femmes accusées de « collaboration horizontale » sont tondues ; trois hommes sont exécutés d'une balle dans la tête. Puis la justice spéciale qui se met en place condamnera dans la ville 162 personnes – dont 7 à la peine de mort – et prononcera 278 peines d'indignité nationale.

Ces cours de justice appelées chambres civiques sont créées pour juger les faits de collaboration « mineurs ». Elles prononcent l'indignité nationale – crime institué par l'ordonnance du 26 août 1944 –, accompagnée de dégradation nationale et éventuellement de la confiscation de biens. En Seine-et-Oise – ancien département qui regroupait les Yvelines, l'Essonne, les Hauts-de-Seine, la Seine-Saint-Denis, le Val-de-Marne et le Val-d'Oise –, ces chambres civiques fonctionnent pendant près de deux ans – du 18 décembre 1944 au 20 novembre 1946 – et rendent près de 3 500 verdicts.

Nous devons « veiller aux châtiments des traîtres et à l'éviction dans le domaine de l'administration et de la vie professionnelle de tous ceux qui auront pactisé avec l'ennemi ou qui se seront associés activement à la politique du gouvernement de collaboration », annonçait le programme du Conseil national de la Résistance.

Face au déferlement de haine, il faudra que de Gaulle impose son autorité et, à la tête du gouvernement provisoire de la République française, exige, à partir de novembre 1944, que l'épuration soit contrôlée par l'État, pour l'endiguer.

La providence a mis sur notre chemin Jacqueline, l'une des rares résistantes survivantes gardant une aussi bonne mémoire de l'époque. Grâce à son témoignage, nous pouvons toucher du doigt ce que sont ces années d'immédiat après-guerre.

Au départ, ces récits ont du mal à prendre.

Les paroles des survivants des camps, au lendemain de la guerre, n'impriment pas. Le héros national, c'est le militaire, pas le résistant. La résistance est trop clivante… Des années, des décennies même seront nécessaires pour que la parole des déportés investisse l'espace public, que leurs récits, leurs témoignages soient entendus dans des conférences, des cérémonies. Souvenons-nous qu'il faudra attendre le discours du président Jacques Chirac, le 16 juillet 1995, pour que la responsabilité de l'État français soit reconnue dans la rafle du Vél' d'Hiv de juillet 1942… Cinquante ans pour que la vérité historique soit reconnue comme officielle. Pourquoi ressasser les divisions ? De de Gaulle à François Mitterrand, les présidents qui ont vécu, adultes, la guerre, ne veulent pas garder les plaies ouvertes. Il ne faut pas à nouveau dresser les Français les uns contre les autres. L'urgence est à la réconciliation nationale. Se souder. Transcender les divisions.

Le salut collectif passe par l'oubli. La survie de ceux qui ont souffert y est intimement liée. Pour sauver sa peau. « Oubliez, oubliez non seulement l'horreur, le mal, chassez non seulement les souvenirs, chassez ce que vous croyez être des vérités. C'était un temps entre parenthèses », lâche l'écrivain Robert Antelme (et mari de Marguerite Duras), déporté à Dachau, auteur de *L'Espèce humaine* (1947).

Il faut reconstruire le pays, mais ces femmes et ces hommes qui sont aussi ruinés dans leur chair, dans leur âme, doivent d'abord se reconstruire eux-mêmes.

Ce silence partagé par nombre de déportés, un homme comme Samuel Hejblum en parle ainsi dans *Le Grand Livre des témoins* :

> « À mon retour, j'étais terriblement traumatisé. Nous, les déportés, on n'osait pas parler de ces choses-là. Je voulais tirer un trait. Comme beaucoup. Puis il fallait gagner sa vie. On ne nous aidait pas beaucoup et nous, on reprenait tout à zéro. Et puis voulait-on nous écouter ? On ne croyait pas à nos récits, on nous prenait pour des fous. Notre histoire était tellement hallucinante, tellement incroyable. »

L'incompréhension, les rescapés la lisent dans les yeux de leurs voisins, dans les attitudes de leurs proches. On ne les croit pas. Et eux ont du mal à expliquer d'où ils viennent, ce qu'est un camp de concentration. Comment dire ? Nouvelle épreuve, encore une. Jacqueline et sa mère sont frappées de la malédiction des survivantes, sur laquelle leur ancienne camarade, Micheline Maurel, a posé ces mots : « Les voisins accouraient pour voir la “déportée”. J’étais l’attraction du quartier. Les cousins débarquaient de toutes parts. Les premiers jours, très excitée, j’accueillais tout le monde, je répondais à toutes les questions. Puis tout m’a tellement exaspérée que je me suis enfermée dans ma chambre et je n’ai plus voulu voir personne. »

Jacqueline, elle aussi, affronte le feu des questions – même sa belle-mère, plutôt gentille au demeurant, lui demandera si elle a été violée dans les camps... Puisqu’elles ne peuvent partager leurs souffrances avec les autres, ceux qui n’ont pas connu les camps, la plupart se murent dans le silence. « La période était un peu bizarre, dit Jacqueline. Quand on croisait des gens, on se demandait s’ils n’avaient pas collaboré. On tombait d’une autre planète, et tout le monde ne nous regardait pas de la même manière. Il y avait beaucoup de gens qui nous disaient : “On a trop parlé des camps, il faut arrêter...” »

Comment exprimer l’indicible ? Le secret est si lourd que parfois il se transmet de génération en génération.

Cette épreuve, une amie intime de ma mère l’a vécue, mais je ne l’ai appris que récemment, alors que je connais cette femme depuis l’enfance et qu’elle est toujours restée très proche de notre famille. Elle n’a accepté de m’en parler que sous le sceau de l’anonymat, avec précaution, à mots comptés. Par respect pour la mémoire de ses parents. Elle et sa sœur, âgées respectivement de six et huit ans, avaient été envoyées dans un « home d’enfants » au Chambon-sur-Lignon. Ses parents, juifs non pratiquants, s’étaient réfugiés à Lyon de 1942 à 1945, s’étaient convertis au catholicisme, et avaient fait baptiser leurs enfants dès leur naissance. De cette époque, cette amie ne conserve que quelques photos affichées dans de larges médaillons aux cadres dorés, discrètement posées au détour d'un couloir de son petit appartement parisien. Le portrait d'un homme qui a fière allure, à la barbe soignée et la moustache impériale, portant une chemise à jabot, une cravate de soie et une veste croisée, et dont le regard fixe l'objectif ; son épouse, saisie de profil, esquissant un sourire, ses cheveux enroulés en coquillage sur un visage délicat ; leur fillette, avec de grands yeux clairs regardant droit devant elle et un large ruban qui enserre son front sur toute sa largeur… C'est tout ce qui reste de ses grands-parents et de la sœur de sa mère, qui ne sont jamais revenus d'Auschwitz. « Après la Libération, ma mère allait tous les jours au *Lutetia* pour avoir des nouvelles, mais je ne l'ai su que bien après, par une couturière qui venait souvent chez mes parents, confie cette amie. Le peu de choses que j'ai apprises sur ma famille durant cette période, c'est par cette femme. »

Une chape de plomb est tombée sur le foyer, et ce silence des parents, les enfants l'ont toujours respecté.

> « Nous n'avons jamais parlé de quoi que ce soit concernant cette période, mes parents avaient beaucoup plus souffert que nous le pensions, poursuit notre interlocutrice. Ma mère avait perdu ses parents et sa sœur, elle avait été séparée de ses jeunes enfants, elle avait dû aller vivre dans une autre ville… C'est quelqu'un qui avait été très abîmé par la guerre, elle

ne s'en remettra jamais. Mes parents ont tout gommé de ce passé pour protéger leurs filles et éviter de perpétuer le traumatisme. Et puisqu'ils ne voulaient pas évoquer cette période, ma sœur et moi n'en avons plus jamais parlé. Ces années de guerre sont voilées d'un noir absolu dans notre famille. »

Les enfants de Jacqueline attendront longtemps avant que leur mère trouve le chemin pour, enfin, commencer à raconter ce qu'elle avait enduré.

« Maman est toujours restée avec nous très pudique sur sa déportation, elle ne voulait pas nous en faire porter la souffrance, confie son fils, Hervé Fleury. Elle n'en parlait vraiment qu'avec ses compagnes de captivité ; quand elles venaient à la maison, elle était radieuse. Jusqu'à ce que nous soyons adolescents, ma mère n'évoquait la déportation qu'à travers celle de sa mère, jamais la sienne, c'était un moyen de la mettre à distance. Quand j'ai atteint l'âge de seize ou dix-sept ans, elle m'a fortement encouragé à participer à un rassemblement d'enfants de déportés à Strasbourg, et c'est en visitant le camp de Struthof que j'ai découvert cette réalité. J'ai encore en mémoire le visage en pleurs du déporté Léon Boutbien, cela m'avait beaucoup impressionné. »

Au sortir de la guerre, Jacqueline a vingt ans, elle est prise d'un grand désir de vivre. Elle le dit, elle le crie. Elle veut faire quelque chose de sa vie, pour « montrer au monde que les Allemands n'ont rien gagné ».

Alors elle reprend le chemin de l'école d'assistantes sociales, boulevard Brune, à Paris, établissement où elle avait commencé des études avant la guerre.

La directrice, Mlle Greiner, l'accueille ainsi, comme si elle revenait de vacances :

— Ah, ça y est, vous êtes rentrée, c'est très bien, vous reprenez vos cours…

Elle lui parle si sèchement que Jacqueline ne peut s'empêcher de penser que cette Mlle Greiner ferait une bonne SS.

Puis ce sont ses camarades étudiantes qui la pressent :

— Tu viendras nous raconter…

Mais quand elle leur raconte que dans les camps, elles n'avaient pour toute nourriture qu'une soupe claire de rutabagas et parfois un morceau de pain pas plus grand que la paume, certaines mettent sa parole en doute.

— Voyons, il devait bien y avoir un magasin où l'on pouvait acheter des denrées alimentaires, des petites choses pas très chères pour améliorer l'ordinaire…

Jacqueline n'en croit pas ses oreilles. On a tant parlé du retour des déportés, comment les gens pouvaient-ils encore avoir de telles œillères ?

Elle ne remettra plus jamais les pieds à l'école.

La vie d'après, pour Jacqueline, ce sera la famille. Le mariage avec Guy, en mars 1946. La naissance d'Yves en décembre, puis de ses quatre autres enfants… Ses enfants, c'est « la prunelle de [ses] yeux », elle ne les laisse quasiment jamais, sauf parfois à sa grand-mère. « Je ne pouvais pas les quitter d'une semelle, les regards des enfants derrière la vitre à Ravensbrück me hantaient… », me confiera-t-elle.

Soudain, le visage de la vieille dame s'illumine, alors qu'elle se remémore ces jours d'après la Libération.

Elle s'exclame, pimpante : « Heureusement, je suis encore jeune. Je suis jeune, et il y a beaucoup d'étudiants autour de nous, beaucoup de vie, énormément. Pourquoi la vie ne recommencerait-elle pas pour nous ? On éprouve un très grand besoin de vie. Un besoin de sortir, un besoin de chanter, un besoin de danser. »

Oui, pourquoi la vie ne recommencerait-elle pas ?

À la Libération, Jacqueline s'engage au sein d'une amicale des prisonnières, qui se transforme rapidement en Association des déportées et internées de la Résistance (ADIR), aux côtés de Geneviève de Gaulle-Anthonioz, Germaine Tillion, Anise Postel-Vinay, Marie-José Chombart de Lauwe ou encore Denise Vernay, la sœur de Simone Veil. L'association est constituée dès septembre 1944, alors que la France n'est pas encore complètement libérée, après un appel sur les ondes d'Irène Delmas, dite Maryka.

> « Par fidélité à un engagement pris dans les cellules de la Santé en septembre 1942, un groupe de prisonnières politiques libérées des Allemands désire rassembler sans distinction de parti toutes leurs camarades qui ont souffert dans l'esprit de la Résistance et cimenter l'amitié née dans cette souffrance commune, le sacrifice consenti et l'amour de la patrie », lance celle qui a été arrêtée par la Gestapo, détenue pendant plusieurs mois puis libérée parce qu'elle est mère de six enfants.

Cette protestante engagée – enterrée aujourd'hui au temple de Versailles – a réussi à dénicher un appartement au numéro 4 de la rue Guynemer, près du jardin du Luxembourg, après de multiples sollicitations, avant que François Mitterrand y installe ses bureaux en 1947.

Elles seront 360 anciennes déportées à répondre à l'appel. Beaucoup n'ont plus rien ; Jacqueline se souvient de son amie Mme de Pavant qui se retrouve sans ressources et bénéficie du soutien de l'ADIR. Ces femmes ont perdu un mari, parfois des enfants. Elles ne savent pas où aller. Le « 4 » leur offre un refuge, un accompagnement chaleureux. On y trouve un centre social destiné à héberger jusqu'à 80 personnes, un service médical, une cantine, un vestiaire – grâce au renfort de couturières bénévoles – et même une bibliothèque.

À l'ouverture des camps, « Maryka » part en Suisse accueillir les rescapées qui arrivent à bord des convois de la Croix-Rouge.

« Une maison vous attend à Paris, c'est au 4, rue Guynemer ; au 4, rappelez-vous, vous y êtes attendues ! » leur lance-t-elle. Elle joint ses efforts à ceux de Geneviève de Gaulle-Anthonioz qui, elle aussi en Suisse, témoigne dans des conférences pour recueillir des fonds afin d'aider ses compagnes de déportation.

Ces femmes de caractère font preuve d'abnégation et d'entraide jusqu'au bout. Chacune fait sienne les souffrances des autres. Quelle sacrée leçon d'humanité nous donnent-elles, ces combattantes ; un engagement exemplaire qui donne à méditer encore de nos jours ! Le 30 avril 1945, lorsque le camp de Ravensbrück fut libéré par l'armée soviétique, Marie-Claude Vaillant-Couturier refusa ainsi d'être rapatriée pour aider et soigner les détenues qui ne pouvaient être transportées. Elle resta auprès d'elles jusqu'à ce que la dernière malade survivante soit évacuée, à la fin du mois de juin 1945. C'est pourquoi elle fut désignée comme témoin à Nuremberg en janvier 1946. Son témoignage intégral figure dans les actes du procès.

Ce qui compte avant tout, c'est de perpétuer l'esprit de camaraderie, d'entraide, de fraternité, le même que celui qui permit à ces déportées de survivre à la barbarie. C'est ce lien qui les unit à jamais, et qui se prolonge au travers de l'appartement du 4, rue Guynemer, puis des nombreuses antennes locales de l'association qui voient le jour à Lyon, Marseille, Nice, Clermont-Ferrand… Autre trait d'union, expression de cette solidarité entre rescapées revenues de l'enfer : le journal *Voix et Visages*. Lancé en juin 1946, ce bulletin porte les combats de l'association – pour le droit à réparation des victimes d'expériences pseudo-médicales, l'obtention du titre de déporté, l'aide aux recherches historiques, notamment. Cet organe de liaison consacre une large place aux notices nécrologiques des déportées et recueille les témoignages des survivantes. « Témoigner était primordial pour nous », a toujours souligné Jacqueline. C'est la dernière mission de ces sentinelles contre l'oubli. Un ultime devoir de résistance dont Geneviève de Gaulle, cette grande dame avec qui nous ferons plus ample connaissance dans un prochain chapitre, parlera avec cette force d'âme qui était la sienne en 1998, devant ses camarades :

« Nous avons beau être cassées en deux, ne pas pouvoir marcher, nous sommes là et fières d'être là, fières de ce passé, de ce présent et de ce futur que nous voulons continuer à préparer. »

Fière de ce passé, de ce présent et de ce futur à construire, Odile de Vasselot l'est aussi, indiscutablement.

Quand la France se libère, Odile a vingt-trois ans, et c'est une héroïne. Elle ne le dit pas, surtout pas, ce n'est pas son genre. Quand elle s'est retrouvée prise dans l'engrenage de la Résistance, elle était innocente, elle se cachait de ses parents à qui elle n'avait jamais menti de sa vie. Les autorités n'attendent pas longtemps après la guerre pour la distinguer de la croix de guerre.

Mieux, c'est de Gaulle en personne qui la lui remet. Quelques années plus tard, au cours de sa traversée du désert, le Général l'invitera – la famille d'Odile le connaît de longue date – à prendre le thé dans sa propriété de Colombey. Passé cent ans, la combattante s'en souvenait comme si c'était hier :

> « De Gaulle nous a fait faire le tour du parc à grands pas ; je lui ai parlé de notre résistance. Il m'a questionnée :
>
> — Les réseaux auxquels vous apparteniez étaient-ils français ?
>
> — Non, belges, lui ai-je rétorqué.
>
> Et j'ai ajouté :
>
> — Vous étiez bien mal renseignés à Londres…
>
> Nous, on voulait servir à quelque chose, on se moquait de savoir si les réseaux dans lesquels nous nous engagions étaient français ou belges, ou anglais. On faisait notre travail. Mais de Gaulle, lui, ce qui lui importait, c'est que les réseaux ne soient pas anglais[5]. »

5. Entretien avec l'auteur, 26 novembre 2021.

Après la guerre, les médailles. Celle qui avait rejoint la Résistance « parce qu'il fallait faire quelque chose », prenant tous les risques pour convoyer ses colis entre Paris et Toulouse sans le dire à personne – ses parents la croyaient à son poste de bibliothécaire de Versailles –, en reçoit beaucoup. Les Anglais lui décernent la King's Medal for Courage, puis les Américains la Medal of Freedom, pour avoir guidé à travers la France, de la Belgique à l'Espagne, des aviateurs alliés dont les appareils avaient été abattus par les chasseurs allemands. Odile a multiplié les missions à haut risque, failli être exécutée à trois reprises, mais ne fut jamais arrêtée. Du moins par les Allemands.

Car à la Libération, Odile fut à deux doigts d'être passée par les armes des… résistants. On l'avait prise pour une espionne, enfermée dans les caves de la préfecture de police de Paris, et elle ne dut son salut qu'à l'intervention – inopinée – de sa cheffe de réseau, qui l'a reconnue et a dévoilé sa véritable identité et ses faits de résistance[6].

Odile de Vasselot… Combattante aussi vaillante que discrète. Une dirigeante politique de premier plan avait été stupéfaite d'apprendre de ma bouche que celle qui était devenue sa responsable au collège Sainte-Marie de Neuilly avait été, durant la guerre, une grande résistante.

Après la guerre, alors que la France recouvre la liberté, une seule question taraude Odile : que va-t-elle faire de sa vie ? Elle a rejoint sa mère chez son grand-père, le général de Cugnac, qui habite un appartement dans le VIIIe arrondissement, en face de la salle Pleyel.

6. Odile de Vasselot, *Tombés du ciel*, Éditions du Félin, 2005.

Son père, prisonnier depuis 1940, ne va pas tarder à les retrouver.

Mais la famille est sans nouvelles du frère de sa mère, Henri de Cugnac, colonel de l'armée française qui avait été arrêté avec tout l'état-major à Clermont-Ferrand : ils avaient été trahis par un officier allemand infiltré dans l'armée française.

L'épouse d'Henri est allée à la gare à l'arrivée des prisonniers, elle les a tous dévisagés et questionnés, un à un, les pressant :

— Avez-vous des nouvelles d'Henri de Cugnac ?

— Mais il est mort, lui a répondu l'un d'entre eux, comme si c'était une évidence.

C'est comme cela qu'elle a appris qu'elle ne reverrait plus jamais son mari.

Odile ne veut pas perdre une miette de la Libération de Paris, elle attend ce moment depuis longtemps. Elle n'a pas peur, ses faits d'armes le prouvent ; elle entend les balles siffler alors qu'elle traverse la capitale, comme elle l'a toujours fait, à bicyclette. Mais Odile est aussi heureuse de retrouver les bals et les fêtes. La jeune femme veut danser. Vivre. Vivre vite, elle dont la jeunesse a été escamotée.

Vivre, mais pourquoi ?

Elle a gravé dans sa mémoire ces nombreux trains Paris-Toulouse qu'elle prenait, filant dans la nuit et serrant contre sa poitrine des paquets pour la Résistance. Dans ces heures de solitude, elle avait l'impression d'être en ligne directe avec Dieu. Elle ne veut pas, surtout pas que se rompe ce lien intime, fort, charnel, sans aucun intermédiaire. « Avant la guerre, je sortais du Sacré-Cœur, la religion était quelque chose de formel, raconte-t-elle. La Résistance m'avait donné une religion plus personnelle. »

Les questions se bousculent dans sa tête mais, c'est décidé, elle désire consacrer sa vie à Dieu. Bien sûr, ce mouvement ne s'opère pas sans douleur ; elle a du mal, beaucoup de mal à renoncer à avoir des enfants, en prenant un chemin si différent de celui de ses sœurs qui sont en train de fonder une famille.

Se marier à Dieu ? Mais comment ? En se cloîtrant ? Non, Odile ne discerne pas chez elle de vocation contemplative. Elle veut transmettre, enseigner. Peu à peu, son chemin va croiser celui de Madeleine Daniélou, qui, à partir de 1913, a fondé des collèges mais surtout l'École normale de Neuilly pour former des professeurs. Elle réunit des jeunes filles et leur fait cours.

C'est de la rencontre de ces deux femmes que naît l'Association Saint-François-Xavier, dont Odile deviendra une responsable imminente.

Au soir de sa vie, elle se souvient encore, en riant comme une jeune fille, de la première fois où elle a passé les portes de l'école. Dans un Paris où les combats faisaient encore rage, la guerrière avait gardé en poche… une grenade.

> « Je me pointe à Neuilly sous un faux nom, Madeleine Renaud, sur la recommandation du père Daniélou, qui me connaissait bien, qui savait ce que j'avais fait dans la Résistance, il me recommandait à sa mère, raconte-t-elle. Les combats faisant toujours rage, je portais encore cette grenade que m'avait donnée un ami FFI, et, quel contraste, Mlle Pelletier m'a montré

les livres de la bibliothèque et m'a laissé travailler ; je voulais apprendre le latin. »

C'est le père Daniélou qui aide Odile à y voir clair, et le 2 février 1947, la jeune femme entre dans la communauté apostolique Saint-François-Xavier, une congrégation qui regroupe des jeunes filles dévouant leur vie à Dieu sans toujours être religieuses, et qui se surnomment les « SFX ». Elle enseigne l'histoire à Sainte-Marie de Neuilly, puis devient responsable de division. Elle ne ménage pas son temps pour témoigner devant les élèves. Elle leur dit : « Je ne vais pas vous raconter des histoires d'anciens combattants, mais je voudrais que vous reteniez une seule chose en sortant de cette pièce, c'est qu'il ne faut jamais baisser les bras. Vous allez connaître des difficultés, mais il ne faut jamais baisser les bras, jamais renoncer. »

À son échelle, elle veut œuvrer à la réconciliation franco-allemande, même si elle n'y croit qu'à moitié. Dans les écoles, elle martèle qu'on ne doit pas confondre les Allemands et les nazis, les Allemands sont nos cousins germains, nos meilleurs alliés… Elle songe souvent à Robert d'Harcourt, un parent de sa belle-sœur et le père de son amie Marthe, qui a toujours prôné le rapprochement avec l'Allemagne, lui qui, pourtant, avait fait la guerre de 14 et fut résistant durant la seconde. Un grand chrétien, d'Harcourt, auteur de *Catholiques d'Allemagne*. Odile avait été le voir pendant la guerre, quand elle ne savait pas dans quel réseau s'engager. Ses deux fils avaient rejoint Défense de la France, et l'un, Pierre, a écrit un journal de déportation.

Odile se souviendra toujours de l'histoire de Robert d'Harcourt.

On comprend pourquoi, la voici qui raconte :

« D'Harcourt s'était évadé, il avait traversé le Rhin à la nage, était retourné pour sauver un camarade en difficulté et on lui avait tiré dessus. Il gardera toute sa vie la main droite paralysée. »

La Résistance, Odile de Vasselot en témoignera pour édifier les jeunes générations. Mais comme Jacqueline, elle veut regarder devant. Préparer le futur. Participer elle aussi à la reconstruction du pays. Elle va consacrer son existence à former des élèves. D'abord, en France. Puis, surtout, des décennies durant, en Côte d'Ivoire. La guerre est finie, la vie se poursuit, une autre histoire commence.

Chapitre 2

« QUE LA FRANCE CONTINUE... »

Il l'avait promis à ses hommes, c'était alors une utopie, un idéal, mais on peut être un chef de guerre et un grand idéaliste, c'est son cas à lui, Philippe Leclerc de Hauteclocque. Alors que, dans le désert libyen, son armée venait de remporter, face aux Italiens et avec le soutien des Anglais, la bataille de Koufra, le 2 mars 1941, tous s'étaient engagés à continuer la guerre contre les nazis tant que Strasbourg ne serait pas libérée.

« Jurez de ne déposer les armes que le jour où nos couleurs, nos belles couleurs flotteront sur la cathédrale de Strasbourg », avait proféré à ses hommes ce fervent chrétien, porté, disait-il, par « une foi inébranlable en la Providence ». Quatre ans plus tard, ce « serment de Koufra » entre dans l'histoire, et son accomplissement fait vibrer Odile de Vasselot, comme tant d'autres : après avoir libéré Paris à la tête de la 2e division blindée, et avant de poursuivre sa route jusqu'à Berchtesgaden, le « nid d'aigle » d'Hitler, Leclerc pénètre dans la capitale alsacienne, le 23 novembre 1944. Deux jours plus tard, la grande dame de Strasbourg est pavoisée aux couleurs tricolores. Le libérateur écrit :

« Vingt-six ans et un jour après l'anniversaire de 1918, la France a repris Strasbourg. Pendant la lutte gigantesque de quatre années menée derrière le général de Gaulle, la flèche de votre cathédrale est demeurée notre obsession. Nous avions juré d'y arborer à nouveau les couleurs nationales. C'est chose faite ! Habitants de Strasbourg, la France et ses alliés ne recommenceront plus la faute d'hier : l'envahisseur ne reviendra pas. »

Le 24 novembre, le pudique Leclerc partage son émotion avec son épouse, dans une lettre moins lapidaire et plus lyrique que celles qu'il avait coutume de lui envoyer du front :

« Hier soir à 16 heures, le drapeau français était ici sur la flèche de la cathédrale de Strasbourg ! Journée inoubliable après cinq jours de bataille extraordinaire. Une fois de plus, la Providence m'a réellement mené par la main. Certains beaux officiers sont tombés, entre autres de La Horie (cavalier d'Iris) qui venait de s'emparer de Badonviller. Les enfants vont bien. Henri[1] a été en pleine bagarre. Je t'embrasse très fort. »

Quelques semaines plus tôt, le 6 septembre 1944, Leclerc avait retrouvé les siens. Ce jour est à jamais gravé dans la mémoire de sa dernière fille, Bénédicte de Francqueville, qui me l'a raconté, non sans fierté, en montrant la photo de sa mère et de ses frères et sœurs, attablés dans la salle à manger vide aux vitres

1. L'un de leurs deux fils engagés dans la 2e division blindée.

calfeutrées par peur des bombes, autour de leur père à la moustache frisée[2].

Grâce à Leclerc, les couleurs du drapeau français flottent au faîte de la cathédrale de Strasbourg. La France se libère. Mais elle est en ruine. Tout est à reconstruire.

Le général de la 2e DB pénètre au camp de Dachau tout juste libéré par l'armée américaine, le 29 avril 1945. Là se trouve Edmond Michelet. « Sous son habit rayé, il avait l'allure et le vocabulaire d'un chef de guerre respecté à son poste de combat », décrit Maurice Schumann[3].

Michelet est parmi les derniers à quitter Dachau.

Durant six semaines après l'ouverture du camp, il fait vivre, au même titre que d'autres camarades de nationalités et d'obédiences différentes, ce qu'il appelle avec un humour tragique « la République autonome de Dachau sous protectorat américain[4] ». Il se bat pour imposer le drapeau français aux côtés des autres étendards qui entourent la bannière américaine, mais le général américain ne voudra rien entendre. Michelet se démène aussi pour faire admettre que les consignes aux 10 000 prisonniers libérés soient données en langue anglaise et française, et pas seulement en allemand, le sabir des bourreaux, comme elles l'étaient jusque-là. Dans le Dachau libéré tout juste quarante-huit heures

2. Jérôme Cordelier, *L'espérance est un risque à courir*, Calmann-Lévy, 2021.

3. Propos rapporté par Jean Charbonnel dans sa biographie de Michelet, *Edmond Michelet*, Beauchesne, 1987.

4. Comme il le raconte dans son récit poignant *Rue de la Liberté*, Le Seuil, 1955.

auparavant, on organise même un grand défilé pour célébrer la fête du 1er Mai.

> « Jamais manifestation de masse ne me parut plus émouvante, raconte Edmond Michelet. La lente procession de ces myriades de survivants européens arrivés à l'extrême limite de leur résistance physique, groupés dans l'ordre alphabétique de leurs pays respectifs, derrière leur drapeau national, avait un aspect saisissant que l'effort de propagande entrepris à cette occasion par les communistes n'arrivait pas à atténuer. On avait décidé, en un geste "épurateur", de faire une exception pour les Allemands. Au lieu de les laisser à leur place alphabétique, on les avait relégués symboliquement à la queue du cortège[5]. »

Quelles scènes sublimes ! Alors qu'ils sont à bout de souffle, qu'ils ont enduré les pires souffrances, qu'il ne leur reste que la peau sur les os, ces survivants ont encore la force de célébrer l'esprit patriotique. Ceux qui sont affamés et affaiblis – malgré les efforts de Leclerc pour leur apporter des biscuits, des conserves et même des bouteilles de vin français récupérées dans les caves des chefs nazis – ont pour premier réflexe de sauvegarder le drapeau et la langue.

Michelet s'efforce de reconstituer le socle d'une nation, les prémices d'un cadre institutionnel. Sous l'uniforme du déporté, le chef politique est à la manœuvre. Et le chrétien engagé prolonge son combat pour l'humanité. Quand son camarade communiste Germain Auboiroux le sollicite pour savoir ce qu'il

---

5. Edmond Michelet, *Rue de la Liberté*, *op. cit.*

compte faire des « nazis français », ces traîtres engagés dans les Waffen SS qui, s'ils sont dénoncés, seront fusillés sur-le-champ, Michelet refuse de les donner. Tout être humain mérite un salut.

En quittant Dachau, « tel un capitaine à bord qui, sûr qu'il n'y a plus de passagers à sauver, peut abandonner le bâtiment qui coule[6] », Michelet se fait un serment. Un serment qui le relie à tous ces compagnons qui, eux, n'ont pas eu la chance de survivre, et qu'il formule ainsi dans *Rue de la Liberté* : « La vie continue, celle que vous aimiez tant avant de lâcher prise. Nous continuons avec elle. Et nous voudrions bien que la France aussi continue, la France pour qui vous avez tout donné en vous donnant vous-mêmes. C'est à sa survie que nous employons ce qui nous reste de force[7]. »

Et voici que, de retour au pays, Edmond Michelet se présente à Georges Bidault, l'homme qui remplaça Jean Moulin à la tête de la Résistance intérieure et dont nous reparlerons abondamment dans un prochain chapitre.

La France est à reconstruire, l'homme engagé veut y contribuer.

Bidault, grand chrétien lui aussi, est devenu ministre des Affaires étrangères dans le gouvernement provisoire institué par de Gaulle. Il accepte de recevoir Michelet « de façon exceptionnelle », note Jean Charbonnel. Il se précipite pour accueillir son visiteur sur le perron. « Ce geste, je ne l'ai accompli qu'une seule autre fois : c'était

6. Selon le témoignage de son ami Stanislas Fumet, cité par Jean Charbonnel, dans sa biographie d'Edmond Michelet, *op. cit.*

7. Edmond Michelet, *Rue de la Liberté*, *op. cit.*

pour Churchill », témoigne Bidault dans ses Mémoires[8]. Quelle n'est alors pas la surprise de ce grand résistant que de voir son visiteur arriver « en costume de bagnard ».

Michelet rejoint le Mouvement républicain populaire (MRP), fondé par Bidault et ses amis résistants démocrates-chrétiens, dont il a appris l'existence à Dachau. Le parti le présente comme tête de liste en Corrèze aux élections législatives, et il est élu député à l'Assemblée nationale constituante – qui donne naissance à la IVe République – le 21 octobre 1945. Avec 160 élus, le MRP, dont nous reparlerons plus longuement, devient le premier parti de France, et Michelet, du même coup, se retrouve sur la liste des « ministrables ».

Mais pour quoi faire ?

Son ami Joseph Rovan, qui partagea sa déportation à Dachau, raconte ainsi les tractations avec de Gaulle, telles que les lui a exposées à chaud Edmond Michelet juste avant son rendez-vous avec le Général.

Michelet ne se fait guère d'illusions.

— Que voulez-vous qu'il me donne ? soupire-t-il. Je suis épicier en gros, je vais écoper du ministère du Ravitaillement.

Un poste qui, en ces temps de grande pénurie, note Rovan, n'est pas une sinécure.

Deux heures plus tard, Edmond Michelet réapparaît devant ses amis, rayonnant :

— Vous ne le croirez jamais : me voici ministre des Armées.

---

8. Georges Bidault, *D'une résistance à l'autre*, Les Presses du Siècle, 1965.

Rovan rapporte le dialogue entre de Gaulle et Michelet. On peut le restituer ainsi :

— Je suis contraint, dit le Général, par des convenances extérieures (l'URSS) et intérieures (les FTP), de donner aux communistes un des « grands ministères » qu'ils réclament : la Guerre, l'Intérieur, les Affaires étrangères. Il ne peut être question des deux derniers. Reste la Défense.

Un ange passe.

— Je vais la couper en deux, poursuit de Gaulle. Je laisserai aux communistes l'Armement. Ils feront travailler les ouvriers dans les arsenaux. Mais l'essentiel – les troupes, les officiers, la stratégie – restera au ministère des Armées. On m'a dit que vous, Michelet, vous vous êtes bien arrangé avec les communistes à Dachau, restant en bons termes avec eux sans rien leur céder sur les questions importantes. C'est ce qu'il faudra faire au ministère des Armées et c'est pour cette raison que je veux vous le confier.

Michelet se récrie :

— Mais au cours de ma participation aux derniers mois de la Première Guerre mondiale, je n'ai atteint que le grade de sergent...

— Et le caporal Maginot, qu'est-ce que vous en faites ? réplique de Gaulle.

C'est sans appel. Quelques jours plus tard, notre homme s'installe au ministère de la Marine, dans le palais entre la rue Royale et la place de la Concorde, puisque de Gaulle occupe le ministère de la Guerre.

> « Michelet précise Joseph Rovan, prit pour directeur de cabinet son vieil ami Roger Dumaine, universitaire

catholique, farouchement scrupuleux. Ce dernier géra avec une extrême parcimonie les importants “fonds secrets” dont disposait le ministre, qui souvent, le soir, rentrait à pied à l’hôtel particulier qu’on lui avait attribué rue François-Ier, pour ne pas utiliser les réserves d’essence de l’armée. À la fin, Michelet remit à son successeur, Le Troquer, une somme considérable, dont il ne resta rien à la passation de pouvoir suivante, au début de 1947[9]… »

Arrêtons-nous un instant sur ce personnage discret et hors du commun, Joseph Rovan. Sa destinée épouse les tragédies de la période. Né à Munich en 1918, il a passé son enfance à Vienne puis à Berlin, avant d’émigrer en France pour fuir la montée du nazisme. Ses grands-parents étaient juifs, mais, comme il l’écrit dans ses Mémoires, lui ne s’était « jamais vu juif, jamais senti juif, jamais su juif », avant qu’Hitler et ses lois raciales ne le marquent ainsi. Joseph Rovan est un chrétien engagé : élevé par un père « pieux protestant » et une mère de sensibilité catholique, l’homme affermit sa foi au contact des jésuites, de l’équipe de la revue *Esprit*, puis, pendant la guerre à Lyon, en se rapprochant de deux grands intellectuels catholiques : l’historien du christianisme Henri-Irénée Marrou – « grand seigneur de l’histoire, puissant, fin », dit Rovan – et le jésuite Henri de Lubac – « le théologien le plus important de la génération de mes maîtres »[10] – que nous recroiserons plus tard. Résistant, déporté à Dachau, c’est là, donc,

9. Joseph Rovan, *Mémoires d’un Français qui se souvient d’avoir été Allemand*, Seuil, 1999.
10. *Ibid.*

que Rovan fait la connaissance d'Edmond Michelet qui le recrute, en premier lieu, pour sa maîtrise parfaite de la langue allemande. Le nouveau ministre fait naturellement venir son ami à ses côtés pour qu'il s'occupe des prisonniers de guerre allemands. Ils sont alors près d'un million en France.

— Il faut empêcher, Joseph, qu'on ne multiplie les petits Dachau sur le sol français.

Voilà la feuille de route que le ministre assigne à celui qui n'est pas encore français – sa naturalisation sera signée par Bidault en 1946.

Les craintes de Michelet ne sont pas sans fondement, note Rovan dans son autobiographie.

> « La plupart des prisonniers de guerre alors détenus en France n'avaient pas été capturés par nos propres troupes mais remis aux autorités françaises par les Américains. Ils avaient été amenés chez nous et déchargés des camions "US" sans qu'il y eût une entente préalable sur les conditions de réception et d'emploi de ces hommes laissés sur les sables de la guerre qui se retirait. Rien n'avait été prévu pour les loger ni pour les nourrir, et rien non plus pour préparer psychologiquement les populations à leur arrivée[11]. »

Ces hommes sont dévolus à la réparation des dommages infligés à la France par les nazis, notamment aux tâches les plus dures comme le déminage et les mines de charbon. Plus original, Rovan s'attache à se servir de ces prisonniers de guerre comme vecteurs de

11. *Ibid.*

la « rééducation démocratique » de l'Allemagne. Voilà bien l'idée d'un homme qui a une hauteur spirituelle.

Afin de mener à bien ce travail de rééducation, Joseph Rovan se rend dans le camp de Mulsanne, dans la Sarthe, où sont emprisonnés près de 20 000 Allemands, pour y sélectionner sept officiers, parmi les plus jeunes et les plus décorés – avec pour seule condition qu'ils ne soient pas SS. Il les fait venir à Paris, ou plutôt en banlieue, à Saint-Denis, dans la caserne des gardes-françaises. Et il leur tient ce langage :

> « Certains d'entre vous m'ont dit à Mulsanne qu'ils souhaitaient contribuer à la construction d'une Allemagne démocratique. Je vous propose une occasion pour commencer cet effort en vous informant vous-mêmes sur l'état du monde que la propagande nazie vous a caché. Vous aurez tous les journaux, toutes les revues, tous les livres que vous me demanderez. Je ferai venir ici pour parler avec vous toutes les personnalités que vous voudrez entendre et interroger. Vous n'aurez pas d'autres avantages : votre nourriture sera la même qu'à Mulsanne et vous ne bénéficierez pas en principe d'une libération anticipée. »

Et défilent ainsi devant les Allemands, pour leur « réorientation » – terme que Rovan préfère à celui de « rééducation » –, outre l'initiateur du programme, qui vient discuter avec eux chaque semaine, les catholiques Edmond Michelet et Emmanuel Mounier, mais encore le communiste Maurice Thorez, qui est alors vice-président du Conseil des ministres, à savoir numéro deux du gouvernement.

L'expérience est tellement concluante que Rovan propose aux sept de choisir à leur tour sept autres officiers pour leur faire profiter du programme, dont ils deviennent les instructeurs. Et ainsi de suite… Au total, environ deux cents jeunes officiers sont ainsi « réorientés ».

Ne dit-on pas que ce sont les petits ruisseaux qui font les grandes rivières ?

Dans le même esprit, Edmond Michelet et Joseph Rovan inspirent le « séminaire des barbelés », ouvert à Chartres et destiné à former les futurs prêtres allemands encore prisonniers, pour la restauration spirituelle du pays. L'abbé Franz Stock, aumônier des Allemands de Paris, qui a accompagné des centaines de résistants aux pelotons d'exécution du mont Valérien et du stand de tir de Balard, et apôtre de la réconciliation franco-allemande comme nous le verrons plus tard, sera aux commandes de cette initiative[12].

Ces chrétiens résistants de la première heure continuent d'utiliser ce que les jésuites de Fourvière, artisans des *Cahiers du témoignage chrétien*, avaient appelé « les armes de l'esprit ».

Mais pour reconstruire matériellement une France en déliquescence, comment s'y prendre ?

> « De Gaulle avait été frappé par la rapidité avec laquelle le système politico-administratif s'était effondré en 40, explique l'historien et haut fonctionnaire Arnaud Teyssier, président du conseil scientifique de la Fondation Charles de Gaulle. Dès qu'il pose le pied

12. Voir *L'espérance est un risque à courir*, *op. cit.*

sur le sol français, il est obnubilé par une impérieuse nécessité : reconstituer une charpente visible de l'État. Ce n'est pas un hasard s'il avait choisi un préfet, Jean Moulin, pour diriger la Résistance intérieure. À travers lui, comme il l'a écrit dans ses *Mémoires de guerre*, "l'État s'incorporait à la France libre[13]". Après la mort de Moulin, de Gaulle délègue d'ailleurs un autre préfet, Émile Bollaert, auprès du Conseil national de la Résistance, mais qui a du mal à s'imposer auprès des chefs de la Résistance. »

Pour de Gaulle, la première pierre de la reconstruction de la France, c'est la réédification de l'État.

« Le système français est entièrement à rénover, poursuit Arnaud Teyssier. Et une course contre la montre est engagée, puisque de Gaulle est pris entre deux feux : d'une part, il y a le risque que les communistes s'emparent du pouvoir local, et d'autre part, celui que les Américains installent un gouvernement militaire type Amgot (*Allied Military Government of Occupied Territories*). »

La pression du temps commande une certaine magnanimité.

« De Gaulle n'était pas farouchement partisan d'une épuration massive dans l'administration, parce qu'il considérait que l'urgence était de faire tourner la machine, souligne notre historien. C'est pourquoi il n'hésite pas à récupérer des hauts fonctionnaires qui

13. Charles de Gaulle, *Mémoires de guerre – Le Salut : 1944-1946*, Plon, 1959.

avaient servi Vichy, à l'instar de Maurice Couve de Murville ou de Jean Chauvel. »[14]

Pour de Gaulle, la perspective est claire : l'avenir de la France repose sur sa puissance publique. « C'est à l'État qu'il incombe de bâtir la puissance nationale, laquelle, désormais, dépend de l'économie », précisera-t-il dans ses *Mémoires de guerre*. Dans cette optique, l'État ne peut plus être « une juxtaposition d'intérêts particuliers d'où ne peuvent sortir jamais que de faibles compromis, mais bien une institution de décision, d'action, d'ambition, n'exprimant et ne servant que l'intérêt national[15] ».

Dès 1944, pour les raisons que l'on vient d'exposer, une des premières décisions du gouvernement provisoire consiste à mettre sur pied une armée de commissaires de la République. Ces préfets sont chargés de rétablir la légalité républicaine. Dans une France anarchique où prolifère l'épuration sauvage, ils sont les gardiens de l'ordre, les garants de l'unité de la nation. Ils sont une quarantaine, issus de toutes les familles de la Résistance, dans la continuité d'engagements politiques et syndicaux riches. Les résistants chrétiens, comme l'on peut s'en douter, sont légion parmi eux.

Il y a bien entendu Pierre-Henri Teitgen, cofondateur avec Georges Bidault et François de Menthon du réseau Liberté, qui deviendra Combat. Teitgen et Menthon, lesquels seront tous deux ministre de la Justice, ont en charge les dossiers d'épuration, surtout Menthon qui gérera en particulier les procès de Pétain

14. Arnaud Teyssier, entretien avec l'auteur.
15. Charles de Gaulle, *Mémoires de guerre : Le Salut*, *op. cit.*

et Maurras, et sera nommé par de Gaulle procureur au tribunal de Nuremberg. Un autre de ces préfets est lié à Teitgen, puisque celui-ci a épousé sa fille : il s'agit de Jacques Fonlupt, militant CFDT, l'avocat de Pierre Mendès France et futur député MRP du Haut-Rhin.

Parmi ces résistants, une autre figure se détache : Charles Blondel. Il est le fils aîné du grand philosophe chrétien Maurice Blondel, auteur d'un ouvrage de référence, *L'Action* (1893), qui a marqué plusieurs générations et s'ouvre par ces phrases auxquelles on peut trouver un écho dans la période incertaine qui est la nôtre : « Oui ou non, la vie humaine a-t-elle un sens, et l'homme a-t-il une destinée ? J'agis, mais sans même savoir ce qu'est l'action, sans avoir souhaité de vivre, sans connaître au juste ni *qui* je suis ni *si* je suis[16]. »

Charles Blondel a suivi les préceptes de son père. Il s'est engagé dans l'infanterie en 14 et n'est démobilisé qu'en 1919, ayant continué de servir à Berlin après la fin de la guerre. Il contribue aux Semaines sociales, symposium catholique, et devient éditorialiste à *L'Aube*, le journal de Georges Bidault. Auprès de celui-ci, Blondel fait partie de la petite équipe qui rédige la brochure « Aux hommes de notre esprit », en 1938, texte qui va lancer les Nouvelles Équipes françaises, cercles catholiques très prisés de l'entre-deux-guerres, qui vont constituer le noyau dur des premiers résistants – parmi lesquels, Edmond Michelet. Dès 1940, Charles Blondel rejoint la Résistance en préconisant un mot d'ordre, dans la lignée de celui du *Témoignage chrétien*, « l'armement spirituel clandestin ».

16. Maurice Blondel, *L'Action*, Félix Alcan, 1893.

Un personnage pour le moins iconoclaste – et nous ne sommes qu'au début de nos surprises – peut être rattaché à cette galerie. Il s'appelle Jacques Soustelle, il est né à Montpellier en 1912, dans une famille protestante cévenole, et il est appelé à jouer plusieurs rôles importants. Un drôle de zigue, ce Soustelle, cela saute aux yeux à son air bougon, renfrogné, sceptique sur ses portraits de jeunesse. Son regard furieusement intelligent captive, paraît-il, tous ses visiteurs. Il a choisi d'être ethnologue ; polyglotte, il parle les langues mayas et le nahuatl, une macrolangue (groupe de langues) de la famille uto-aztèque ; il a étudié la vie des Indiens lacandons et la civilisation maya. Il aurait peut-être pu devenir Claude Lévi-Strauss – les deux hommes ont quatre ans d'écart –, mais il préfère la bagarre. L'un s'est exilé à New York, l'autre a rejoint les Forces françaises libres dès 1940. À partir du Mexique, où il est basé, Soustelle reçoit comme mission de de Gaulle d'assurer les relations diplomatiques avec les pays d'Amérique latine. Puis c'est lui qui portera la bonne parole, supervisant les programmes de Radio Londres, Radio Beyrouth, Radio Brazzaville, Cameroun, Nouméa, Papeete… Soustelle deviendra un homme clé du « système » gaullien, secrétaire général du Rassemblement pour la France (RPF), ministre de l'Information puis des Colonies…

Parmi ces commissaires de la République chargés de remettre de l'ordre en France, pour l'étude qui nous intéresse, l'itinéraire d'un autre personnage se détache. Cet homme incarne à lui seul, presque jusqu'à la caricature, la haute fonction publique. Après avoir servi à Rouen pendant près de deux ans, c'est à lui que revient la tâche de façonner la future élite administrative du pays.

Ce grand commis de l'État – comme on les appelait naguère – se nomme Henri Bourdeau de Fontenay. Il est le premier directeur de l'École nationale d'administration (ENA), fondée le 9 octobre 1945, par une ordonnance du gouvernement provisoire de la République française. La création de cette école a pour but d'ouvrir l'accès à la haute fonction publique, afin qu'elle ne soit plus réservée à la bourgeoisie, et prend place dans une réforme d'ensemble de l'administration voulue par de Gaulle. L'ENA sort du cerveau de Michel Debré, mais celui qui met l'école sur des rails, c'est Henri Bourdeau de Fontenay. Pendant près de vingt ans – jusqu'en 1963 –, cet homme de droiture va former des générations de hauts fonctionnaires pour qu'ils prennent les rênes de la France, jusqu'à en contrôler peu à peu les pouvoirs administratif, politique et même économique, et parfois médiatique. La mort de ce grand serviteur de l'État ne fera l'objet que d'une brève notice dans *Le Monde*, précisant que « son courage n'avait d'égal que sa modestie ». L'homme, en effet, était (très) discret, s'effaçant derrière sa mission, dont il se faisait une (très) haute idée. En prenant en main l'ENA, il a en tête de créer un corps d'élite de moines soldats de la République ; il veut faire naître de cette école les hauts cadres administratifs dont la France a tant besoin, une sorte de « Saint-Cyr civil ».

Fils d'un officier de cavalerie, Henri Bourdeau de Fontenay a fait les deux guerres. En 14, à l'âge de dix-sept ans, il s'est engagé volontairement dans l'infanterie, puis a rejoint la France libre dès 1940, dans le réseau Ceux de la Résistance. Grand, émacié, l'allure raide, « BdF » aime l'Honneur, le Devoir et la Patrie avec des majuscules. Cet ancien élève des jésuites a été avocat avant guerre, et même secrétaire de la Conférence du stage, le prestigieux concours d'éloquence de la profession.

Catholique pratiquant, « BdF » puise dans la foi la force de ses convictions. Ce quadragénaire – il est né à Chartres en 1900 – à l'air cadenassé ressemble à une caricature de personnage désuet, avec ses lunettes en écaille et son éternel nœud papillon, son goût pour la chasse et les valeurs. L'homme, en fait, est relativement anticonformiste, comme le sera en son temps sa fille, la philosophe Élisabeth de Fontenay. Les parents d'Henri Bourdeau de Fontenay étaient antidreyfusards, il a épousé une femme juive réfugiée d'Odessa, convertie au catholicisme, Nessia Hornstein. Ils lisaient *L'Action française* jusqu'à sa condamnation par Rome, les périodes historiques fétiches de leur fils sont la Révolution française et celle de 1848, et il voue un culte à Saint-Just, dont le nom lui a servi comme pseudonyme dans la Résistance. « BdF » aime à lire les pages de l'historien Michelet relatant le discours de Saint-Just demandant la mort du roi Louis XVI.

Sous sa conduite, les idéaux de la Résistance forgent l'ENA naissante. Ses responsables et ses élèves se sont tous battus contre l'occupant nazi. Toutes les salles de cours portent le nom d'un haut fonctionnaire tombé au champ d'honneur. Chaque année, au mois de juin, Henri Bourdeau de Fontenay conduit une délégation d'élèves sous l'arc de triomphe pour ranimer la flamme du Soldat inconnu ; le directeur tient beaucoup à cette cérémonie. Et, dans les premières années, la procédure de sélection intègre même une note de civisme[17].

Dans les années qui suivent, l'école fournira des bataillons de serviteurs de l'État – on ne parle pas encore ni d'énarques ni de technocrates –, anciens résistants, qui vont tenir la France debout.

Parmi eux se distinguent nombre de chrétiens.

C'est le cas de François Bloch-Lainé, recruté par Alexandre Parodi, délégué de la France libre, dès le début de la guerre, pour être une sorte de fonctionnaire de l'ombre, afin d'assurer, se souvient-il dans ses Mémoires, « le financement de l'ensemble de l'action souterraine, suivant des règles aussi proches que possible de celles du plein jour[18] ». Bloch-Lainé, inspecteur des finances, devient en juin 1947 directeur du Trésor, puis longtemps directeur général de la Caisse des dépôts et consignations et président du Crédit lyonnais. Le nom des Bloch-Lainé brille au faîte de la haute fonction publique. Un atavisme familial. L'arrière-grand-père paternel de François Bloch-Lainé, comme il le souligne dans ses Mémoires, était officier de carrière, son grand-père polytechnicien et ingénieur des manufactures de l'État, et le frère de celui-ci polytechnicien et colonel du génie, saint-cyrien et général d'infanterie, inspecteur des finances et finalement premier président de la Cour des comptes – et leur sœur épousa Léon Blum, qui était alors maître des requêtes au Conseil d'État... Plus tard, le fils de

17. Jean-Michel Blanquer et Jérôme Cordelier, *Le Sérail. Histoire d'une promotion de l'ENA*, Perrin, 1995.
18. François Bloch-Lainé, *Ce que je crois*, Grasset, 1995.

François Bloch-Lainé, Jean-Michel, sera lui aussi inspecteur des finances et un haut fonctionnaire en vue.

François Bloch-Lainé est un « demi-juif », comme il se caractérise lui-même dans *Ce que je crois*. Son arrière-grand-père paternel est un juif lorrain qui a rallié la France après l'annexion de sa terre par l'Allemagne, afin de rester français ; la fille de celui-ci, la grand-mère de Bloch-Lainé, donc, se convertit au catholicisme en 1880. « Je ne savais pas grand-chose du judaïsme alors que j'étais un catholique actif », écrit le haut fonctionnaire. Comment comprendre alors que, « tout à coup », son père grièvement blessé en 1914, ses oncles – deux étaient morts pour la France en 1915 et en 1917 – et ses cousins soient privés de leurs droits de citoyens et humiliés par Vichy ?

François Bloch-Lainé est aussi, surtout, un catholique de gauche, pratiquant engagé dans des paroisses, des associations… Il consacre à cette part de lui-même un chapitre émouvant de ses Mémoires, confessant : « Je suis né et je mourrai catholique, sans hauts ni bas d'importance dans ma pratique religieuse en cours de vie. Les manifestations de ma foi ont souvent manqué de vigueur. Mais je n'ai jamais été tenté par l'athéisme. Par l'agnosticisme, non plus, qui n'est, à mon avis, qu'une attitude d'abstention. » Cette foi, il s'en explique longuement, avec une vérité et une humilité touchantes. « Il me paraît évident que l'homme n'aurait pas pris cette formidable avance sur le plus doué des autres "êtres animés" sans son obsession du sens des choses, de la raison d'être du monde, des finalités du monde. Sans de continuelles évasions hors du quotidien préhensible, visible, vers ce qu'il nomme transcendance. »

Plus loin, il confie encore :

> « J'ai pour l'institution de l'Église romaine une fidélité qui résiste à ses rigueurs excessives, à ses outrances généralement passagères. Parce que, malgré de nombreuses et détestables erreurs dans le passé, elle est un exemple rare de résistance aux injures du temps, de continuité pour l'essentiel. Et parce qu'avec elle, je trouve imbattable la morale de celui qui fut "le plus libre, le plus rebelle des hommes", comme l'a dit Drewermann (peut-être trop allergique lui-même aux contraintes). Cette morale ne se confond pas pour moi avec la chrétienté et ses dirigeants, avec ce qu'en tout temps on a fait de contestable ou de criminel en son nom. »[19]

Au sein de cette compagnie de grands commis de l'État, un autre chrétien se signale : Paul Delouvrier. Comme il le confiera plus tard, sa vocation lui est venue « dans les bois, en marchant en juin 1940 avec Baudet[20] ». « Nous nous disions, raconte Delouvrier, que cette défaite était celle de l'intelligence et que, si nous en réchappions, la tâche nous était donnée : rebâtir le pays. »

> « Dans ma famille, on n'avait jamais servi l'État et, en vérité, j'avais préparé l'inspection des finances comme un fils de moyenne bourgeoisie, par ambition

19. *Ibid.*

20. Son compagnon de régiment Lucien Baudet avec lequel il se cache pour échapper à l'armée allemande.

sociale, se souvient Paul Delouvrier. Ces conversations sur la défaite furent décisives, ma vocation est née là. Et contribuer à relever la France m'est apparu plus facile par le service public que par le secteur privé. »

À la Libération, il entre au ministère des Finances.

« Un lien s'est établi entre les financiers de la rue de Rivoli, conservateurs dans leurs mécanismes de pensée mais soucieux de maîtriser la politique économique, et les ingénieurs de l'État, polytechniciens et autres arrivés aux commandes des entreprises industrielles nationalisées », écrit celui qui deviendra le directeur de cabinet du ministre (radical) des Finances René Mayer. Et Delouvrier de constater : « Une obsession habitait les esprits, qui était le support de tout : lutter contre l'état de délabrement dans lequel notre économie s'était trouvée jusqu'en 1939 (elle ne s'était guère relevée de la grande crise) et redresser définitivement le pays. »[21]

Le sort du pays se joue sur une courte période, dont la planification permet de maîtriser le cours. « En quelques années – l'espace du premier "plan de modernisation et d'équipement" (1947-1952), si bien nommé –, la France est passée du "malthusianisme" (économique, démographique) à la "croissance", qui deviendra "développement" au cours des quelque vingt "glorieuses" suivantes[22] », observe l'historien économique Jean Bouvier.

---

21. Roselyne Chenu, *Paul Delouvrier ou la passion d'agir*, Le Seuil, 1994.

22. Jean Bouvier, *La France restaurée, 1944-1954*, coécrit avec François Bloch-Lainé, Fayard, 1986.

En prologue à cet ouvrage, l'historien Jean-Pierre Rioux résume ainsi les défis qui s'amoncellent :

> « La France des lendemains de la Libération est le seul pays d'Europe occidentale à recevoir de plein fouet tous les grands chocs qui disloquent ou mobilisent économies et sociétés de l'après-guerre [...]. Une guerre qui s'éternise, avec son cortège de ruines physiques et morales, un système monétaire né à Bretton Woods, qui rend puissants les seuls possesseurs de dollars, un conflit militaire à si forte charge idéologique – collaboration d'un côté, antifascisme de l'autre – et économique – occupation, pillage et gestion autoritaire de la pénurie – qu'il a fait lever des germes vivaces de guerre civile, une société qui s'installe à tâtons dans l'ère des masses et des organisateurs : la France partage le lot commun des pays d'une Europe exsangue. Qu'elle doive affronter de surcroît, et sans solution de continuité, les deux lames de fond qui bousculent le monde bientôt mis sur béquilles à Yalta et Potsdam, la décolonisation et la guerre, donne une tragique singularité à son histoire. Sous quelque angle qu'on examine ces années-là – recherche d'une politique extérieure, construction d'une République nouvelle ou jeu des forces sociales – surgit à chaque pas cette accablante accumulation de contraintes qui freine les ardeurs et prolonge de vieux travers. »

Et Rioux d'ajouter : « Ceux qui voulaient alors infléchir le cours des choses et faire du changement une politique durent affronter, convenons-en, des circonstances non seulement exceptionnelles dans l'histoire d'une nation, mais imprévues dans leur expression comme dans leurs conséquences[23]. »

Ceux qui vont marquer de leur empreinte cette France qui se reconstruit, à l'instar du polytechnicien patron de la SNCF et de l'énergie atomique, Louis Armand, ou du démographe Alfred Sauvy, sont autant de « gens à véritable stature », ainsi que les qualifie Paul Delouvrier, de « ceux que la fonction n'engloutit pas, qui même la subliment et conservent une humanité au regard vaste ». Pour ces serviteurs de l'État, la foi est un socle qui soutient l'action, comme le souligne Paul Delouvrier, converti au catholicisme social par la lecture des écrits du scientifique jésuite Pierre Teilhard de Chardin, interdits par Rome jusqu'à sa mort en 1955 et qui circulent sous le manteau à l'école des cadres d'Uriage, où il étudia en 1941-1942, tout comme Hubert Beuve-Méry, futur directeur du *Monde*. « Aimer Dieu est plus essentiel que respecter à la lettre les dix commandements, dit Delouvrier. Ils peuvent aider à L'aimer, mais également oblitérer l'amour si on confond la loi et sa visée. Sous cet angle-là, la vision teilhardienne d'un Dieu immanent à l'univers m'a été d'un grand secours. »[24]

Dans la France de l'après-guerre, ils sont nombreux, les chrétiens affirmés, à assurer la tenue de l'État. C'est Pierre-Paul Schweitzer, neveu d'Albert Schweitzer et père de Louis Schweitzer, grande lignée protestante, qui officie comme secrétaire général du

---

23. Jean-Pierre Rioux, *La France de la Quatrième République, tome I : l'ardeur et la nécessité*, Points Seuil Histoire, 1980.
24. Roselyne Chenu, *op. cit.*

Comité interministériel pour les questions de coopération économique européenne de 1948 à 1949, puis, après Bloch-Lainé, comme directeur du Trésor à partir de 1953 – il le restera jusqu'en 1960. C'est un autre protestant – moins connu mais qui sert une action plus concrète –, Philippe Lamour, avocat, agriculteur, homme engagé, très tôt adepte de la planification, qui, au sein de l'équipe de Jean Monnet, mène à bien l'irrigation d'une partie du sud de la France en raccordant le Gard et l'Hérault au Rhône, par la création du canal d'aménagement du Bas-Rhône Languedoc. Philippe Lamour sera reconnu plus tard comme le père de l'aménagement du territoire, en créant la Datar.

Rebâtir la France est un chantier auquel les chrétiens, dont la plupart ont été formés à l'engagement dans la Résistance, ne peuvent rester étrangers. Ils portent une vision du monde et un projet de société. Ou plutôt des visions du monde et des projets de société. Ils essaiment dans toutes les familles politiques, à l'image d'un André Philip. Ce parlementaire fut l'un des quatre-vingts à refuser les pleins pouvoirs à Pétain ; entré tôt dans la Résistance, il a rejoint de Gaulle à Londres en 1942. André Philip, souligne auprès de nous l'historien du protestantisme André Encrevé, est « quelqu'un d'un peu rare en France, puisque c'est un dirigeant de la SFIO et un protestant, un homme de foi très convaincu mais anticlérical ; il est socialiste-chrétien, avec un trait d'union auquel il tient beaucoup ». Cet esprit savoureusement iconoclaste sera plusieurs fois ministre de l'Économie dans les gouvernements d'après-guerre.

Mais dans le premier gouvernement provisoire formé le 9 septembre 1944, ce sont les catholiques qui se taillent la part belle : ils sont quatre à siéger aux côtés des communistes. Ils se nomment François de Menthon, Pierre-Henri Teitgen, René Pleven et, bien sûr, Georges Bidault. Héros de l'ombre durant la guerre, leur action dans la Résistance a permis de libérer le pays. Ils s'apprêtent à en relever les nouveaux défis. Mais Charles de Gaulle est-il disposé à leur laisser les coudées franches ? Évidemment non, le Général rebelle et libérateur, salué par une foule en liesse dans toutes les villes qu'il traverse, comme il le note non sans gourmandise à chaque étape[25], est fort de cette légitimité palpable. L'icône de Gaulle est en voie d'établissement, l'intéressé installe lui-même le culte en parlant de son personnage public à la troisième personne dans ses *Mémoires de guerre*. Et, comme on peut s'en douter, il n'est pas du tout prêt à descendre de son piédestal pour partager cette aura et ce pouvoir si chèrement acquis.

25. Charles de Gaulle, *Mémoires de guerre – Le Salut*, *op. cit.*

Chapitre 3

LA CHASSE AUX ÉVÊQUES

Dans cette France en restauration et encore largement chrétienne, une question agite les rangs catholiques : que faire des prélats ? Quel sort réserver à ces évêques dont beaucoup, et avec un zèle qui souvent laisse pantois, se sont soumis à Vichy et à Pétain, prêchant l'obéissance au pouvoir établi et « légitime » ? Les mains tendues aux juifs après 1942, suite à la promulgation du statut contraignant leur citoyenneté et la rafle du Vél' d'Hiv, par une poignée de ces dignitaires – on pense par exemple à Mgr Saliège, archevêque de Toulouse qui sera promu cardinal par la suite, son collègue de Montauban, Mgr Théas, le cardinal Gerlier de Lyon, Mgr Rémond de Nice, qui, bien que zélés pétainistes par ailleurs, seront faits Justes parmi les nations – ne pourront couvrir la faute, la très grande faute des autres. Tous ces autres, qui se sont couchés devant le pouvoir établi, ont conspué leurs ouailles qui résistaient, ont parfois élevé le Maréchal à la gloire des autels, mettant à son service l'appareil institutionnel et moral de l'Église, et, somme toute, ont pactisé avec le diable. Sur la sellette, entre autres, Mgr du Bois de La Villerabel, l'archevêque d'Aix-en-Provence, celui de Clermont, Mgr Piguet, Mgrs Feltin de Bordeaux, Liénart de Lille, et aussi Suhard, l'archevêque de Paris.

Que faire de ces prélats à l'âme corrompue ? Dans la France qui voit le bout de l'obscurité, à l'ombre des clochers, une autre guerre, spirituelle, fait rage entre les paroissiens qui ont résisté et leurs évêques qui ont collaboré avec Vichy. On fusille les traîtres qui ont travaillé avec les nazis, on tond les femmes qui ont couché avec l'occupant, et les évêques, alors, comment les faire payer ? En clair, comment se débarrasser de ces personnalités influentes et devenues encombrantes alors que le pays est en train de se relever de l'infamie ?

Les responsables protestants, dont nombreux, rappelons-le, furent semblablement loyaux à Vichy dans les premières années de la guerre, sont moins exposés.

« Commissaires de la République et préfets se félicitent de la sympathie des fidèles et des pasteurs pour la Résistance, qu'ils comparent non sans regret à la tiédeur catholique[1] », constate l'historien spécialiste du catholicisme Étienne Fouilloux. À Limoges, le président du comité départemental de libération, Albert Chaudier, devient même préfet intérimaire de la Haute-Vienne. Le chef de file du protestantisme français, Marc Boegner, pasteur de l'Église réformée, parvient avec habileté à faire oublier son soutien, et celui de ses pairs, à Vichy et sa devise « Travail, famille, patrie », ainsi que ses tête-à-tête complaisants avec

1. Étienne Fouilloux, *Les Chrétiens français entre crise et libération, 1937-1947*, Le Seuil, 1997.

Pétain et Laval. Dans un long rapport à l'Assemblée générale du protestantisme, à Nîmes, le 24 octobre 1945, il dresse la liste des multiples protestations adressées aux autorités vichystes, à partir de deux lettres envoyées à Darlan en mars 1941 et surtout après 1942 – s'alignant sur les condamnations exprimées par Saliège, Théas, Gerlier…

Les évêques catholiques, dont la plupart se sont montrés plus longtemps favorables au Maréchal, sont en première ligne. Il faut faire le ménage parmi eux… Éradiquer les mal pensants. Bref, enclencher une épuration épiscopale.

Dès 1944, une note confidentielle, datée du 26 juillet mais non signée, circule au sein du gouvernement provisoire mené par de Gaulle. Le texte dresse un état des lieux sans ambages de la situation.

> « S'il n'existe pas d'évêques français auxquels puisse s'appliquer la qualification de "collaborationnistes", écrit l'auteur anonyme, il n'en est pas moins évident que leur soumission générale, enthousiaste chez certains, aux consignes de Vichy, en a mené un bon nombre à prendre publiquement des positions favorables aux thèmes de la propagande allemande en France, à tout le moins aisément exploitables par elle, quand leur autorité ne s'engageait pas plus directement au service de cette propagande. Cette position a été prise dans l'espoir de sauver les œuvres, d'obtenir de Vichy des faveurs, en particulier pour les écoles libres, sans que les responsables se soient toujours rendu compte qu'ils servaient ainsi le premier désir de Vichy, en quête d'une clientèle, et se montraient

prêts, pour l'obtenir, à paraître rééditer la politique de l'ordre moral. »

L'activisme des prélats est fortement souligné et ne fait aucun doute pour l'auteur. « Dans les premières années du régime, poursuit-il, nombre d'évêques ont ainsi fait un devoir de conscience à tous les catholiques, non seulement d'obéir à Vichy, mais de le soutenir en tout, donnant ainsi une consigne politique. » Et d'égrener la liste des méfaits de ces responsables ecclésiaux, en ciblant un à un les diocèses :

> « Certains ont poussé cette attitude jusqu'à des déclarations démesurées d'attachement à la personne du Maréchal (Lyon, Marseille, Reims, Nancy...). D'aucuns ont interdit l'audition des "radios étrangères" (Aix...), la lecture de publications clandestines, en particulier *Témoignage chrétien* (Montpellier), condamné l'action clandestine de "théologiens sans mandat" (Aix, Clermont-Ferrand, Le Puy...), d'autres ont tenu au moment de la campagne des nazis contre le bolchevisme à rappeler les condamnations pontificales contre le communisme antichrétien, sans rappeler en même temps l'encyclique *Mit brennender Sorge*. Il en est qui ont accepté de justifier chaque point du programme politique de Vichy (Bordeaux...) et qui ont publié des pastorales ou fait des déclarations faisant aux jeunes un devoir de conscience de répondre aux convocations pour le Travail obligatoire en Allemagne (Clermont-Ferrand, Le Puy, Viviers, Mende, Rodez, Montpellier, Lille, coadjuteur de Cambrai...). Le "terrorisme" et les bombardements aériens firent l'objet de pastorales de condamnation sans nuances ni réserves. En particulier

les obsèques de victimes de bombardements furent l'occasion de manifestations véhémentes, parfois loin des lieux sinistrés (par exemple : Dijon pour Billancourt). »[2]

En peu de mots, l'acte de condamnation est établi. À le lire, on se rend compte à quel point la gangrène est enkystée dans le – vaste – tissu spirituel dont l'Église catholique enveloppe alors la France. La faute est avérée, elle est immense. Il ne s'agit pas de manifestations individuelles éparses, mais d'une responsabilité collective. À ce propos, le document pointe aussi le grand retentissement des « manifestes collectifs de l'Assemblée des cardinaux et archevêques de France, savamment utilisés par la propagande ennemie, quelles qu'aient pu être les habiletés de plume de leurs auteurs. Il a suffi pour cela de quelques coupures contre lesquelles jamais aucune protestation publique n'a été élevée ». Et les responsables sont nommément cités : le cardinal Suhard, archevêque de Paris, Mgr Courbe, évêque auxiliaire de Paris et secrétaire général de l'Action catholique française, Mgr Chappoulie, délégué des cardinaux et archevêques à Vichy. La note est assortie d'une liste de vingt-deux prélats qu'il convient d'écarter. Liste à laquelle est adjointe une liste « A bis » pour souligner le rôle ambigu de Gerlier, le cardinal-archevêque de Lyon, et de Liénart, le cardinal-évêque de Lille. S'ensuivent deux autres listes, l'une contenant six noms d'« évêques dont la promotion à un siège archiépiscopal serait souhaitable », et une autre, plus

2. Cité par André Latreille, *De Gaulle, la libération et l'Église catholique*, éditions du Cerf, 1978.

longue, de vingt-deux « prêtres dont l'élection à un siège épiscopal serait souhaitable »[3].

La note est anonyme mais son inspirateur, qui est sans doute même son auteur, ne laisse aucun doute : elle émane de Georges Bidault, l'une des incarnations de la Résistance chrétienne. Pour celui sur le bureau de qui le texte a atterri, André Latreille, la marque de l'ancien président du Conseil national de la Résistance, devenu ministre des Affaires étrangères dans le gouvernement provisoire, ne fait aucun doute. Historien lyonnais, Latreille s'est engagé dans la Résistance aux côtés du général de Gaulle dès le début de la guerre, il a sauvé des juifs de la déportation et, en 1944, c'est à lui que de Gaulle confie la direction du bureau des cultes au ministère de l'Intérieur et l'épineux dossier de l'épuration épiscopale – qu'il pilote avec le conseiller du Quai d'Orsay pour les affaires religieuses, Louis Canet.

André Latreille maîtrise son sujet : catholique fervent, père de dix enfants, dès 1940 il a tenté une médiation auprès du cardinal Suhard, allant le trouver à Paris pour le sensibiliser au danger d'une inféodation à Vichy. Membre du comité de libération de la Vienne et intellectuel, il a aussi évidemment côtoyé Georges Bidault, qui œuvrait alors en clandestin dans la capitale des Gaules. Et Latreille connaît avec précision son opinion sur le dossier.

> « Étant son collègue et ami de longue date, je l'avais entendu dans la clandestinité se prononcer pour une épuration drastique dans le haut clergé, le moment

3. *Ibid.*

venu, confie André Latreille dans le récit détaillé et très documenté qu'il a consacré à sa mission. On disait que ses dispositions à l'égard des évêques étaient plus implacables que celles du Général ; mais j'avais hâte de connaître avec plus de précision l'étendue des sacrifices qu'il demanderait et les moyens de procédure par où il se flattait d'aboutir[4]. »

Comme le souligne André Latreille, à Paris circule un document dactylographié intitulé « Memento à l'usage des curés », faisant état des « plaintes répétées » de l'ambassadeur allemand Abetz contre les déclarations des chefs religieux français pour marquer leur distance vis-à-vis des autorités occupantes. Les accusés fourbissent leur défense… Mgr Émile-Maurice Guerry, archevêque-coadjuteur de Cambrai, secrétaire de l'Assemblée des cardinaux et archevêques de France, publie, en 1947, une brochure intitulée « Le rôle de l'épiscopat français sous l'occupation allemande », qui reprend une série d'articles publiés dans *La Croix du Nord* à la Noël 45-46, écrits en réponse à une enquête parue dans le quotidien *Nord Matin* s'interrogeant sur ce qu'avaient fait les évêques durant la guerre. Mgr Guerry prend la défense du corps épiscopal repérant sans nuances l'argumentation du « loyalisme sans inféodation » ; en clair, les évêques ont soutenu Pétain parce qu'il était le pouvoir légitime, comme n'importe quel gouvernement avant et après Vichy.

Pas très convaincant. Sur le papier, à première vue, le dossier paraît clair, aussi clair que la « note

4. André Latreille, *op. cit.*

Bidault » : l'épuration épiscopale est nécessaire et bienvenue. Les prélats sont coupables, pour le moins, d'une faute morale. Et une nécessité politique exige leur écartement : le maintien d'évêques compromis risque de créer des tensions avec les catholiques résistants et le bas clergé. Les tensions sont tous azimuts… En toile de fond, une guerre feutrée entre conservateurs et progressistes.

« Visiblement, remarque André Latreille, dans les milieux de la hiérarchie catholique, on n'était pas sans défiance à l'égard de ces catholiques sociaux ou démocrates qui entraient dans les postes officiels au service du gouvernement provisoire, et dont on se demandait quelles intentions révolutionnaires les animaient. »

Comme souvent dans les affaires de l'Église, dès qu'on pénètre dans les arcanes, l'affaire devient complexe.

Le gouvernement est face à un casse-tête, qu'André Latreille, dans sa réponse à la « note Bidault », résume ainsi :

> « Pourrait-il, sans compromettre l'autorité de l'État, tolérer que des hommes d'une autorité morale et intellectuelle aussi haute se trouvent, par le seul fait de leur dignité, à l'abri des conséquentes défaillances qui sont sanctionnées chez les autres citoyens ? On voit bien que le sujet ne concerne pas seulement le peuple catholique, c'est toute la refondation morale du pays qui se joue. »

Problème : l'État français n'a aucune prise sur les évêques, et la loi de séparation de 1905 instituant la laïcité a renforcé ce fait ; il n'a aucune compétence pour interférer sur le pouvoir de nomination ou de destitution des prélats. Ils sont les serviteurs de l'Église, et seul le pape décide de leur sort, positif ou négatif. « L'idée d'un renouvellement global ou du moins très large de l'épiscopat est absolument chimérique », juge André Latreille, notant au passage qu'il n'existe qu'un précédent historique : la déposition collective de l'épiscopat d'Ancien Régime lors du concordat de 1801, qui avait failli faire échouer les négociations et à laquelle le pape Pie VII n'avait consenti « qu'avec une extrême répugnance ».

Ce renouvellement voulu par Bidault est un exercice de haute volée diplomatique. Les prélats sont les bras armés (spirituellement) d'une politique décidée au sommet du Vatican par Pie XII, le pape en personne. « Des mesures administratives non concertées avec le Saint-Siège auraient donc pour effet inévitable de graves complications diplomatiques », pointe Latreille. D'autant que les fidèles sont partagés et que la situation varie d'un diocèse à l'autre en fonction du degré d'engagement avec Vichy de celui qui le dirige. Pour certains hiérarques qui ont été loin dans la pactisation, la question ne souffre guère discussion, et tout le monde s'accorde pour que des exemples soient faits, ne serait-ce que pour des raisons d'ordre public, « certains évêques risquant d'ailleurs de souffrir dans leur personne de la réaction populaire consécutive à la Libération, ou tout au moins de tomber sous le coup des lois réprimant les activités en faveur de l'ennemi ».

Mais dans les rangs de leurs ouailles, l'aura du prélat est aussi une donnée à prendre en considération, y compris chez ceux qui ont résisté et restent liés par « une religieuse déférence ». C'est le constat que dresse André Latreille, après avoir étudié le cas de chaque diocèse litigieux :

> « Prêtres et laïcs peuvent critiquer leur évêque ; dans bien des cas ils diffèrent avec lui par leurs options politiques et civiques : beaucoup, qui ont été résistants parce que catholiques, ont maintenu leur point de vue avec une grande indépendance et continué à agir selon leur conscience malgré les désapprobations formelles. Mais ils restent attachés par les liens d'une religieuse déférence à des chefs dont la plupart sont des prêtres vénérables, recommandables par la sainteté de leur vie, leur souci de spiritualité et de charité évangélique. Compter qu'une fissure puisse se produire entre eux et leur évêque, et qu'on puisse prendre appui sur les catholiques résistants serait, non seulement une manœuvre indélicate, mais un calcul erroné. »[5]

Au centre de l'affaire et sur la sellette, on retrouve un homme : le nonce apostolique Mgr Valerio Valeri. Et voilà pointée du doigt la prudence diplomatique de la politique menée par Pie XII durant la guerre, qui a privilégié des négociations à portes fermées plutôt que des admonestations publiques, au nom de la ligne d'impartialité qui fut déjà celle de Benoît XV durant la Première Guerre mondiale. Une prudence, restons polis, que de Gaulle, par ailleurs fidèle croyant, a du mal à digérer…

5. *Ibid.*

Il n'est pas le seul.

Entre autres griefs, mais non des moindres, les résistants chrétiens se souviennent qu'il a fallu attendre début juin 1944 – oui, la fin de la guerre ! – pour que Rome accède à la demande du courageux cardinal Eugène Tisserant – qui accusera Pie XII de faiblesse – et autorise les évêques à procurer des aumôniers aux maquis. Heureusement, religieux et prêtres furent nombreux à se passer de l'imprimatur de leur hiérarchie en rejoignant les réseaux de résistants. Plusieurs le payèrent de leur vie, à l'instar du théologien jésuite Yves de Montcheuil qui, appelé par de jeunes chrétiens combattants requérant son aide spirituelle, choisit, face au feu allemand, de rester parmi les blessés dans la grotte de la Luire plutôt que de s'enfuir avec les hommes valides. Il sera fusillé par les nazis de Grenoble dans la nuit du 10 au 11 août 1944…

Le chef de la France libre a bien été reçu au Vatican par le cardinal Maglione, secrétaire d'État et ministre des Affaires étrangères, le 30 juin 1944 – juste après le Débarquement et quelques semaines avant la mort de ce dernier – ainsi que par Pie XII en personne. Réception qui valut reconnaissance de fait de son gouvernement provisoire. De fait, mais pas de droit. Nuance de taille : les relations diplomatiques n'ont pas été établies avec l'exécutif gaullien. L'interlocuteur – le Saint-Siège l'a reconnu dès juillet 1940 – est le régime de Vichy. Jusqu'en… août 1944 ! Valeri est sur la sellette.

> « Bon connaisseur et ami de la France, il a fidèlement respecté les conseils de prudence du Vatican et ne s'est donc pas trop compromis avec Vichy, précise

l'historien Étienne Fouilloux. Mais le gouvernement provisoire fonde partiellement sa propre légitimité sur l'illégitimité de l'État français : il ne saurait donc entrer en rapport avec un diplomate accrédité auprès de celui-ci, quel qu'il soit[6]. »

Dans les moments charnières de l'histoire, les symboles comptent autant que les actes. Valeri est le doyen du corps diplomatique, ce qui lui vaudrait d'être mis en avant dans les cérémonies, mais pour de Gaulle, une telle place pour un ancien ambassadeur auprès de Vichy, cela fait tache sur la photo !

« La présence de Mgr Valeri auprès du Maréchal, souligne André Latreille, avait été un des arguments les plus fréquemment employés par les évêques pour affirmer la légitimité du pouvoir établi, et sur cette question de légitimité, qui commandait tout, il n'avait jamais admis de transaction[7]. »

De Gaulle exige le remplacement de Valeri, mais le Vatican, jaloux de sa souveraineté, traîne les pieds. Mgr Valeri est rappelé à Rome le 29 novembre, et il s'écoulera un mois avant que son successeur, Mgr Roncalli, s'installe à Paris. Il faudra toute l'onctuosité diplomatique de ce prélat bonhomme – jusque-là délégué apostolique à Ankara et totalement inconnu, mais qui deviendra le futur pape Jean XXIII – pour (r)établir la confiance entre le Saint-Siège et la France.

Le gouvernement dépêche Charles Flory à Rome pour apaiser les tensions. C'est un grand combattant

6. Étienne Fouilloux, *op. cit.*
7. André Latreille, *op. cit.*

catholique : ancien de la guerre de 14, il a été blessé lors de la bataille de la Marne et fut président de l'Association catholique de la jeunesse française – quand Bidault en était vice-président –, ainsi que résistant aux côtés de Bidault. Il est aussi le frère de l'abbé Jean Flory, le curé de Montbéliard, très actif dans le réseau Témoignage chrétien, qui a eu le courage, à la Noël 1942, de lire en chaire les noms des prisonniers mais aussi des déportés juifs de la ville, rappelant l'origine juive de Jésus, Joseph et Marie, affublant leurs santons dans la crèche d'une étoile jaune en signe de protestation. Par ailleurs, Charles Flory est aussi le gendre du grand philosophe chrétien Maurice Blondel. Son envergure sociale, spirituelle et morale lui permettra de s'acquitter de sa mission de bons offices à Rome avec doigté et succès, avant de céder la place d'ambassadeur auprès du Vatican, sur sa proposition, au philosophe Jacques Maritain.

Les tensions s'apaisent. Trop ? Les catholiques sont divisés. Les uns, à l'instar de Georges Bidault, exigent justice et fermeté. D'autres, à l'image de François Mauriac, plaident la clémence pour des évêques qui, somme toute, n'ont fait qu'appliquer ce que leur hiérarchie leur demandait en respectant le pouvoir légal et qui, à quelques rares exceptions, n'ont pas collaboré directement avec l'ennemi nazi. Le Commandeur de Gaulle privilégie le réalisme, comme il le fait, on l'a vu, pour l'administration.

Pas de vagues. Soucieux de préserver l'avenir, de Gaulle veut à tout prix éviter la guerre civile dans un pays en ruine qu'il faut reconstruire. Il y a un risque de rogner le prestige de la France au Vatican, auprès d'une Église catholique qui continue d'exercer un grand magistère sur les esprits. En parcourant les villes du pays au moment de la libération, de Gaulle prend bien soin de souligner la présence des évêques, même corrompus, parmi les autorités, comme il le note dans ses *Mémoires de guerre* : « Où qu'il m'arrivât de paraitre, le clergé s'empressait à déployer ses hommages officiels[8]. » Dans la France encore chrétienne, les prélats restent des piliers de l'organisation territoriale et donc des garants de l'ordre.

À peine ouverte, la chasse aux évêques est par conséquent close.

« Fermement résolu à châtier la trahison, de Gaulle n'était pas moins soucieux de mettre fin à ce que l'épuration pouvait avoir d'anarchique », résume le directeur du *Monde* Hubert Beuve-Méry, dans sa préface au récit d'André Latreille. Pour finir, l'épuration épiscopale n'aboutit qu'à l'éviction de quatre évêques métropolitains (Mgr de La Villerabel à Aix-en-Provence, Mgr Dutoit à Arras, Mgr Auvity à Mende et Mgr Beaussart, évêque auxiliaire de Paris) et trois vicaires apostoliques (Mgr Vielle, en poste à Rabat, au Maroc, Mgr Poisson à Saint-Pierre-et-Miquelon et Mgr Grimault à Dakar, au Sénégal). « La montagne a donc accouché d'une souris : parmi les grands corps de la nation, l'épiscopat est l'un des moins renouvelés[9] », commente Étienne Fouilloux. Nombre de prélats mis en place pendant la guerre continuent leur mission, mais en changeant de diocèse ; un classique

8. Charles de Gaulle, *Mémoires de guerre – Le Salut*, *op. cit.*
9. Étienne Fouilloux, *op. cit.*

de l'Église : quand la tempête souffle, on change de lac ! Symbole parmi d'autres, le remplacement de l'archevêque de Paris, Mgr Suhard, par celui de Lille, Mgr Feltin : « Indésirable à Bordeaux en 1944, le prélat ne suscite plus d'objections à Paris en 1949 », souligne malicieusement Étienne Fouilloux. « En fait, l'épuration du catholicisme français échoue… faute de volonté épuratrice », analyse l'historien.

« Dans une France qui va changer plus vite en vingt ans que pendant le siècle antérieur, le pouvoir ecclésiastique demeure aux mains de personnalités nommées avant la guerre et souvent mises en cause au lendemain de celle-ci »[10], remarque Fouilloux.

Un autre exemple, Mgr Guerry, spécialiste de la doctrine sociale de l'Église, qui vient de l'Action catholique ouvrière, décoré de la croix de guerre 14-18 – ce qui, on peut l'imaginer, n'est pas pour rien dans son soutien à Pétain –, lui aussi sur la liste noire du gouvernement provisoire, restera non seulement en poste mais il sera promu archevêque de Cambrai en 1952, poste qu'il occupera jusqu'en 1966, sans jamais être inquiété…

Cette épuration « discrète », selon l'expression d'Hubert Beuve-Méry, n'empêchera pas la loi du talion de s'exercer. L'époque est aux règlements de comptes, comme s'en fait l'écho Étienne Fouilloux. En Haute-Savoie, cinq prêtres sont fusillés ; le nouveau curé de Doussard, commune au sud du lac d'Annecy, voit sa porte marquée au fer rouge : « Église à vendre, curé à pendre ». À Toulouse, le chœur de la célèbre

10. *Ibid.*

basilique Saint-Sernin retentit des salves d'une fusillade, et des notables catholiques sont internés au camp de Noé, « ce qui fait dire à certains mauvais esprits que la meilleure paroisse du diocèse se trouve derrière les barbelés », sans oublier le cas de l'abbé Sorel, fusillé dès 1943. Cas isolés. Les préfets et commissaires de la République font tout pour apaiser les tensions, et leurs rapports, consultés par Étienne Fouilloux, « ne déplorent que de rares faits de collaboration ouverte » des prélats avec l'ennemi, qualifiant à ce propos leur attitude de « correcte », « digne », ou « réservée »[11].

Un gouvernement chasse l'autre, légitime on est, légitime on reste. L'évêque de Tarbes et Lourdes, Mgr Choquet, résume assez bien l'état d'esprit de ses pairs : « Le gouvernement d'hier a cessé d'exister. Un nouveau gouvernement lui succède... Si les événements servent ce nouveau gouvernement, s'il s'acquitte heureusement de sa fonction protectrice, si l'assentiment populaire se prononce en sa faveur, le temps viendra où [...] son existence recevra la consécration du droit[12]. »

L'Église a l'éternité pour elle. Ceux qui avaient choisi le camp du bien n'auront plus qu'à se plier au réalisme politique. Sans oublier. En condamnant parfois cette part de l'Église souillée à jamais par la tache indélébile du mal, comme le fit le résistant André Mandouze, compagnon de Témoignage chrétien, l'auteur de cet éditorial qui avait fait se dresser tant de résistants chrétiens :

---

11. Étienne Fouilloux, *op. cit.*
12. Cité dans *Ibid.*

« Nous ne voulons pas croire que la France ait dit son dernier mot. Nous ne voulons pas croire que la petite fille Espérance ait déserté son jardin préféré pour n'y laisser que des êtres en proie au désespoir. Nous ne voulons pas croire que les "Soldats de la Vérité" puissent accepter de prêter leurs bras à des besognes démoniaques. Nous ne serons pas des résignés et, s'il ne nous est pas permis de faire plus, nous saurons au moins avoir le courage de dire "Non". »

À la Libération, Mandouze, avec sa verve habituelle, sermonne l'évêque de Marseille en s'écriant publiquement, le 6 mai 1945 : « Monseigneur, humiliez-vous et reconnaissez vos erreurs. Si un certain nombre de vos fils, prêtres et laïcs, n'avaient pas eu le courage de vous désobéir pendant quatre ans pour obéir à leur conscience, ni vous ni la plupart de vos confrères n'occuperiez actuellement vos palais épiscopaux. »

La messe est dite. *Ite missa est.*

Chapitre 4

FORTS EN DIEU, FORTS EN GUEULE : LA NOUVELLE RÉSISTANCE SPIRITUELLE

Mais d'abord il faut marquer le coup. Les combattants veulent signifier leur faute à ces autorités spirituelles qui ont failli. Afin de frapper les esprits, les résistants choisissent un acte symbolique fort. Pour la messe de la libération de Paris, le 26 août 1944, on ferme ainsi la porte de la cathédrale Notre-Dame à l'archevêque de Paris en exercice, le cardinal Emmanuel Suhard, et on l'ouvre en grand à un simple frère dominicain, Raymond Léopold Bruckberger. Un prince de l'Église se voit interdire de pénétrer dans « sa » cathédrale, tandis qu'un baroudeur de Dieu trône en majesté sur le parvis. C'est de Gaulle en personne qui l'a choisi pour présider la cérémonie. Il a même fait poster devant le domicile de l'archevêque un char des Forces françaises de l'intérieur (FFI) pour s'assurer qu'il ne tente pas une sortie, comme me le racontera en en souriant encore, plus de soixante-dix ans plus tard, Odile de Vasselot. À ce prélat, auquel on reprochait (entre autres) d'avoir ouvert Notre-Dame pour l'enterrement de Philippe Henriot, grand esprit de la

Fédération nationale catholique du général de Castelnau, devenu par la suite le ministre de la Propagande de Vichy le 28 juin 1944, on a préféré un grand résistant, lequel, d'une certaine manière, représente ainsi tous ces religieux, les dominicains de Nice, Marseille, Toulouse et les jésuites de Lyon, qui, bravant leur hiérarchie, se sont engagés dans la Résistance dès les premières heures.

Suhard reviendra dans les grâces gaullistes et accueillera à son tour de Gaulle à la porte de Notre-Dame, pour un *Te Deum* après la capitulation allemande, le 9 mai 1945. Il restera en poste jusqu'à sa mort, en 1949 – où il sera remplacé par un autre prélat pétainiste, Mgr Feltin. Ainsi va la « realpolitik » épiscopale à la Libération…

Pour l'heure, Mgr Suhard est bloqué chez lui, et c'est le révérend père Bruckberger qui dirige la messe du 26 août 1944 et son *Magnificat*, alors que les balles fusent encore jusque dans la nef. Une célébration pour l'histoire.

Plutôt hardi comme choix. Bruckberger, l'indomptable « Bruck », est un personnage ; on peut même dire qu'il sent le soufre, et la suite de sa vie sera marquée par l'odeur de la poudre. Une vraie aventure, la vie de Bruckberger, qui a démarré sans le sou dans le Cantal et promènera sa crinière blanche, son ironie mordante et sa plume corrosive dans le grand Saint-Germain-des-Prés des années 1950-1960, en compagnie de Sartre et Beauvoir, jusque dans les théâtres et studios de cinéma, avant de devenir aumônier de la Légion étrangère, auteur d'une multitude de livres, chroniqueur à *L'Aurore*, au *Figaro Magazine* et au *Point*, et membre de l'Académie des sciences morales et politiques, tout en flirtant avec l'extrême droite. D'ailleurs, au moment même où il est appelé pour célébrer la messe des FFI, « Bruck » est aussi le confesseur des miliciens Darnand et Bassompierre, des collabos aux mains rouges – une proximité qui n'altère pas le choix de de Gaulle[1].

Ce dominicain de feu est un grand résistant.

Il est de ces prêtres et religieux qui, forgés dans les combats contre le nazisme, ne rangent pas les lances une fois que les armes se sont tues. Une lutte s'achève, une autre commence. Aux âmes fortes, le monde s'ouvre ! À l'instar du père Bruck, plusieurs fortes têtes de Dieu vont ainsi animer la vie politique, sociale et intellectuelle de l'après-guerre.

Ils font du bruit, ils sont visibles dans les lieux de pouvoir, à la une des médias, où ils apparaissent dans leurs habits religieux, sans qu'à l'époque, comme ce temps paraît lointain en ce début du XXIe siècle, cela choque quiconque. Les pasteurs protestants sont plus réservés, attitude consubstantielle à leur pratique de la foi : ils ne sont que treize à être membres d'une assemblée parlementaire en France entre 1848 et 1958, suivant le décompte de l'historien du protestantisme André Encrevé. « Pour un pasteur, il n'est pas simple de devenir parlementaire », note celui-ci. Pourquoi un tel retrait ?

> « Les pasteurs conçoivent en général leur ministère comme une vocation qui est plutôt d'ordre spirituel ; ce qui n'est pas tout à fait le cas de l'exercice d'un mandat parlementaire, poursuit l'historien. Par ailleurs, le

1. Lire Jérôme Cordelier, *Rebelles de Dieu*, Flammarion, 2011.

plus souvent, un pasteur souhaite demeurer le pasteur de tous ses paroissiens, qu'ils soient de droite ou de gauche. Ils s'abstiennent donc, d'ordinaire, de prendre publiquement des positions partisanes tranchées dans le domaine politique. Ils ne s'y résolvent que dans des circonstances exceptionnelles, comme l'affaire Dreyfus par exemple, tout en soutenant, dans ce cas, que leur intervention est d'ordre moral et religieux. »[2]

Plus démonstratifs dans leur foi, les catholiques sont moins réticents à l'engagement public. Et ils le montrent ! Ils sont dominicains, comme Raymond Léopold Bruckberger ou Yves Congar, jésuites, tel Henri de Lubac, capucins comme l'abbé Pierre, simples curés, ou chanoines, à l'image du père Kir. Ce sont de fortes personnalités, voire des personnages hauts en couleur, volontiers provocateurs pour se faire entendre, et qui, enfiévrés par un feu spirituel, bousculent leur monde, la société et les bien-pensants, à commencer par leur hiérarchie. Tous subiront, à des degrés divers, jusqu'à la condamnation pour certains, les foudres du Vatican. Des forts en gueule, des forts en Dieu, qui s'engouffrent dans ce nouveau monde avec la même passion et intrépidité qu'ils ont mises dans leur combat contre le nazisme.

Avant de fonder, en 1949, dans une maison de Neuilly-Plaisance, la première des communautés qui allaient donner naissance au vaste mouvement international Emmaüs, avec la fidèle Lucie Coutaz, rencontrée

2. André Encrevé, « Pasteurs en République », *Le Temple national*, sous la direction de Vincent Petit, Presses universitaires de Lyon, 2021.

dans la Résistance, et un ancien bagnard du nom de Georges, le premier des compagnons, l'abbé Pierre fut, on l'a quelque peu oublié, un grand résistant – ce qu'il restera, derrière le masque du cabotin médiatique, toute sa vie durant.

Né le 5 août 1912, à Lyon, celui qui s'appelait Henri Grouès fut imprégné dès son plus jeune âge par le catholicisme. Cinquième d'une famille de huit enfants, il est élevé par des parents, grands bourgeois catholiques, animés d'une foi profonde. Alors qu'Henri a six ans, son père, très engagé, l'emmène s'occuper des sans-abri et des mendiants, puis, quelques années plus tard, dans ses œuvres à la confrérie des hospitaliers veilleurs, qui dépend de l'ordre de Saint-Jean de Jérusalem, dont les racines remontent au XIe siècle. M. Grouès père envoie son fils étudier chez les jésuites de l'internat Saint-Joseph – devenu aujourd'hui le lycée Saint-Marc. L'abbé Pierre se souvenait très précisément de ces années, qui allaient déterminer le reste de sa vie. Nous en avions parlé quand j'avais été l'interroger une fois de plus, en janvier 2004, dans une maison religieuse à Gstaad, où il s'était mis en retrait juste avant de commémorer le cinquantième anniversaire de son appel retentissant sur Radio Luxembourg[3].

Notre conversation s'était étirée sur plusieurs jours, je logeais dans une chambre au-dessus de celle de l'abbé, et, entre deux entretiens, pour tuer le temps, le curé de cette station hivernale huppée, un

3. Entretien avec l'auteur paru dans *Le Point* n° 1637 du 29 janvier 2004. Voir aussi Martin Hirsch avec Jérôme Cordelier, *Manifeste contre la pauvreté*, Oh ! Éditions, 2004.

personnage lui aussi, m'avait embarqué dans sa 2 CV qui glissait sur les routes enneigées pour me montrer les spectaculaires villas des VIP qui faisaient scintiller de paillettes la neige suisse... Ah ! si Johnny Hallyday et Charles Aznavour avaient su qu'à quelques mètres de leurs chalets luxueux, dans une maison simple et anonyme, se reposait celui qui était considéré, depuis des décennies, comme la personnalité la plus appréciée des Français, celui dont le visage ressemblait à un portrait du Greco, comme l'avait saisi le *Sunday Times* de Londres, celui dont la vie était un roman, une succession d'aventures qui l'avaient amené à rencontrer Einstein, Eisenhower, la reine d'Angleterre, Chaplin et, surtout, à fonder l'une des plus grandes, des plus belles et des plus productives aventures spirituelles et sociales du siècle, le mouvement Emmaüs... Petites grâces de reportage. L'abbé Pierre était fatigué, il avait plus de quatre-vingt-dix ans, il était cloué dans un fauteuil roulant, avait du mal à entendre, parlait lentement. Mais dès qu'il évoquait ces années de formation, son visage s'éclairait d'une lueur radieuse, ses yeux s'emplissaient de feu, et avec sa force de persuasion intacte, il parlait de ses combats en serrant les poings.

> « Mon père, racontait l'abbé Pierre, faisait partie d'un petit groupe de messieurs, tous des bourgeois, qui se relayaient le dimanche matin pour couper les cheveux et raser la barbe des malheureux dans les bouges des fortifications lyonnaises. J'ai donc appris tout ce que l'on apprend dans ce genre de situations. Mais à l'âge de quinze, seize ans, j'ai tout remis en question en lisant le *Discours de la méthode* de Descartes. La rigoureuse

logique cartésienne a cheminé dans mon esprit de manière souterraine et a abouti à ce qu'éclate en moi cette pensée : “Si tu étais né dans un milieu musulman, bouddhiste ou athée, tu serais prêt à engager ta vie d'une autre manière.” Je me suis retrouvé tout nu sur le trottoir. Le doute radical. J'ai commencé alors à me jeter dans toutes sortes de lectures. J'étais fasciné par tous les courants plus ou moins panthéistes, leur aspiration à l'unité, à l'universalité. Alors que je pataugeais dans ces rêveries, au hasard d'une lecture, je me suis trouvé face à la scène où Moïse se tient devant le Buisson ardent lorsqu'une parole lui dit d'aller demander à Pharaon de libérer le peuple juif. Moïse questionne : “Si le Pharaon me dit : ‘Qui t'envoie ?’, que dois-je répondre ?” Et la Parole rétorque : “Tu diras : ‘Je suis.’” Ce “Je suis” a été pour moi un foudroiement. Je pataugeais dans une mélasse, j'ai trouvé un roc. »

En 1931, après une révélation à Assise, Henri entre chez les capucins, la branche la plus dure des franciscains, devient frère Philippe, et se plie, pendant six années, cloîtré, à la formation exigeante des religieux. Abominable ?

« Mais non ! assurait celui qui signait alors “frère Lajoie”. À vingt ans, dormir sur une planche, ce n'est pas un supplice : on dort. Nos nuits étaient coupées en deux, mais je n'avais aucun problème à me rendormir à deux heures du matin. Les jeûnes n'étaient pas impitoyables : ils étaient limités, chacun suivait les directives de son supérieur, qui tenait compte de l'état de santé du bonhomme. »

La dure règle de la communauté astreignait le jeune religieux à se soumettre à une pratique d'un autre temps : la flagellation. Un traitement inhumain ?

> « Pas du tout !, affirmait l'abbé. Elle n'était pas effectuée par un autre, mais chacun pour soi. Nous avions, dans une poche sous la manche, un petit recueil de textes de méditation et, dans une autre, de l'autre côté, ce que nous appelions la "discipline", c'est-à-dire un petit faisceau de chaînettes. Ce n'était pas bien méchant… La flagellation contribuait à faire circuler le sang. Aujourd'hui, dans la plupart des cas, elle a été remplacée par du sport, même si quelques couvents continuent de pratiquer ce régime. Consultez ceux qui le vivent, ils souriront. De ces six années de ma vie, je ne retiens surtout qu'un souvenir : les temps d'adoration, chaque jour trois quarts d'heure le soir avant le dîner, une heure la nuit. Si vous aimez votre épouse, vos enfants, il y a des moments où vous avez besoin de tout vous dire, et d'autres où vous désirez seulement être présents l'un à l'autre. »

D'une santé fragile, Henri doit quitter les capucins. Mais, toute sa vie, comme le relèvera le philosophe Roland Barthes dans *Mythologies*, il gardera les attributs du franciscain qu'il n'est plus : la coupe de cheveux, la soutane noire, assorties d'un béret, d'une canne et d'une canadienne. Pour l'instant, nous sommes en 1938, l'homme est ordonné prêtre par le cardinal Gerlier, qui l'envoie se refaire une santé comme vicaire dans le diocèse de Grenoble.

Grouès est mobilisé en tant que sous-officier dans le régiment du train durant la drôle de guerre, mais passe l'essentiel de son temps couché sur un lit d'hôpital, à cause d'une pleurésie, une inflammation des poumons et de la cage thoracique. Après les rafles de 1942, il recueille des enfants juifs, monte une fabrique de faux papiers d'identité et organise une filière d'évasion vers la Suisse, en lien avec l'abbé Marius Jolivet, auquel il confie – en 1943 – l'évasion de Jacques de Gaulle, frère du Général, malade. Le discret mais efficace curé de Collonges-sous-Salève, sur la zone frontalière, s'était déjà occupé d'exfiltrer un autre frère du Général, Xavier de Gaulle – le père de Geneviève de Gaulle-Anthonioz –, en 1941, ainsi que des centaines d'enfants, de femmes, de vieillards juifs, avec la complicité de ses paroissiens, ce qui lui vaudra de recevoir la médaille de Juste parmi les nations après la guerre.

Henri Grouès prend le nom de « l'abbé Pierre », parmi plusieurs identités clandestines – notamment « l'abbé Houdin » et « Sir Harry Barlow » –, et devient l'un des principaux chefs du maquis de Malleval, dans l'Isère, près de Grenoble, qui accueille plusieurs réfugiés, d'abord en Chartreuse puis dans le Vercors, et qu'il baptise par ironie « Maquis Palace ». Il rencontre Lucie Coutaz, avec laquelle il fondera Emmaüs et qui sera sa plus fidèle collaboratrice pendant près de quarante ans. Il en parlait ainsi :

> « Pendant la guerre, le père de Lubac, qui fut mon guide spirituel, me dit : "Je viens de rencontrer, dans une réunion clandestine de syndicalistes chrétiens, une personne exceptionnelle qui habite Grenoble. Allez lui demander de ma part de vous aider !" Elle s'appelait Lucie Coutaz. Je suis allé la voir, elle a demandé deux

jours de réflexion. Elle est restée trente-neuf ans comme assistante auprès de moi. Quand elle est décédée, les compagnons ont voulu inscrire sur sa tombe : “Cofondatrice d’Emmaüs”. »

L’abbé est arrêté le 19 mai 1944 au retour d’un voyage en Espagne, mais parvient à s’évader et à gagner Alger en vingt jours, depuis Paris.

Au sortir de la guerre, ce prêtre à la tête très politique, encouragé par de Gaulle et avec l’assentiment de l’archevêque de Paris, se présente aux élections législatives, en Meurthe-et-Moselle. Pour faire oublier les compromissions vichystes de ses évêques, l’Église pousse les prêtres résistants à s’engager. L’abbé est élu par trois fois, d’abord le 21 octobre 1945, puis le 2 juin 1946 dans les deux assemblées nationales constituantes successives, et enfin à l’Assemblée nationale, où il siège jusqu’en 1951, comme indépendant apparenté au groupe MRP. Mais, après la mort tragique d’un ouvrier et militant CGT, Édouard Mazé, tué d’une balle en pleine tête par les gendarmes lors d’une manifestation en avril 1950, il décide – en même temps qu’un autre député, ancien résistant chrétien lui aussi, cadre du parti, Charles d’Aragon – de quitter le groupe parlementaire. « Le débat sur la tragédie de Brest et la façon dont il s’est conclu me laissent révolté », écrit l’abbé Pierre à François de Menthon. Il rejoint la Ligue de la jeune République, mouvement créé par Marc Sangnier – nous y reviendrons plus longuement au chapitre 6 –, ainsi que le groupe de la Gauche indépendante.

Avec son indemnité parlementaire, Grouès commence à acheter des terrains en région parisienne pour construire des abris de fortune afin de loger les malheureux. Mais les terrains ne sont pas viables, et les opérations illégales. L'abbé a beau se draper dans sa soutane de curé et son écharpe de député, les autorités restent de marbre. Et l'argent vient à manquer : il n'est pas réélu en 1951, du fait de la loi sur les apparentements, et il perd son indemnité.

Grouès ne gardera pas un très bon souvenir de son exercice parlementaire, même si sa formation politique et les relais qui lui furent ainsi apportés joueront un rôle décisif dans le développement d'Emmaüs.

> « J'ai siégé presque six ans comme député, soit autant qu'au couvent, se souvenait l'abbé Pierre. J'admire des hommes comme Pierre Mendès France ou Robert Schuman. Le premier, parce qu'il savait pardonner et oublier les souffrances pour le bien de l'État, et faire preuve de promptitude, de capacité à trancher – il nous a épargné une guerre de Tunisie concomitante de celle d'Algérie. Quant à Schuman, il fut pour moi un modèle d'homme, il était d'une modestie extraordinaire et, au pouvoir, il était rayonnant, il avait le goût pour cela. Mais, en ce qui me concerne, la politique fut la période la moins intéressante de ma vie : je n'y étais pas préparé, je ne connaissais rien au droit, à l'économie politique, aux relations internationales. J'ai toujours pensé qu'avoir été député était plus important que de l'être. Un candidat est toujours un peu suspect, il doit moduler sa manière de s'exprimer pour plaire au plus grand nombre. »

Après son retrait du Parlement, à cause de ses difficultés financières, l'abbé est obligé de mendier dans les rues de Paris. Jusqu'à ce que ses compagnons aient une idée : alors que les papiers d'emballage viennent à manquer, la maison est pleine des dossiers du député, de bulletins officiels, de textes de loi… Comme il y a pénurie, tout papier s'échange à prix d'or ! L'argent dégagé de leur revente va ainsi permettre le lancement des premières communautés Emmaüs.

L'abbé s'engage sur le terrain social, mais il reste un politique et le sera toute sa vie, l'un n'empêche pas l'autre. Dans sa façon de gérer Emmaüs, en responsabilisant quiconque venait le trouver pour apporter sa pierre à l'édifice, en partageant le pouvoir entre une myriade d'associations qui composaient le mouvement, en cultivant au quotidien ses relations avec les élus et les journalistes, l'abbé Pierre fait preuve d'une fine dextérité politique. Le religieux a l'inspiration pour saisir la main tendue par la Providence, mais, au jour le jour, c'est le politique qui fait fructifier ce bien donné. C'est ainsi que son appel de l'hiver 1954 eut le retentissement que l'on sait.

L'abbé Pierre m'avait raconté ce moment, désormais inscrit dans la mémoire collective, de cette manière :

> « Dans cette histoire, il y eut une logique étonnante. D'abord, je demande à un sénateur, Léo Hamon, de déposer un amendement pour qu'un milliard de francs de l'enveloppe prévue dans le budget de la reconstruction soit affecté aux logements d'urgence. Le texte est repoussé dans la nuit au Parlement à cause de l'ânerie du ministre chargé du dossier. Léo Hamon me téléphone pour me raconter la séance, et à ce moment-là entre dans mon bureau un homme en larmes. Nous étions en

train de bâtir pour cet homme, sa femme et leur bébé une petite maison, et il m'annonce que son enfant est mort de froid... La nuit suivante, je ne dormais pas, je me lève, j'écris au ministre une lettre incendiaire que je porte au *Figaro*. Le ministre est venu à l'enterrement du bébé, contre l'avis de ses amis, en marchant tête nue, dans le froid, derrière la voiture à cheval portant le corbillard... Quelque temps plus tard, les compagnons me racontent comment la nuit précédente, en passant boulevard de Sébastopol, ils ont trouvé dans un tas de chiffons une vieille femme agonisante, tenant dans ses mains l'avis d'expulsion de l'huissier... Et ils me disent : "Cela ne peut plus continuer comme cela !" »

Ainsi avait-il décidé de lancer son appel. Décidé, pas si sûr...

« Ce n'est pas moi qui ai eu l'idée, poursuivait l'abbé Pierre. J'ai préparé un texte, nous avons téléphoné à la radio d'État, le speaker a d'abord refusé de le lire à l'antenne, puis, devant notre insistance, ému, il a cédé. Mais cet appel a été peu entendu. Nous avons foncé à travers Paris, en brûlant les feux rouges, jusqu'à Radio Luxembourg. Nous sommes arrivés une minute avant la clôture du journal. Et j'ai lu le texte, le même, au micro. »

Imaginait-il un tel retentissement alors que son acte était en train d'entrer dans l'histoire de France ? « Mais personne ne pouvait l'imaginer ! s'était exclamé le vieil abbé. Il y a eu cet enchaînement de circonstances qui a fait monter la vapeur. Nous étions dans un petit bateau qui avançait à la rame, et soudain la tempête s'est levée... » Cette « insurrection de la bonté », lancée par ce jeune abbé au regard incandescent, profite d'un terreau favorable : le christianisme demeure alors encore profondément enraciné dans la société française, ainsi que nous le verrons plus en détail dans le prochain chapitre.

À l'époque, un autre personnage ecclésiastique ne craint pas de donner de la voix dans l'hémicycle de l'Assemblée nationale, comme on monte en chaire dans une cathédrale. Et personne ne trouve rien à y redire. Bien au contraire, ce prêtre met de l'animation dans les couloirs du palais Bourbon, dont il est familier. Ses bons mots et ses coups d'éclat résonnent dans la salle des quatre colonnes, où se croisent parlementaires et journalistes. Cet homme, synthèse de Dieu et de la République, ne passe pas inaperçu. Il porte une soutane trop courte sur des godillots, et parfois même un béret, lui aussi. Il a une trogne, ce paysan bourguignon ; il n'a pas sa langue dans la poche, et il régale son auditoire en roulant les « r ». On le voit même poser – toujours en soutane ! – avec un plaisir gourmand, assis dans une balance à moutarde. Il est aussi l'inventeur d'une boisson, mélange de cassis et de vin blanc, à laquelle il a donné son nom et qui assurera sa postérité...

Kir, Félix Adrien de son prénom, est né à Alise-Sainte-Reine – l'antique Alésia –, en Côte-d'Or, le 22 janvier 1876. C'est un vrai chanoine de l'Église catholique. Et un authentique grand résistant. Durant les heures sombres, il s'est démené pour réconforter la population, distribuer de fausses cartes d'identité, cacher des résistants, permettre l'évasion de prisonniers

– dont cinq mille Français détenus dans le camp de Langres. Arrêté le 11 octobre 1940, alors que ses juges le condamnent à mort, il les toise et leur lance : « Je vous embarrasserai autant mort que vivant. Je n'ai plus de famille, et mourir ne me fait pas peur. » Il réussit à sauver sa peau et, libéré le 7 décembre, il rejoint le maquis. Le 26 janvier 1944, des Français du Kommando Sandrin, à la solde de l'occupant, débarquent chez lui et tirent une rafale de mitraillette dans son ventre. Kir est hospitalisé à Dijon, mais il parvient à s'évader et se cache en Haute-Marne jusqu'à la Libération. De retour en vainqueur le 11 septembre 1944, jour où la ville est libérée, juché sur le premier char allié qui y entre, il est accueilli par les vivats de la foule. Cette popularité ne faiblira jamais : Kir est élu maire de Dijon en 1945 – à soixante-neuf ans ! – et demeurera en place sans discontinuer jusqu'à sa mort en 1968, à l'âge canonique de quatre-vingt-douze ans. Élu député en 1945, il siégera jusqu'en 1967, d'abord dans les rangs des Républicains indépendants puis au sein du Centre national des indépendants et paysans. En tant que doyen, c'est lui qui prononcera, en 1958, le discours d'ouverture de la première Assemblée de la Ve République.

L'homme mène tambour battant sa carrière politique. Sans jamais quitter sa soutane.

Il n'a pas froid aux yeux, ce chanoine, qui se distinguera même, en 1960, en invitant Nikita Khrouchtchev dans sa ville. En apprenant la nouvelle, le sang de l'évêque ne fait qu'un tour. Kir sera finalement reçu à l'ambassade d'URSS à Paris, en pleine guerre froide, par un leader soviétique hilare, accueillant à bras ouverts le prêtre catholique tout sourire… Les photos tourneront à la une de toute la presse, et la publicité vaudra au dignitaire religieux d'être blâmé à la fois par ses amis politiques et ses supérieurs catholiques. Péripétie dont le chanoine n'aura cure : les deux « K », comme les surnommera la presse, deviendront des amis proches, et Kir, plus particulièrement, « un ferme partisan de l'amitié franco-soviétique », ainsi que le notera le *Times* de Londres à sa mort ; il ira même jusqu'à jumeler Dijon avec Stalingrad… À l'Assemblée, le prêtre bourguignon ne cessera de s'engager en faveur du pacifisme, ce qui le conduira à condamner le nucléaire et s'opposer à la guerre d'Algérie – nous y reviendrons.

Kir, c'est la politique à l'ancienne, la politique à l'estomac. L'élu est un orateur percutant qui, malgré ses deux croix de guerre (14-18 et 39-35) et sa médaille de la Résistance, ne se départit pas de son air bonhomme de paysan. À sa mort, le 25 avril 1968, Jacques Chaban-Delmas, le président de l'Assemblée nationale, saluera « un homme de cœur et ardent patriote » : « En dépit, et peut-être à cause de singularités qui lui étaient bien personnelles, le chanoine Kir demeurera une figure de la vie parlementaire », ajoutera-t-il.

> « Avec le chanoine Kir disparaît l'un des personnages les plus pittoresques de la scène politique française, écrit alors André Laurens dans *Le Monde.* Il fallait le voir circuler dans les couloirs du palais Bourbon, les mains dans le dos, vêtu d'une soutane, toujours un peu courte, qui laissait paraître de grosses chaussures montantes ; il saluait tout le monde, ses

collègues, quelle que soit leur étiquette politique, les journalistes, dont il se disait le confrère, les huissiers qui le connaissaient depuis tant d'années. Dans l'hémicycle, il conservait sa bonhomie : une fois installé à son banc, on l'entendait souvent commenter de sa voix cassée, avec l'accent rocailleux du terroir bourguignon, les interventions faites à la tribune. Ses réflexions amusaient ses voisins, provoquaient des plaisanteries, détendaient l'atmosphère ; c'était presque un rite bon enfant, pour le président de séance, de chapitrer ce député turbulent[4]. »

Dans ses Mémoires, Robert Poujade, qui sera maire de Dijon pendant trente ans à partir de 1971, après avoir battu un Kir nonagénaire aux législatives de 1967, se souvient de la question que lui avait posée à son propos un Malraux intrigué :

— Est-ce un vrai curé ?

« C'était un curé authentique, décrit Poujade, qui a chagriné parfois l'évêché par son peu de souci des hiérarchies ecclésiastiques et sa dérangeante liberté de propos. C'était aussi un politicien roué, très combatif, rempli de malice paysanne, qui avait appris sur le tas l'art du débat public dans des réunions d'Action catholique rurale, et qui, avec un accent bourguignon rocailleux, parlait le langage du peuple, savait établir des connivences joyeusement conviviales avec des auditoires simples, possédait un don de repartie savoureux, dépourvu de toute pruderie, et dont la charité chrétienne

4. André Laurens, « Le chanoine Kir sera enterré lundi matin à Alise-Sainte-Reine au pied du plateau d'Alésia », *Le Monde*, 27 avril 1968.

dans les campagnes électorales et même en son conseil municipal, connaissait de sérieuses éclipses[5]. »

Face aux autorités politiques et religieuses, le chanoine Kir est protégé par sa faconde, sa popularité, son passé de résistant et ses mandats qui lui offrent une certaine immunité. À condition de ne pas trop chatouiller les susceptibilités vaticanes, qui sont sensibles à l'époque. L'abbé Pierre, ce « saint emmerdeur », comme le qualifia un jour le quotidien *Libération*, en sait quelque chose. Notamment quand, en 1958, informé qu'Edmond Michelet souhaite décorer l'abbé Pierre, le cardinal Feltin, archevêque de Paris – qui, rappelons-le, se montra pour le moins docile avec Vichy à la tête du diocèse de Lille pendant la guerre –, écrit au ministre pour l'en dissuader : « Il a eu d'heureuses initiatives, mais il semble préférable, actuellement, de faire silence sur lui. »

L'abbé Pierre, qui avait commencé sa vie religieuse dans le silence, et y revenait à intervalles réguliers pour se reposer du tohu-bohu médiatique auquel il adorait par ailleurs participer, ne se tut jamais. Bien lui en prit !

D'autres n'ont pas eu cette chance. Sans être réduits à l'état laïc, ils furent assignés au silence, parce qu'ils avaient osé remettre en question la vérité de la foi telle que la concevait une Église de Rome figée, qui n'avait pas encore fait son *aggiornamento*, comme elle le fera entre 1962 et 1965 lors du grand concile Vatican II, et que Pie XII tenait encore d'une main de fer.

5. Robert Poujade, *Avec de Gaulle et Pompidou*, L'Archipel, 2011.

En ces années préconciliaires, plusieurs religieux explorent de nouveaux chemins d'exégèse. L'esprit d'indépendance, l'audace et le combat pour la vérité qui les ont amenés à choisir la résistance spirituelle les conduisent ainsi à prolonger leur engagement.

Les communautés jésuites et dominicaines deviennent ainsi des foyers d'ébullition et de contestation intellectuelle. L'inflexible Pie XII multiplie les condamnations et mises à l'index de ceux qui n'entrent pas dans le rang. Ces empêcheurs de penser en rond sont pointés comme des ennemis de la foi. Le jésuite Henri de Lubac et le dominicain Yves Congar paieront leur liberté au prix le plus fort.

Lubac a terminé sa vie comme cardinal – nommé par Jean-Paul II en 1983, huit ans avant sa mort ; son visage taillé comme celui d'un empereur romain et son nom imposent aujourd'hui le respect, et les évêques de France, lors de leur assemblée plénière de mars 2023, se sont solennellement prononcés pour l'ouverture d'une cause en vue de la béatification du théologien. « Humble savant, fidèle à l'Église, il ouvre avec perspicacité la pensée chrétienne, enrichie de toutes ses sources doctrinales, à la connaissance intérieure de Dieu et au dialogue avec l'athéisme occidental et oriental », souligne dans une notice le site de la Conférence des évêques de France. Saint Henri de Lubac ! La note indique sobrement, en quelques mots, que le même homme fut placé, après 1950, par le général des jésuites, en « congés d'enseignement »[6].

6. https://eglise.catholique.fr/approfondir-sa-foi/temoigner/temoins/539407-cardinal-henri-de-lubac-theologien-jesuite/

O tempora, o mores, comme l'aurait dit Cicéron...

En fait, le théologien fut banni, traqué comme « un fugitif » – c'est ainsi qu'il se dépeint –, non seulement interdit de donner des cours et des conférences, mais ses écrits sont censurés par Rome et retirés des bibliothèques et librairies religieuses. Mais qu'a donc fait Henri de Lubac pour mériter pareille disgrâce ?

Lubac tombe sous le coup de l'encyclique *Humani generis*, signée par Pie XII le 12 août 1950, qui condamne « certaines opinions fausses qui menacent de ruiner les fondements de la doctrine catholique ». C'est le père général des jésuites, l'homme qui commande l'ordre, qui a porté la mauvaise nouvelle, signifiant au prêtre qu'il devait « l'enlever » à l'enseignement, lui reprochant des « erreurs pernicieuses sur des points essentiels du dogme ». Pourquoi un tel oukase ? Difficile à comprendre, en effet : Lubac ne donne que huit leçons par an sur l'histoire des religions à la faculté de théologie de Lyon. Mais le pape ne veut rien savoir. Le cardinal Gerlier va à Rome plaider sa cause, et s'entend dire par Pie XII : « L'ennuyeux avec Lubac, c'est qu'on ne sait jamais si ce qu'il dit ou écrit correspond à ce qu'il pense. »

La faute du père de Lubac ? Avoir contesté, dans un recueil d'articles[7], l'autorité du thomisme, à savoir la thèse de saint Thomas d'Aquin distinguant amour naturel et amour surnaturel, celui que l'on réserve à Dieu. Celle-ci était considérée comme « une doctrine d'État », et Lubac commettait donc un « crime

---

7. Henri de Lubac, *Surnaturel : Études historiques*, Éditions Lethielleux, 1946.

de lèse-foi », selon l'expression du théologien jésuite Bernard Sesboüé, dont il fut proche. J'avais pu, en 2011, c'était dix ans avant sa mort, interroger le père Sesboüé à ce sujet[8]. Il avait souligné alors que Henri de Lubac était sans doute – ainsi que le confirmera la suite de sa vie religieuse – un esprit en avance sur son temps, un crypto-moderniste, dont les façons de faire ne plaisaient guère à la Rome frileuse de Pie XII, ante-Vatican II. « Sa méthode de travail, très personnelle, est à l'opposé de celle employée par la théologie scolastique, m'avait alors dit le père Sesboüé. Lubac est un curieux qui veut aller voir ailleurs et lit tout ce qui lui tombe sous la main. Il cherche dans l'histoire. Il lit les Pères avec passion. Il prend des notes et écrit des références sur des dos d'enveloppe. Dans une large mesure, c'est un autodidacte de la théologie. »

Mais la vérité est ailleurs, si l'on ose dire : ce ne sont pas tant les écrits de Lubac en eux-mêmes qui dérangent, mais son aura supposée. L'homme est considéré par Rome comme « le chef de l'école de Fourvière ». C'est pour cela qu'il écrira – dans son livre *Mémoire sur l'occasion de mes écrits* – en apprenant son éviction : « La foudre tomba sur Fourvière. »

Qui est ce groupe de Fourvière, baptisé quelque peu hâtivement « école » ? Une petite confrérie de jésuites rebelles, courageux, audacieux. Des esprits certainement en avance sur leur temps, dont la pensée influera plus tard sur le cours de l'Église et la projettera dans la modernité. En attendant, leurs initiatives hérissent le poil des conservateurs.

8. Voir Jérôme Cordelier, *Rebelles de Dieu*, *op. cit.*

Ils se sont connus alors qu'ils étaient étudiants au scolasticat de Jersey – ils avaient dû s'expatrier parce que la Compagnie de Jésus était interdite en France. Ils s'appellent Gaston Fessard, René d'Ouince – directeur de la revue *Études* de 1935 à 1952 –, Robert Hamel, Yves de Montcheuil. Ils ont été de grands résistants et parmi les premiers dans le groupe de *Témoignage chrétien*. La guerre de Fessard et Montcheuil, comme celle de Lubac, a été héroïque. Fessard est celui qui a rédigé le premier numéro des *Cahiers du Témoignage chrétien* et le fameux éditorial « France, prends garde de perdre ton âme », acte de naissance de la « résistance spirituelle » face au nazisme. Montcheuil, on s'en souvient, est mort fusillé dans le maquis du Vercors, en 1944, après avoir refusé d'abandonner le groupe de résistants dont il avait la charge. Deux ans auparavant, il écrivait, n'hésitons pas à rappeler ces paroles qui donnent une idée du bonhomme et poussent au dépassement de soi : « Une vie sauvée par une lâcheté est pire que la mort, elle est au-dessous de la mort. Il y a une intensité et une qualité d'existence plus grandes dans l'acte de mourir pour être fidèle au devoir, que dans une longue vie comblée, sauvée par la lâcheté. Suivant qu'on admet cela ou qu'on le refuse, on montre que l'on croit aux valeurs spirituelles ou qu'on les rejette. »

Montcheuil n'était pas seulement un homme d'action, mais un grand théologien qui influença beaucoup Lubac, bien qu'il fût plus jeune de quatre ans. Lubac, blessé près de Verdun en 1917 par un éclat d'obus reçu derrière l'oreille (qui ne lui sera extrait qu'en 1953), fut lui aussi un grand résistant, qui rejoignit dès le début le groupe du père Chaillet et fonda, avec le père Daniélou, en 1941, la collection « Sources chrétiennes », qui édite les textes des Pères de l'Église et des grands mystiques, inaugurée par Moïse, signal adressé à la politique antijuive de l'occupant et de Vichy… Et les travaux de Gaston Fessard en philosophie politique auront un grand rayonnement, influençant notamment la pensée de Raymond Aron, qui dira un jour de lui : « Si l'on se souvient de ses prises de position successives, il est difficile de ne pas admirer sa clairvoyance et son courage. »

Voici les hommes que Pie XII, à travers la personne d'Henri de Lubac, pourchasse. Car leur résistance spirituelle, forgée au feu du combat antinazi, se prolonge dans une dissidence théologique. C'est le cas aussi d'un autre jésuite, le père Pierre Teilhard de Chardin, célébré aujourd'hui pour ses travaux scientifiques, précurseurs, qui connaîtront un vif succès… posthume. Mais, jusqu'à sa mort, Teilhard, qui apporte « un souffle d'air, une respiration pour beaucoup de croyants et de scientifiques », témoigne le sociologue et éditeur Jean-Louis Schlegel, est, comme Lubac, interdit d'enseignement. Ses textes circulent sous le manteau, sur des feuillets ronéotypés. « Heureusement, poursuit Schlegel, Teilhard a eu l'idée de confier son œuvre non aux jésuites, qui n'auraient sans doute pas pu la publier puisqu'il aurait fallu demander l'imprimatur de Rome, mais à sa secrétaire, Mlle Mortier, qui l'a portée aux éditions du Seuil, lesquelles l'ont publiée sans demander l'autorisation. »

Les résistants aux dogmes dans cette Église d'avant Vatican II étouffent.

> « Ce sont des années de plomb, observe Jean-Louis Schlegel, ancien prêtre jésuite qui fut directeur de la rédaction de la revue *Esprit*. Aujourd'hui, nous avons un jugement plus nuancé sur le pontificat de Pie XII, on sait qu'il était assez ouvert sur les sciences, qu'il adorait lire des livres de sciences physiques, que le progrès l'intéressait. Mais sous son règne, les nouveautés religieuses sont bannies, même si le pape introduit quelques innovations liturgiques comme la vigile pascale (la veillée qui marque le début du temps de Pâques) et la participation des fidèles aux cérémonies. Les célébrations se déroulent encore en latin, la théologie de Pie XII est figée, et le cardinal Ottaviani, un apparatchik à la tête d'un Saint-Office très puissant depuis 1935, l'homme qui tentera de fermer Vatican II, pourchasse ceux qui vont à l'encontre. Quand, en 1959, le pape Jean XXIII annonce le concile, c'est une surprise absolue : l'idée commune était que l'Église n'avait pas à dialoguer avec la modernité. Il n'y avait qu'une seule vérité, elle était chez nous, et tout le monde vivait sur ce registre. »[9]

Il faudra attendre l'avènement du pape Jean XXIII pour que soit levée la sanction contre Henri de Lubac. Le nouveau souverain pontife invitera même le prêtre – qui n'a jamais rompu avec l'Église – en tant que consultant à la commission théologique préparatoire au concile Vatican II.

« Je me demandais si cette nouvelle étonnante était exacte », dira l'intéressé, découvrant l'information par hasard dans un article du quotidien *La Croix*. Une présence le rassure : celle du dominicain Yves

---

9. Jean-Louis Schlegel, entretien avec l'auteur.

Congar, anciennement proscrit lui aussi. Pour Lubac, Jean XXIII voulait ainsi signifier que « les difficultés survenues sous le pontificat précédent entre Rome et les deux ordres jésuite et dominicain en France devaient être oubliées ».

Prédicateur brillant, plume acérée, combattant qui a connu les deux guerres – emprisonné durant cinq ans pendant la seconde –, Congar, lui, fait les frais de la purge qui, en 1954, frappe les dominicains français. Pie XII a exigé du général de l'ordre, l'Espagnol Emmanuel Suarez, qu'il destitue les trois provinciaux français, évince le directeur des éditions du Cerf, le père Boisselot, et écarte les pères Congar, Féret et leur maître, le père Marie-Dominique Chenu. Congar ferraille déjà depuis des années contre la censure. On les accuse, note le courageux dominicain, « de constituer et d'animer une résistance aux décisions de l'Église[10] ». Le père Congar consigne tout dans son journal, qu'il tient depuis l'âge de dix ans et qui ne sera publié aux éditions du Cerf, selon sa volonté, qu'en l'an 2000, cinq ans après sa mort. Ce texte vif, précis, est un document pour l'histoire qui fourmille de portraits et d'anecdotes, et constitue un bonheur de lecture. Ce que Rome reproche aux dominicains ? De ne pas obéir à leurs supérieurs, de propager des idées fausses, mais – surtout – de soutenir la fronde des prêtres-ouvriers… Pour Congar, le Saint-Office, bras armé de Pie XII, n'est rien de moins qu'une « Gestapo suprême, inflexible, dont on ne peut discuter les décisions » ;

10. Yves Congar, *Journal d'un théologien (1946-1956)*, Cerf, 2000.

les évêques se complaisent dans « la dévotion sincère, filiale, voire puérile, infantile » vis-à-vis de Rome ; ils sont « courbés dans la passivité et la servilité ». Celui que l'on surnomme « le sanglier des Ardennes » – il est né à Sedan et se montre parfois bourru – sait ruer dans les brancards : « Vu du côté des évêques, nous sommes une résistance, c'est-à-dire que nous sommes la seule force organique qui pense, qui a une indépendance et ne se contente pas, chaque fois que l'idole romaine a parlé, de s'écrier : “Ce n'est pas un homme, c'est un dieu qui a parlé !” »

Vive l'indépendance d'esprit ! En ces temps où la foi est mise sous le boisseau pontifical, la chaleur de la prose congarienne fait plaisir à lire. C'est de la lave qui s'échappe d'un volcan…

> « Je me sens dans une très grande liberté intérieure, confie le prêtre diariste. Je crois que cette liberté me vient de la vérité. La vérité délivre, et elle fait juger les choses à leur vraie dimension. Ce qui me frappe, ici, c'est la pauvreté, le caractère misérable de tout cela. Oui, misérable. Que nous reproche-t-on qui ait la moindre consistance ? Quelle est la dimension des vues au nom desquelles on nous exécute ? […] Tout cela est A-B-S-U-R-D-E. »

> « Exactement comme dans les régimes d'États totalitaires, on éloigne de leur poste les chefs de file, sans procédure légale et sans possibilité de défense, observe dans ses Mémoires un autre iconoclaste, lui aussi expert à Vatican II et banni par la suite, le théologien suisse Hans Küng, ami du dominicain et pourfendeur du système romain. Personne ne parle de droits humains,

et certainement pas le pape. Par tous les moyens, on tente de forcer les ordres religieux, qui avaient préservé grâce à leur constitution datant du Moyen Âge un reste d'autonomie face à l'autorité centrale romaine, à la soumission politique au cartel de pouvoir du Vatican[11]. »

Congar le dominicain se trouve dans une sorte de communion d'exil avec Lubac le jésuite. Après une discussion avec celui-ci, il s'émeut d'ailleurs dans son journal, le 13 mai 1952 : « Tous les écrits touchant à la théologie qu'il a proposés ont été systématiquement refusés. On lui a souvent reproché, me dit-il, juste le contraire de ce qu'il disait, trouvant dans son texte des erreurs invraisemblables. Absolument comme si, ayant écrit qu'il y a trois personnes en Dieu, on lui objecterait : Non ! Il y en a cinq[12] ! »

Alors, quand le pape Jean XXIII propose de l'intégrer lui aussi à la réflexion du concile, on comprend que le père Congar hésite, percevant dans ce geste que Rome « se donne bonne conscience ou bonne réputation » à faible coût : « Les précautions sont prises, efficacement prises, pour que ce soit sans danger. »

« Il n'avait aucun titre ni pouvoir. Il n'était rien », commente son ami le père Bernard Dupuy, conseiller des évêques à Vatican II, dans la préface au journal du dominicain. Et il ajoute : « Le père Congar était encore suspect, surveillé et craint à Rome avec trois ouvrages discutés, différés, consignés dans les tiroirs

11. Hans Küng, *Mémoires : mon combat pour la liberté*, Éditions du Cerf-Novalis, 2006.

12. Congar, Yves, *op. cit.*

d'ecclésiastiques qui lui cherchaient en vain des noises. »[13]

Tout est relatif… Pendant le concile – qui a duré de 1962 à 1965 sous le magistère de deux papes successifs –, Paul VI, raconte Schlegel, invitera Lubac à déjeuner et lui montrera dans sa bibliothèque privée un rayonnage avec… les œuvres complètes de Teilhard de Chardin.

Les pompes et les ors de la liturgie enserrent d'un manteau flamboyant la chape de plomb qui pèse sur cette Église des années 1950, administrée par un pape vieillissant et inflexible. Qui osera se lever pour défier Rome ?

13. *Ibid.*

Chapitre 5

« VOUS ÊTES LE SEL DE LA TERRE… »

Le rêve impérialiste d'un Grand Reich hégémonique s'est dissous dans le chaos. Les États, c'est l'une des leçons de la guerre, ne peuvent survivre seuls. Le destin de chaque pays est lié à celui de ses voisins. Impossible d'imposer une paix durable sans passer par la construction de l'Europe. Et le socle de ce projet communautaire, c'est la réconciliation franco-allemande.

Dans cette entreprise, l'histoire a oublié le rôle joué par un homme qui, pourtant, quand la guerre faisait encore rage, fut l'une des chevilles ouvrières de ce rapprochement historique. Alors que l'Europe de la paix chemine dans les esprits des dirigeants, cet homme discret se meurt sur un lit de l'hôpital Cochin, à Paris. À l'âge de quarante-trois ans, le 24 février 1948, l'abbé Franz Stock rend son dernier souffle, achevant un long martyre qui l'a conduit à porter les souffrances des uns et les crimes des autres dans le silence et la solitude. Ainsi s'en va « un prêtre brisé dans son corps et dans son âme », comme le note l'abbé Brasse, qui le soutient dans ses dernières heures.

Un saint homme quitte ce bas monde, mais personne ne le sait. Sa mort est gardée secrète. L'abbé Stock a tenu à reposer en France, sa seconde patrie : son cadavre est jeté sous un tas de terre et une croix de bois. Sur le papier, un prisonnier allemand, aumônier des soldats de la Wehrmacht stationnés à Paris, ne mérite pas meilleur traitement. Il faut l'intervention de son ami Edmond Michelet devenu ministre de la Défense, pour que la dépouille du prêtre soit transférée dans une sépulture décente.

« Qu'il ait voulu, écrit Michelet, la mort venue, reposer en terre française dans le cimetière de Thiais où l'on conduit les corps des suppliciés, je trouve ce dernier geste tout à fait à l'image de ce prêtre doux et discret qui savait si bien rendre vivante la parole : *caritas*[1]. »

À la suite de l'intervention ministérielle, l'abbé aura finalement droit à un office religieux digne, célébré en l'église parisienne de Saint-Jacques-du-Haut-Pas et présidé par le nonce apostolique Angelo Roncalli, futur pape Jean XXIII, qui l'avait toujours accompagné dans son apostolat.

Quelques années plus tard, le cercueil de l'abbé Stock, porté par d'anciens déportés et prisonniers français et allemands, sera transféré dans la petite église Saint-Jean-Baptiste de Rechèvres, près de Chartres, devenue depuis un lieu de pèlerinage où bat l'âme de la réconciliation franco-allemande.

Peu d'hommes auront, en effet, tant agi dans l'ombre pour que l'humanité se fraie un chemin au

1. Edmond Michelet, *op. cit.*

milieu de la barbarie, que l'âme des peuples ne soit pas déchiquetée par les armes.

L'abbé Franz Stock s'était donné pour mission de faire passer les messages entre les résistants captifs et leurs familles, et se tint aux côtés des condamnés jusqu'au peloton d'exécution en les regardant droit dans les yeux, pour les accompagner. Dans l'immédiat après-guerre, il bâtit, avec le soutien d'Edmond Michelet et du nonce Roncalli, « le séminaire des barbelés » dans la région de Chartres, pour accueillir les séminaristes allemands prisonniers, afin, m'avait expliqué l'un d'entre eux, qu'ils contribuent au « travail de refondation des racines chrétiennes en Allemagne, et fassent en sorte que le peuple se détourne de l'idéologie barbare et terroriste nazie[2] ».

Quel meilleur homme que cet abbé Franz Stock, aux lèvres serrées et aux yeux irradiant de bonté, pour incarner la renaissance spirituelle nécessaire à la reconstruction de l'Europe de l'après-guerre !

Car cette Europe en miettes, où les cortèges de chômeurs croisent les files d'attente de réfugiés, n'a pas seulement besoin de se reconstruire de manière économique, politique et sociale. Pour aboutir, ce vaste chantier doit être habité : s'il faut souder les peuples, une vivification des esprits s'impose. En soutenant des centaines de martyrs et en multipliant les passerelles entre ces deux cultures qu'il avait faites siennes, Franz Stock fut parmi ceux qui échafaudèrent les fondations d'une réconciliation entre

---

2. Voir le chapitre consacré à Franz Stock dans Jérôme Cordelier, *L'espérance est un risque à courir*, *op. cit.*

deux peuples meurtris par trois guerres. Pour le cinquantenaire de sa disparition, le 3 mars 1998, lors d'une cérémonie en la cathédrale de Chartres, aux côtés du cardinal-archevêque de Paris Jean-Marie Lustiger, le chancelier allemand Helmut Kohl célébrera le message de paix et d'humanité de Franz Stock.

> « Je pense que c'est Joseph Rovan qui avait mis Kohl sur la piste de l'abbé, confie Joachim Bitterlich, qui fut le conseiller du chancelier allemand durant près de douze ans. Kohl aimait beaucoup Rovan, qu'il recevait et écoutait. Il sera d'ailleurs le seul homme politique présent à ses obsèques à Paris, marquées par une grande absence de dirigeants français. C'était un sacré personnage, ce Rovan, il vivait dans un mouvement permanent, il avait mille idées…[3] »

Le fructueux Rovan avait écrit dans la revue *Esprit* dès octobre 1945 un article plaidant pour un rapprochement avec l'Allemagne, qui eut un certain retentissement : « L'Allemagne de nos mérites[4] ».

Quelques jours avant la cérémonie de Chartres, dans une tribune au journal *Le Monde*, Kohl rend un hommage appuyé au prêtre qui, écrit-il, « compte parmi ceux qui ont joué un rôle essentiel de trait d'union entre Allemands et Français car il a été un exemple vivant, montrant comment la générosité de cœur peut aider à surmonter la haine et l'inimitié ».

---

3. Entretien avec l'auteur.
4. Joseph Rovan, « L'Allemagne de nos mérites », *Esprit*, n° 115, 1er octobre 1945.

« Il se peut que Franz Stock n'ait pas été un politique, mais il avait pleinement conscience de la signification politique de ses actes », souligne dans cet article le chancelier de l'Allemagne réunifiée. Pour le dirigeant européen, cet abbé hors du commun fut l'un des premiers à percevoir que le futur de l'Allemagne était intrinsèquement lié à celui de la France.

> « La vie et l'œuvre de Franz Stock incarnent d'une façon émouvante cette communauté de destin, observe alors Kohl. Il nous lègue en héritage un message pour l'avenir : à l'aube du XXIe siècle, une coopération confiante entre la France et l'Allemagne reste décisive pour garantir un développement prospère de notre continent, ainsi qu'une coexistence de plus en plus étroite des peuples sous le signe de la paix, de la liberté et du partenariat. Le souvenir de Franz Stock aide chacun d'entre nous, et notamment les générations futures, à comprendre que l'amitié franco-allemande, qui s'est forgée au fil des cinquante dernières années, n'est pas quelque chose qui va sans dire. Elle nous a été confiée comme un bien précieux que nous entendons préserver et cultiver. »[5]

Pour mener à bien cette grande aventure de la réconciliation franco-allemande, ils furent plusieurs soutiers de Dieu à officier en coulisse.

Chemin faisant, je suis ainsi tombé sur l'histoire du père Jean du Rivau, un jésuite qui s'efforça de former les élites sensibles à cette entente. Entré dans la

---

5. Helmut Kohl, « L'abbé Stock, un précurseur », *Le Monde*, 25 février 1998.

Compagnie de Jésus à dix-huit ans, Jean du Rivau est ordonné prêtre à trente-trois ans, en 1936. Quand la guerre se déclare, il est alors aumônier des étudiants en médecine. Mobilisé, il devient lieutenant d'artillerie et reçoit pour ses faits d'armes la croix de guerre avec plusieurs citations. Fait prisonnier, il s'évade et entre dans la Résistance. Arrêté en 1944, il est interné dans les camps de Mauthausen et de Dachau, où il crée un comité pour la réconciliation franco-allemande avec… Joseph Rovan. On l'a dit aussi aumônier des Chantiers de la jeunesse française, puis aumônier militaire à la première armée. À la fin du conflit, il est en poste à Offenburg dans le pays de Bade comme aumônier de la base 901 et éprouve alors un besoin, peu commun, souligne l'historien Alfred Grosser, « d'échapper à la rancœur et à la nostalgie par la sortie de l'isolement, par le contact avec le monde extérieur, par l'ouverture d'autres perspectives que l'humiliation morose et la contemplation des ruines matérielles et morales[6] ».

Afin d'établir le contact, le père du Rivau fonde en août 1945 *Documents*, « revue des questions allemandes », dont le but est d'informer les Français sur l'actualité politique, sociale, religieuse et intellectuelle du voisin. En parallèle, une autre revue, *Documente*, publiée celle-ci outre-Rhin, vise à informer les Allemands sur la France. Ainsi naît le Bureau international de liaison et de documentation (BILD) dont l'équipe est composée d'Allemands et de Français, et qui, implantée à Cologne, Strasbourg et Paris, œuvre au

6. Alfred Grosser, « Un pionnier de la compréhension franco-allemande : le père Jean du Rivau », *Le Monde*, 12 janvier 1970.

rapprochement entre les deux anciens ennemis. Jean du Rivau est aussi à la manœuvre pour organiser, en octobre 1948, à l'abbaye de Royaumont, le premier congrès franco-allemand d'écrivains. Des initiatives qui rejoignent celle du fondateur de la revue *Esprit*, Emmanuel Mounier, à travers le Comité français d'échanges avec l'Allemagne nouvelle.

Rivau multiplie les actions, notamment en direction des enfants dans les camps de réfugiés, et en développant les échanges entre les familles des deux pays. Il est bien placé : après avoir été recteur du collège Saint-François-Xavier à Vannes de 1949 à 1953, il dirige durant cinq ans l'école Sainte-Geneviève à Versailles, surnommée « Ginette », qui forme la future élite des grandes écoles d'ingénieurs et de commerce.

> « En Jean du Rivau, salue Alfred Grosser, qui l'a bien connu, le mystique voisinait avec l'homme de la Renaissance, avec le condottiere qui, bien avant Vatican II, avait cessé de s'embarrasser de la soutane et qu'on aurait bien imaginé à cheval. Il savait aussi, selon les besoins de l'œuvre, se faire quémandeur ou montrer de la morgue, marchander ou parler haut. Mais surtout il avait un don rare bien que peu spectaculaire. Il savait susciter des dévouements qui, par-delà sa personne, allaient à cette œuvre[7]. »

Alors que l'Europe s'engage sur le long chemin de la Libération, nombreux sont les prêtres, religieux, religieuses et pasteurs, à œuvrer sur le terrain, à l'endroit

7. *Ibid.*

où ils se trouvent, pour recoudre l'âme des peuples, expression chère à Bernanos et Péguy, et que l'historien et géographe André Siegfried choisit pour titre d'un essai publié en 1950[8]. Autant dire que c'est une charge titanesque qui incombe à ces hommes et ces femmes de grande foi.

En témoigne, par exemple, cette réflexion publiée dans l'hebdomadaire protestant *Le Christianisme au XXe siècle*, le 3 mai 1945, qui appelle au châtiment du peuple allemand quelques jours avant la capitulation, et exhumée par l'historien du protestantisme André Encrevé :

> « Ne nous berçons pas d'illusions, il faudra probablement que se succèdent des générations avant que le poison nazi soit extirpé du cœur des Allemands. Il nous faudra donc considérer longtemps ce peuple comme dangereux. La sévérité sera le seul remède à employer pour nous conserver la paix et pour aider cette nation à retrouver des instincts normaux. [...] Demandons qu'il soit infligé au peuple allemand un châtiment non par haine, mais pour que lui soit révélée sa perversion morale, conséquence du régime hitlérien[9]. »

Comment l'Allemagne, « le pays de Luther », a-t-elle pu basculer et soutenir les pires atrocités ? Nombre de

8. André Siegfried, *L'Âme des peuples*, Hachette, 1950.

9. Cité dans André Encrevé, « Les protestants français face aux protestants allemands à la fin de la Seconde Guerre mondiale », *Les Protestants et la vie politique française*, CNRS Éditions, 2020.

ces protestants soulignent à l'envi qu'Hitler a reçu une éducation catholique, argument fallacieux tant on sait que la foi a peu compté pour le sanguinaire dictateur, dont le régime est surtout caractérisé par son inhumanité hors norme. Après la guerre, les protestants allemands sont à l'avant-garde de la reconstruction de leur pays, de même qu'ils le furent, dès le début, dans la résistance au nazisme – tout comme les jeunes étudiants catholiques de la Rose blanche. C'est une perspective dans laquelle s'inscrit l'Église confessante, aiguillonnée par le pasteur théologien suisse Karl Barth, lequel bénéficie d'une forte influence au sein du protestantisme européen pour sa « lutte implacable contre le nazisme », souligne Encrevé, tout en ayant continué d'enseigner dans les universités allemandes. Barth joue un rôle important pour retisser les liens spirituels d'un peuple déchiré mais aussi développer les relations entre protestants allemands et français, et plus largement européens, préalable essentiel à l'amorce d'une destinée commune.

Ces religieux chrétiens, chacun à leur place, prolongent leur combat pour le bien commun, en agissant dans la discrétion. Certains ont beau s'être comportés en héros pendant la guerre, ils considèrent qu'ils n'ont fait que leur devoir et, au sortir du conflit, poursuivent leur action, mais de façon moins spectaculaire, dans leur environnement immédiat, comme si de rien n'était.

André Encrevé m'a ainsi raconté l'histoire, en précisant qu'elle est « somme toute assez commune », de son père, Auguste Encrevé, pasteur à Pamproux, village des Deux-Sèvres non loin de la ligne de démarcation.

Au début de l'année 1942, le pasteur du village voisin de La Mothe-Saint-Héray frappe à sa porte et lui dit :

« Un adjudant de gendarmerie est venu me voir pour m'annoncer qu'on lui avait donné l'ordre d'arrêter une femme juive. Ce brave homme voulait sauver cette femme qu'il ne connaissait pas, alors il m'a dit : “J'irai demain matin pour l'arrêter, entre-temps faites-la évader !” »

Le pasteur en question cherche donc un moyen de secourir cette femme, et c'est ainsi qu'il en vient à solliciter son collègue Encrevé, lequel commence par trouver une cachette provisoire. Puis il parvient à conduire la femme chez un autre pasteur. La malheureuse passe ainsi de presbytère en presbytère et réussit finalement à franchir la ligne de démarcation. Peu à peu, une filière de presbytères protestants se constitue dans le sud des Deux-Sèvres pour venir en aide à ceux qui sont pourchassés par les nazis et le régime de Vichy. C'est ainsi que le pasteur Auguste Encrevé entre en résistance, se met à cacher des juifs, à distribuer de fausses cartes d'identité, de faux certificats de baptême et aide, avec ses collègues pasteurs, un certain nombre de personnes en danger à passer la ligne de démarcation.

La Libération venue, il continue d'exercer son ministère, sans jamais mettre en avant ses faits de résistance. À sa suite, son fils, professeur d'histoire, est devenu ce que les protestants appellent un « prédicateur laïc » en banlieue parisienne, déroulant ainsi le fil de l'engagement familial.

Il en est d'autres, parmi ces chrétiens résistants, qui cultivent un projet de société plus global pour cette

France en reconstruction. Durant près de six années, l'Europe s'est fracturée dans le sang ; au triomphe de la barbarie et des égoïsmes meurtriers et sauvages, doivent succéder désormais la fraternité, le partage, la solidarité, la justice sociale. L'avenir commun des peuples dépend de cette prise de conscience. La reconstruction du pays ne peut se borner à des objectifs économiques ; elle doit être sociale. Et le social, c'est l'univers de prédilection des chrétiens. Les besoins sont immenses, puisqu'une bonne partie de la population a tout perdu et survit dans le dénuement.

Ces chrétiens engagés se vivent comme « le sel de la terre » et « la lumière du monde », pour reprendre les mots de l'évangéliste Matthieu, évoquant le discours sur la montagne. Jésus vient tout juste d'être baptisé par Jean-Baptiste, il s'adresse à une large foule de ses disciples en haut d'une montagne près du lac de Tibériade.

> « En ce temps-là, rapporte Matthieu, Jésus disait à ses disciples : "Vous êtes le sel de la terre. Mais si le sel devient fade, comment lui rendre de la saveur ? Il ne vaut plus rien : on le jette dehors et il est piétiné par les gens. Vous êtes la lumière du monde. Une ville située sur une montagne ne peut être cachée. Et l'on n'allume pas une lampe pour la mettre sous le boisseau ; on la met sur le lampadaire, et elle brille pour tous ceux qui sont dans la maison. De même, que votre lumière brille devant les hommes : alors, voyant ce que vous faites de bien, ils rendront gloire à votre Père qui est aux cieux[10]." »

10. Matthieu, V, 13-16.

C'est nourris de cette sève évangélique que se lancent de grands mouvements à l'image de l'Emmaüs de l'abbé Pierre, et avant lui du Secours catholique, créé en 1946 par l'Assemblée des cardinaux et des évêques, sous l'impulsion de l'abbé Jean Rhodain, et plus tard, d'ATD Quart Monde, avec Joseph Wresinski et Geneviève de Gaulle-Anthonioz – nous y reviendrons. Ces initiatives ajoutent leur action à celle de la Cimade, association protestante créée avant guerre, qui s'est distinguée durant le conflit en gérant plusieurs centres de refuge, et trouve une nouvelle jeunesse dans cette France en reconstruction.

Dans les maquis et les camps de prisonniers et de déportés, une forme de fraternisation a eu lieu entre chrétiens et communistes. La porosité entre certains milieux catholiques et marxistes, alors que la guerre froide menace et porte en germe le choc des blocs est-ouest, inquiète au plus haut point le pape Pie XII. Dans ces années d'après-guerre, à l'avant-garde de l'action sociale, on voit, en effet, proliférer ce que l'on peut appeler un « progressisme chrétien ».

Celui-ci trouve son prolongement, et sa traduction politico-spirituelle, à travers l'expérience des prêtres-ouvriers, qui essaiment dans les usines, les chantiers, les exploitations agricoles. Des engagements en milieu populaire qu'ont déjà suscités certains, à l'image de Madeleine Delbrêl, installée dans la banlieue ouvrière rouge d'Ivry-sur-Seine avec une équipe de femmes missionnaires laïques, dans une maisonnette ouverte à tous les réfugiés.

« Se côtoyaient chez nous des infirmières, des assistantes sociales, des secrétaires, des OS en usine, des professeurs, m'avait raconté un jour l'une de ces missionnaires, Suzanne Perrin, dernière gardienne de la maison. Nous avions chacun un métier. Des malades venaient se faire faire des piqûres, des clochards demandaient du secours, d'autres avaient simplement besoin de compagnie. Il y avait aussi le moment des "bambinos", comme disait Madeleine : l'une d'entre nous gardait les enfants de femmes qui étaient hospitalisées. La maison était toujours très animée et pleine d'imprévus. Je me souviens de ce patient que soignait l'une de nous et qui remplissait la maison en chantant des airs d'opéra. Quand on a hébergé des réfugiés espagnols, certains de nos voisins étaient scandalisés de voir tous ces hommes entrer et sortir de chez nous...[11] »

L'engagement chrétien et social de l'insurgée d'Ivry – rappelée à Dieu le 13 octobre 1964 – croisera naturellement la route des prêtres-ouvriers. Ceux-ci n'existent pas encore *stricto sensu* quand, en 1941, le père Jacques Loew, fils de bourgeois, ancien avocat brillant et plein d'humour, se fait embaucher comme docker sur le port de Marseille. Loew y restera quatorze ans, se faisant l'apôtre de ce nouvel apostolat en milieu populaire. En 1943, un livre coup de poing, publié aux éditions du Cerf, *La France, pays de mission ?*, signé des abbés Henri Godin et Yvan Daniel, prend acte de la déchristianisation dans les milieux ouvriers, et exhorte l'Église à reprendre la main sur le réel. La France se reconstruit, les catholiques veulent mettre les mains dans le

11. Voir *Rebelles de Dieu, op. cit.*

cambouis. L'opus est un best-seller, il chamboule les esprits et, en premier lieu, celui de l'archevêque de Paris, Mgr Suhard, qui, inquiet de la désertification spirituelle dans les faubourgs, encourage ces prêtres. Mais leur engagement zélé dans les usines finit par irriter Rome. Du point de vue de l'autorité pontificale, on peut le comprendre.

Alors qu'à l'est du mur de Berlin, les chrétiens sont de plus en plus persécutés, les relations, pour ne pas dire les couteaux, s'aiguisent entre catholiques et communistes. À ce propos, Claude Michelet, le fils d'Edmond, m'avait ainsi raconté comment un jour le compagnon de captivité de son père, le communiste Germain Auboiroux, était arrivé en sang chez eux : il venait de se faire casser la figure par ses camarades parce qu'il avait refusé de servir leur propagande en proférant comme mensonge que Michelet, alors personnage en vue de l'État gaulliste et en campagne pour les législatives, s'était mal comporté à Dachau... Ce tragique épisode en dit long sur le contexte de l'époque.

Depuis l'encyclique *Divini Redemptoris* de 1937 condamnant l'idéologie comme un « matérialisme athée » et « intrinsèquement pervers », le Vatican se méfie comme de la peste du communisme. C'est une question qui hante le pape Pie XII. Dans la France de l'après-guerre, le Parti communiste est la principale force de gauche, il est en tête aux législatives de novembre 1946 ; il fait quasiment jeu égal avec le MRP (celui-ci le supplante de un siège) au Conseil de la République chargé d'élire le président de la République (ce sera Vincent Auriol) ; cinq communistes siègent au gouvernement Ramadier – avant d'être renvoyés le

5 mai 1947 ; les peurs sociales renforcent l'assise de la CGT pendant que Moscou affermit son emprise sur les pays de l'Est... Bref, le « péril rouge » est bien réel. Les communistes sont-ils en train de forcer les portes de la chrétienté par le truchement des prêtres-ouvriers ? Ceux-ci ne sont pas insensibles à leur vision du monde, et ils recrutent ; ils sont bientôt une centaine de pères, qui entraînent avec eux paroisses et ouailles. Alerte, l'idéologie se propage !

Le 1er juillet 1949, un décret du Saint-Office condamne l'appartenance d'un catholique au Parti communiste ou à un mouvement frère, type CGT. Mais les prêtres-ouvriers continuent leur compagnonnage avec le PCF. Ils s'associent aux grèves, prennent part à la manifestation organisée le 28 mai 1952 contre le général Ridgway, commandant des forces de l'ONU en Corée. En 1954, le couperet tombe : les prêtres-ouvriers sont purement et simplement interdits par le pape Pie XII. Mis au ban.

> « Pour Rome, comme pour une partie de l'épiscopat français, les prêtres-ouvriers posent trois types de problèmes, analyse l'historien Denis Pelletier. *Primo*, leur engagement majoritaire à la CGT et les responsabilités qu'ils sont conduits à y prendre contreviennent à la lettre du décret de 1949. *Secundo*, leur manière même de vivre leur condition de prêtres, à travers un travail salarié à plein temps en usine, met en cause l'image d'un prêtre séparé du monde et constitue une redéfinition inédite du ministère, notamment dans la façon dont l'*habitus* ouvrier s'y incorpore à la pratique sacerdotale. Enfin, leur expérience commune de l'usine les

a conduits à s'organiser et à prendre davantage d'autonomie par rapport aux évêques dont ils dépendent, et cela d'autant plus aisément qu'ils sont devenus des salariés[12]. »

Pour le père Jacques Loew, premier prêtre-ouvrier, c'est une déchirure : celui qui a créé la Mission ouvrière Saints-Pierre-et-Paul n'a pas viré « dans la "connivence" avec le marxisme ou la contestation permanente de l'institution[13] », soulignera le journaliste Henri Tincq à la mort de Loew, à l'âge de quatre-vingt-dix ans, en février 1999. La sentence pontificale est incompréhensible. Le père Jacques Loew s'envole pour le Brésil, où il s'engage dans un bidonville à Sao Paulo, avant de retrouver grâce auprès de Rome. Les prêtres-ouvriers seront réhabilités par le pape Paul VI après le concile Vatican II en 1965 ; le souverain pontife autorisera à nouveau leur apostolat. Le père Jacques Loew sera même invité à donner une conférence de carême, en 1970, dans les appartements de Paul VI, devant le pape et ses cardinaux. À cette occasion, il leur dira : « Je viens vous apporter avant tout la tendresse de Dieu[14]. »

Portée par l'élan missionnaire des prêtres, pasteurs, religieux et religieuses résistants, une certaine effervescence spirituelle monte dans le pays. La France de la reconstruction est aussi celle du renouveau des

12. Denis Pelletier, Jean-Louis Schlegel (dir.), *À la gauche du Christ, les chrétiens de gauche en France de 1945 à nos jours*, Points Seuil, 2015.
13. Henri Tincq, « Jacques Loew », *Le Monde*, 17 février 1999.
14. *Ibid.*

âmes. Après les temps barbares, le ressourcement spirituel ? La guerre a laissé un pays ruiné matériellement et moralement, mais un pays qui veut se battre pour retrouver foi en son avenir. La reconstruction, soutenue par les millions de dollars du plan Marshall, enclenche un cycle d'essor économique, mais l'avènement de la société de consommation qui se dessine n'étanche pas toutes les soifs. Les églises sont pleines, et les initiatives sociales, on l'a vu, mais aussi intellectuelles, on le verra, ne manquent pas. La France de l'après-guerre reste chrétienne.

> « À l'époque, 25 à 30 % des Français se déclarent pratiquants, et l'écrasante majorité de la population est encore baptisée, observe le sociologue des religions Jean-Louis Schlegel, né en 1946 en Moselle. La crise des vocations, ou la crise du recrutement des prêtres, commence dès les années 1950, sinon avant ; malgré tout, ils sont encore assez nombreux pour que pratiquement chaque clocher ait un prêtre "desservant". La France reste rurale durant la première moitié du XXe siècle, on a un curé par village, on se marie à l'église et on y est enterré. »

Un nouveau monde s'ouvre, mais c'est encore la France des clochers, éternelle, immémoriale, immuable, qui le tient.

> « Même si "en haut", reprend Jean-Louis Schlegel, la bataille entre les deux France, laïque et catholique, fait rage, "en bas" et dans la vie sociale, les années 1950 se vivent dans un cadre encore catholique. Les vacances scolaires correspondent au calendrier liturgique, ce

n'est qu'à partir des années 1970 qu'elles seront découplées des fêtes religieuses (ce sont les vacances de la Toussaint, de Noël, du Mardi gras, de Pâques... et non d'hiver ou du printemps) et "dénationalisées" (pour cause de vacances à la montagne surtout...). Dans les grandes cérémonies nationales et républicaines, l'archevêque de Paris (ou l'évêque du lieu) trône en bonne place, dans son vêtement ecclésiastique "officiel". L'influence de la religion sur la politique peut rester grande dans certaines régions. Mes parents étaient MRP (Mouvement républicain populaire), parce que dans mon coin rural de Moselle, "région catholique", les prêtres recommandaient en chaire de voter MRP, et les fidèles "cléricaux" suivaient les consignes. »[15]

Mgr Maurice Feltin, qui succède à Suhard comme archevêque de Paris en 1949, encourage l'évangélisation dans les banlieues ouvrières, ce qui le poussera à se faire – en vain – l'avocat des prêtres-ouvriers à Rome. Soucieux d'accompagner le mouvement de reconstruction qui engage le pays dans une dynamique positive, Feltin réinitie les Chantiers du cardinal en janvier 1950.

Cet organisme, qui a pour objectif la construction et la rénovation d'églises, de chapelles, de presbytères et de locaux paroissiaux, fondé en 1931 par le cardinal Jean Verdier, a été mis en sommeil depuis le début de la guerre. En huit ans – Verdier est mort en 1940 –, les Chantiers ont bâti cent dix églises nouvelles dans Paris et sa région. Après la guerre Mgr Feltin relance les constructions, spécifiquement dans les banlieues

15. Jean-Louis Schlegel, entretien avec l'auteur.

parisiennes, ce qu'on appelle alors « la zone ». En 1964, il propose même un « appel à la population parisienne » pour la construction de cent quarante-deux églises, spécifiquement dans les « cités » et grands ensembles urbains qui commencent à enserrer Paris. Comme l'écrit le dominicain Yves Congar : « Qui n'a pas vécu les années 46-47 du catholicisme français a manqué l'un des plus beaux moments de la vie de l'Église. À travers une lente sortie de la misère, on cherchait, dans la grande liberté d'une fidélité aussi profonde que la vie, à rejoindre évangéliquement un monde auquel on venait d'être mêlé comme on ne l'avait pas été depuis des siècles[16]. »

La soif spirituelle de la France de l'après-guerre se retrouve à l'échelle des paroisses, et un homme, l'abbé Georges Michonneau, curé à Colombes, fait de ces communautés de fidèles le cœur de l'élan missionnaire dont il est l'un des artisans. Il expose ses idées dans un livre qui bénéficie d'un grand retentissement, en France mais aussi ailleurs[17].

Bien avant la « révolution », le brave curé s'échine à associer le plus largement possible les fidèles à la liturgie, en la rendant vivante et accessible – donc en multipliant les traductions du latin. Il met sur pied de petites équipes de paroissiens, qui partagent leur foi, leurs prières, l'amitié, mais aussi l'entraide matérielle, et s'ouvrent à une société en voie de déchristianisation.

16. Cité par Étienne Fouilloux, *op. cit.*

17. Georges Michonneau, *Paroisse, communauté missionnaire*, Cerf, 1946.

Pour Michonneau, la paroisse se doit d'être « une communauté vivante et missionnaire ».

> « Mes "paroissiens", soutient-il, ce sont tous ceux qui habitent cette portion de territoire qui m'est confiée, tous, sans exception, tous, sans qu'aucune raison, sans qu'aucun prétexte de nationalité, de dégénérescence ou d'opposition religieuse puisse me décharger de la responsabilité de leur âme. Par conséquent, ce sont tous ceux qui ne viennent pas à moi, tous ceux que je ne connaîtrai peut-être jamais si je ne vais pas à eux. »[18]

« Discrédité par l'usage que les nazis ont fait de la notion de *Volksgemeinschaft*, le mot "communauté" reprend sens après la guerre comme une sorte d'antithèse critique de la société libérale, qui promet la rencontre entre l'utopie communautaire chrétienne et l'utopie communiste[19] », constate Denis Pelletier.

Au centre de ces initiatives, il y a un prêtre dont le nom est souvent évoqué, quand on vagabonde dans les dédales de cette période. Le père Jean Maydieu, qui a ajouté Augustin à son prénom en revêtant l'habit dominicain, fils de la bourgeoisie bordelaise, ancien élève de l'École centrale, est un religieux discret, mais qui se trouve au centre de tous les réseaux chrétiens avant et après la guerre. On le croise dans l'entourage de Madeleine Delbrêl qu'il fréquente et faillit même épouser avant de rompre brutalement pour entrer dans les ordres, ainsi que dans l'ombre aussi bien de Georges Bidault que d'Edmond Michelet. Maydieu a

18. *Ibid.*
19. Denis Pelletier, Jean-Louis Schlegel, *op. cit.*

contribué aux réseaux de sauvetage et d'évasion mis en place par cet ami, en écrivant et diffusant sous le manteau des textes de « résistance spirituelle », notamment « l'appel des fusillés » pour exalter le sacrifice des maquisards du plateau des Glières, puis en rejoignant Jean Paulhan au Comité national des écrivains (CNE), initiative communiste de 1942, avant d'être arrêté et interné à Annecy.

> « Son rôle au CNE et son emprisonnement confèrent au père Maydieu une autorité morale bien au-delà des milieux chrétiens : c'est l'un des prêtres résistants les plus connus », souligne l'historien Étienne Fouilloux dans le portrait très documenté qu'il fit de lui dans *Le Dictionnaire biographique des frères prêcheurs*[20]. « Il use de sa notoriété pour diffuser autour de lui une véritable mystique de la Résistance et de la Libération. »

Cette aura se prolonge après guerre, notamment dans la direction de la revue *La Vie intellectuelle* – à laquelle collaborent les plumes prestigieuses de François Mauriac, Paul Claudel et Jacques Maritain –, ou encore dans l'animation de cercles intellectuels où Maydieu fait venir les journalistes du *Monde* Hubert Beuve-Méry ou Jacques Fauvet, et même l'écrivain Albert Camus, dont il se rapproche. Ce qui fait écrire à Étienne Fouilloux que « le père Maydieu est l'un des hommes d'influence du catholicisme français dans les années qui suivent la Libération ».

---

20. *Le Dictionnaire biographique des frères prêcheurs*, accessible en open data sur Internet : https://journals.openedition.org/dominicains.

Et pour cause. Aux éditions du Cerf, c'est Maydieu qui édite, dans « sa » collection Rencontres, *France, terre de mission ?* de Godin et Daniel, aussi bien que *Paroisses, communautés missionnaires* de Michonneau, ou encore *Problèmes missionnaires de la France rurale* de Fernand Boulard en 1945, puis *Au cœur des masses* de René Voillaume en 1950. C'est lui qui, à la Libération, installe Latreille au bureau des cultes du ministère de l'Intérieur pour lancer « l'épuration spirituelle ». À sa mort précoce en avril 1955, à l'âge de cinquante-cinq ans, *Le Monde* souligne aussi son « influence intellectuelle qui dépassait la frontière des milieux chrétiens », et relève :

> « Un des soucis du R. P. Maydieu, qui attachait beaucoup d'importance au travail en équipe, était de confronter la foi avec les "événements" et de présenter à ses contemporains un visage du catholicisme adapté à leurs préoccupations. Docteur en théologie, il s'intéressait à la philosophie, avait étudié de près Hegel et aimait à souligner l'importance de ce philosophe à côté de celle de saint Thomas d'Aquin. Son esprit ouvert le portait à respecter les différences qu'il avait constatées au cours de ses voyages entre les mentalités des catholiques des divers pays. »[21]

« Vous êtes le sel de la terre… » Les étudiants affluent à la Catho de Paris, et son nouveau recteur, Émile Blanchet, nommé en 1946 à ce poste qu'il occupera durant vingt ans, développe l'institut en y créant dix-sept nouvelles écoles. Blanchet, lui aussi, s'est

21. « Le R. P. Maydieu est mort », *Le Monde*, 29 avril 1955.

distingué durant l'Occupation : évêque de Saint-Dié à partir de 1940, dès le début il apporte son soutien aux prêtres résistants. De septembre à novembre 1944, dans sa ville complètement isolée, il prêche chaque dimanche pour réconforter les fidèles. Las, malgré ses efforts, il assiste impuissant à l'incendie de Saint-Dié et à la destruction de la cathédrale. De 1956 à 1958, c'est lui qui assure les conférences de carême de Notre-Dame de Paris, exercices d'éloquence fondés à l'initiative de Frédéric Ozanam, où se succèdent les prédicateurs les plus prestigieux.

En 1958, reconnu pour son humanisme, Émile Blanchet lancera sous les voûtes de la basilique Saint-Rémi de Reims, qui vient tout juste d'être rénovée : « Il y a la France de Pascal et de Bossuet, mais il y a aussi celle de Voltaire et de Diderot qui est aussi la France. Normale diversité des esprits, indice d'une ample richesse[22]... » Invité à s'exprimer lors des travaux du concile Vatican II, en novembre 1963, il se tournera vers les observateurs non catholiques et il leur dira : « Vous êtes ici chez vous, c'est votre maison. Nous sommes des serviteurs et non des empereurs de la vérité. »

C'est une époque aussi où des cardinaux au caractère trempé incarnent un christianisme qui s'affirme dans l'espace public et a sa place dans les instances de pouvoir. Tel est Eugène Tisserant, l'orientaliste du Vatican, grand soldat et blessé de la guerre de 14, engagé dans la lutte antinazie notamment via le général

22. H. F., « Mort de Mgr Émile Blanchet, ancien recteur de l'Institut catholique de Paris », *Le Monde*, 4 avril 1967.

Henri Navarre, responsable des services secrets français. Avec sa longue barbe et ce regard sévère qui toise ses interlocuteurs au-dessus de son habit et de sa croix pectorale, Tisserant est un prince de l'Église comme le sera Jean-Marie Lustiger, lequel commence tout juste sa carrière ecclésiastique. Lustiger, juif converti au catholicisme, qui deviendra le grand archevêque de Paris que l'on sait, entre en 1946 au séminaire des Carmes, contre la volonté de son père, et est ordonné prêtre le 17 avril 1954 à l'âge de vingt-sept ans. Tisserant, à l'image de Lustiger, Daniélou, Carré, Verdier, Baudrillart et Decourtray, siégera en habit ecclésiastique à l'Académie française. Tradition qui s'est quelque peu tarie aujourd'hui. Il ne reste qu'un homme d'Église dans la vénérable institution du quai de Conti, Claude Dagens, ancien évêque d'Angoulême, élu en 2008, mais celui-ci se manifeste si peu qu'on l'oublie souvent.

Qui se souvient qu'avant guerre, il y eut jusqu'à cent vingt-sept ecclésiastiques en place dans cette institution fondée par le cardinal Richelieu ? « Aspirant à être réellement l'image adéquate de la culture et de la haute société françaises, il était naturel que l'Académie accordât une part importante au clergé, tant que celui-ci fut le premier ordre de l'État et le plus universellement cultivé », écrit en 1935 Mgr Alfred Baudrillart, pour le tricentenaire de l'institution. Il meurt en 1942, et la fin de vie de ce grand esprit, hostile au départ au nazisme, fut à jamais ternie par ses compromissions avec Vichy et les collaborateurs, par peur du bolchevisme.

À l'époque, il est fréquent de voir des soutanes au sein d'institutions prestigieuses. Ainsi, en visitant avec mes enfants la grotte de Lascaux II, quelle ne fut pas ma surprise de trouver évoqué dans la bouche de notre excellent guide le nom de l'abbé Breuil. Je n'avais jamais entendu parler de ce personnage. Et pourtant... ce jour-là, j'appris que c'est cet homme de Dieu qui avait authentifié les peintures de Lascaux.

Mieux, précisa le guide, cet abbé Breuil, on le surnommait « le pape de la préhistoire », et en farfouillant sur Internet, je découvris que le Collège de France avait créé pour lui la chaire de préhistoire, en 1929, qu'il occupa jusqu'en 1947. Visiblement, il ne payait pas de mine, cet abbé Henri Breuil, avec sa soutane à l'ancienne, son béret vissé sur la tête et sa clope au bec. Mais il fut une sommité, et reconnu comme tel par la communauté scientifique, de même que le sera le jésuite Pierre Teilhard de Chardin, auquel le Collège de France proposa de succéder à Breuil, mais qui refusa pour obéir à son ordre. Professeur au Collège de France, membre de l'institut, très grand connaisseur de l'Afrique, où il voyagea beaucoup, Breuil est désormais reconnu comme un précurseur dans l'établissement de la chronologie préhistorique et l'étude de l'art pariétal.

Les pasteurs protestants, eux non plus, ne craignent pas de prendre part au débat public. Celui qui incarne le mieux cet engagement, encore et toujours, est le pasteur Marc Boegner, qui, à l'image des évêques, n'a pas été sans ambiguïté vis-à-vis du régime de Vichy. Après la Libération, Boegner reste à la tête de la Fédération protestante de France, dont il sera l'incontournable président jusqu'en 1961. Il est élu à l'Académie des sciences morales et politiques en 1946, puis à l'Académie française en 1962 – une première, pour un pasteur.

Boegner est à la fois le fer de lance et le bouclier des protestants. Néanmoins, il est parfois dépassé par des pairs qui se manifestent de façon plus radicale. Le pasteur André Trocmé rejoint le combat pour la paix en devenant le secrétaire itinérant du Mouvement international de la réconciliation (MIR) pour l'Europe, qui œuvre à l'élaboration et la diffusion d'une théologie de la non-violence. Avec son épouse Magda, ils feront du Chambon-sur-Lignon une terre de Justes et y créeront le collège Cévenol. Ses collègues Roland de Pury et Charles Westphal – qui succédera à Boegner à la tête de la Fédération protestante – soutiennent publiquement l'appel de Stockholm du 19 mars 1950, exigeant « l'interdiction absolue de l'arme atomique, arme d'épouvante et d'extermination massive des populations ».

Dans ce contexte d'effervescence spirituelle de l'après-guerre prend aussi place une expérience originale, partie des milieux protestants, et qui perdure encore de nos jours. C'est celle menée en Bourgogne, à Taizé, par le pasteur Roger Schutz, que le pasteur Marc Boegner qualifie de « grande grâce ».

Schutz est né à Provence, en Suisse, où son père était pasteur, mais sa mère, protestante elle aussi, est d'origine bourguignonne. En 1940, à l'âge de vingt-cinq ans, l'homme s'installe donc dans le village de Taizé, près de Cluny et Clairvaux, à proximité de la ligne de démarcation, où il ouvre une maison qui devient vite un refuge.

« Elle accueille sans distinction juifs, réfugiés politiques et résistants, racontera le journaliste Henri Tincq. Frère Roger se souviendra longtemps de la soupe aux orties, du ramassage des escargots, des hivers froids et solitaires des premières années de guerre et de misère à Taizé[23] ». Las, il est dénoncé, et le 11 novembre 1942, la maison est fouillée de fond en comble par la Gestapo. Roger Schutz parvient à s'enfuir à Genève. Il revient à Taizé en octobre 1944, avec en tête un projet de vie communautaire, qui attire un à un des « frères », venus d'horizons différents.

Il ne s'agit pas de créer un monastère ou un nouvel ordre, simplement de vivre et de prier ensemble, quelles que soient les origines, y compris religieuses, des croyants : dès le début, Taizé se singularise par sa dimension œcuménique. En 1948, les frères sont une quinzaine ; cinquante ans après, les voilà quatre-vingt-dix, originaires d'une vingtaine de pays dans la diversité des traditions chrétiennes. Et Schutz installe d'autres maisons à travers le monde, en Inde, au Bangladesh, au Brésil, en Afrique, en Corée, à New York, notamment. Tout en restant ancré dans son protestantisme originel, frère Roger devient un interlocuteur régulier de l'archevêque anglican de Cantorbéry, du patriarche de Constantinople, et son aventure est suivie de très près par les papes, de Jean XXIII – qui parle de Taizé comme d'un « petit printemps » – à Paul VI. Mais c'est avec Jean-Paul II que frère Roger entretiendra les relations les plus proches. Karol Wojtyla le conviera à prêcher dans son ancien diocèse de Cracovie devant 200 000 ouvriers mineurs. Devenu pape, en déplacement dans la région lyonnaise, Jean Paul II, le 5 octobre 1986, viendra frapper à la porte de la

23. Henri Tincq, « Frère Roger », *Le Monde*, 17 août 2005.

communauté : « Je me suis senti poussé par une nécessité intérieure », dira-t-il. En ajoutant, le mot est resté : « On passe à Taizé comme on passe près d'une source. »

D'année en année, de plus en plus de jeunes viennent s'abreuver à cette source. J'ai ainsi encore en mémoire le rassemblement organisé au début des années 2000 par la communauté à Paris, au Parc des expositions de la porte de Versailles : des milliers de jeunes assis par terre, dans l'un des vastes halls de verre et de béton, priaient les jambes croisées à même le sol dur, les yeux fermés, la tête dans les mains, dans un silence de cathédrale, entrecoupé de chants magnifiques entonnés à pleins poumons… Un impressionnant moment de recueillement au cœur de cette foule, jeune et compacte.

Je revois encore la silhouette voûtée de frère Roger, enveloppé de son grand habit blanc, quittant son fauteuil à la tribune, traversant d'un pas lent l'immense salle pour monter dans une voiture au cœur de la nuit parisienne. « Qu'il fût habillé de l'aube blanche des offices ou de son éternel chandail à grosses mailles, c'est son visage, d'abord, qui frappait, plissé dans les rides d'un permanent sourire[24] », écrira Henri Tincq. La veille, frère Roger est mort, à l'âge de quatre-vingt-dix ans, poignardé par une déséquilibrée roumaine de trente-six ans dans l'église de la communauté, dite « de la Réconciliation », au cours de la prière du soir, à laquelle assistaient deux mille cinq cent jeunes…

24. *Ibid.*

Chapitre 6

LE TEMPS DES DÉMOCRATES-CHRÉTIENS

Des héros et des martyrs. Quatre mois avant que Leclerc et ses hommes accomplissent la prophétie de Koufra, deux étudiants lyonnais tombent sous les balles nazies pour leur engagement dans la Résistance. Ils s'appellent Gilbert Dru et Francis Chirat. Le premier est responsable de la Jeunesse étudiante chrétienne, le second de la Jeunesse ouvrière chrétienne. Dru et Chirat sont fusillés le 27 juillet 1944, sur la place Bellecour à Lyon, aux côtés du gaulliste Albert Chambonnet, chef régional des Forces françaises de l'intérieur, et des communistes Léon Pfeffer et René Bernard. Une statue bien connue des Lyonnais, le *Veilleur de pierre*, symbolise depuis leur martyre.

Le sacrifice et la gloire. Après ces deux événements qui ont marqué l'histoire de la Résistance, en particulier celle de la résistance chrétienne, intervient un autre fait saillant, politique celui-ci : la naissance d'un grand parti d'inspiration démocrate-chrétienne, le Mouvement républicain populaire (MRP). C'est la première – et unique – tentative en France d'organisation d'un mouvement qui, tout en restant fermement laïc, allie politique et foi, et tend à l'exercice du pouvoir.

Le congrès fondateur qui s'ouvre à Paris le 25 novembre 1944 – deux jours après que Leclerc a hissé le drapeau tricolore au faîte de la cathédrale de Strasbourg – et réunit une centaine de résistants, en grande majorité chrétiens, mais pas seulement, est imprégné des idéaux portés dans le combat contre l'occupant nazi.

Le programme d'action du MRP – daté du 10 novembre 1945 – commence par ces mots : « Le Mouvement républicain populaire, fidèle à l'esprit de la Résistance, dont il est directement issu, répète que la charte du C.N.R. doit être aujourd'hui et demain le fondement de l'action politique des partis du gouvernement… » Avant de mourir, Gilbert Dru avait rédigé un « projet d'introduction à une action révolutionnaire des jeunes Français », sur lequel s'appuie le manifeste fondateur du MRP, même si ses créateurs prônent, plus modérément, « la révolution par la loi »[1].

C'est le credo de Georges Bidault, le successeur de Jean Moulin à la tête de la Résistance, qui a trouvé le nom de ce nouveau parti, qui en est l'inspirateur, le fondateur, l'âme.

Puisant dans les valeurs de la Résistance, dont ses dirigeants proviennent, le MRP profite d'une brèche entre une droite traditionnelle associée au régime de

1. Lire Isabelle Clavel, « Les enjeux catholiques du multipartisme de la IVe République », in Florian Michel et Yann Raison du Cleuziou (dir.), *À la droite du Père. Les catholiques et les droites de 1945 à nos jours*, Seuil, 2022.

Vichy et un communisme tout-puissant qui effraie. Il offre aux catholiques, masses encore pléthoriques, « une structure d'accueil raisonnable et ambitieuse », comme le souligne l'historien Jean-Pierre Rioux. « La seule grande formation neuve de l'après-guerre », toujours selon l'appréciation de cet historien, dépasse dès 1945 les 100 000 adhérents – ils sont 125 000 l'année suivante. « Georges Bidault, qui devient son leader, poursuit Rioux, croit pouvoir gagner facilement son pari : négliger les sirènes d'une SFIO trop laïque et d'un travaillisme nuageux, édifier la seule force politique capable de rivaliser enfin avec les communistes. »[2]

Dans un ouvrage fort instructif, l'historien Jean-Dominique Durand met en exergue « la place singulière » qu'occupe le MRP dans la France d'alors. « Pour la première fois, écrit-il, le catholicisme politique dans son option démocrate-chrétienne parvenait à déboucher sur un grand parti, rassemblant jusqu'au quart de l'électorat : plus de 25 % des suffrages, 144 élus à l'automne de 1945, 28,2 % et 160 députés le 2 juin 1946, 25,9 % et 156 élus le 10 novembre 1946. »[3]

C'est un « parti interclassiste », note l'historien, ancré dans les campagnes françaises, ayant pied dans la classe ouvrière et ralliant aussi le suffrage des femmes, qui viennent tout juste d'obtenir le droit de vote…

Le MRP n'est pas un parti de masse, mais une espèce de parti attrape-tout. Il fait émerger une nouvelle

2. Jean-Pierre Rioux, *op. cit.*

3. Jean-Dominique Durand, *L'Europe de la démocratie chrétienne*, Éditions Complexe, 1995.

classe politique autour de personnages qui marqueront de leur empreinte l'après-guerre.

Son premier président, jusqu'en 1949, est Maurice Schumann. Les hommes liges du parti seront des piliers de la plupart des gouvernements qui se succèdent entre 1945 et 1958, ainsi que des barons locaux. Outre Edmond Michelet dont nous avons longuement parlé, on relève – bien entendu – les hautes figures de Pierre-Henri Teitgen – par ailleurs cofondateur du quotidien *Ouest-France*, nous y reviendrons – et de François de Menthon – député de Savoie et maire de Menthon-Saint-Bernard durant plus de trente ans. Il faut leur adjoindre Pierre Pflimlin – maire de Strasbourg pendant près de vingt-cinq ans –, dont la longévité ministérielle se prolongera bien après 1958. Sans oublier les jumeaux Coste-Floret : Paul, directeur du cabinet de François de Menthon, procureur adjoint au tribunal de Nuremberg, et député, tout comme son frère, Alfred, qui siège à l'Assemblée nationale tout au long de la Quatrième République.

Les deux grands amis d'Edmond Michelet, ceux qui le suivent depuis toujours dans tous les combats, sont bien entendu de l'aventure, dans l'ombre, comme ils aiment à le rester : le philosophe Étienne Borne, que François Mauriac qualifie de « conscience du MRP », et le journaliste Louis Terrenoire. Celui-ci devient en 1945 le rédacteur en chef de *L'Aube*, le grand journal démocrate-chrétien fondé au début des années 1930 par Francisque Gay. Avec sa barbichette qui fait songer à Lénine ou Trotski – la comparaison s'arrête à ce détail pileux –, Gay a par ailleurs cofondé les Nouvelles équipes françaises en 1938, vivier de jeunes talents chrétiens, sur lesquels il exerce une influence certaine. Gay est un compagnon de route de Georges Bidault, partie prenante de toutes ses initiatives, rédacteur en chef et éditorialiste cinglant de *L'Aube* avant guerre – « petit journal très pauvre mais très honorable et très ardent », tel que celui-ci le décrit –, où il vilipende les accords de Munich en 1938.

L'après-guerre fournit à la démocratie chrétienne un terreau favorable à son épanouissement, comme le résume bien Jean-Dominique Durand : « La Résistance, l'effacement des partis modérés de la droite traditionnelle, la poussée du communisme agissant comme épouvantail sur une partie de l'électorat, la guerre froide, la généralisation du vote féminin, le soutien de l'Église catholique, tout cela a joué en faveur de ces partis[4]. »

Mais un parti seul ne peut résumer une démocratie chrétienne qui, pour l'historien Jean-Marie Mayeur, est une nébuleuse « aux limites mal définies [...], une famille d'esprit divisée qui ne se réduit pas à la dimension politique ». C'est pourquoi Mayeur préfère que l'on parle de « démocratie d'inspiration chrétienne »[5].

Les racines de ce courant, c'est le Sillon, fondé avant guerre par Marc Sangnier, et dont le souvenir reste vivace au numéro 38 du boulevard Raspail, dans le VIIe arrondissement de Paris, immeuble qu'avait acheté le père de Marc, Félix Sangnier, propriété de la famille encore de nos jours. La pièce qui a servi de siège au Sillon et, par la suite, de salle de rédaction

4. Jean-Dominique Durand, *op. cit.*
5. Cité par Isabelle Clavel, *op. cit.*

au journal *La Démocratie*, l'un des (nombreux) titres de presse fondés par Sangnier, reste aujourd'hui encore « dans son jus ». Mais *La Démocratie* est désormais le nom d'un restaurant, situé dans l'immeuble adjacent qui abritait naguère dans ses sous-sols les rotatives. Dans la salle du 38, un buste du fondateur – affublé de sa grosse moustache gauloise – trône toujours, ceint d'une écharpe tricolore. Autour, quelques reliques, des petites statues, dont celle de Jeanne d'Arc, une grande plaque en marbre scellée dans le mur, où l'on peut lire : « Au mois de novembre 1654, Blaise Pascal fut providentiellement sauvé d'un accident de voiture près du pont de Neuilly. Cet événement précéda de peu de jours sa nuit d'extase du 23 novembre 1654 et la définitive et complète union de son âme avec Dieu. » Au plafond, vitrifié, une phrase de saint Matthieu, qui résume une philosophie de vie : « Celui qui conserve sa vie la perd. Celui qui perd sa vie la sauve[6]. »

Cet environnement qui a accompagné l'action de Marc Sangnier, même s'il a changé de nature, demeure pour le moins intact, près de trois quarts de siècle après la mort du fondateur du Sillon, le 28 mai 1950, à l'âge de soixante-dix-sept ans. Un départ qui eut lieu sous les honneurs : Schumann et Michelet avaient porté sur son lit de mort une médaille à son effigie, Mauriac salua « l'immense moisson produite par le sillon creusé il y a tant d'années », et Bidault avait prononcé son oraison funèbre lors de la cérémonie à Notre-Dame.

Sa petite-fille, Anicette Sangnier, fille de son fils Jean, veille scrupuleusement sur cette mémoire originelle

6. Matthieu, XVI, 25.

d'« un mouvement d'éducation populaire qui visait à mélanger les fils de notables et la jeunesse ouvrière », précise-t-elle.

Sangnier, né le 3 avril 1873, a commencé cette grande aventure en invitant des jeunes ouvriers à se mêler aux élèves, plutôt issus d'un milieu bourgeois, dans la crypte du prestigieux collège Stanislas à Paris, où il était scolarisé, et il a lancé une feuille, *La Crypte*, pour relayer ses idées. Élève brillant, prix de philosophie au concours général en 1891, il intègre l'École polytechnique et, parallèlement, obtient une licence en droit. En même temps, avec des condisciples de Stanislas, il lance des cercles d'études et un journal philosophique, *Le Sillon*, fondé par Paul Renaudin, devient l'organe du mouvement. Son objectif : « Planter le grand arbre du christianisme démocratique et social. »

Sangnier est porté par une foi intense, il veut rapprocher la jeunesse de l'Église mais aussi de la République. Son but n'est pas de mettre ce mouvement au service des évêques et des curés. Cet humaniste progressiste vise plus haut, plus loin. Ce qui lui sera reproché.

> « Il a regroupé des cercles d'études, réuni les jeunes au sein de congrès, et ces rassemblements ont fini par prendre de l'ampleur, poursuit Anicette Sangnier. Au point que le pape Pie X qui, au début, applaudissait cette initiative, a fini par s'inquiéter et a demandé à ce que les sillonistes se rangent sous la bannière de l'Église. Mais mon grand-père a refusé de se soumettre. Pie X condamne les "déviances modernistes" du Sillon,

> Sangnier n'abdique pas, mais comme il est animé d'une grande foi, il décide de dissoudre son mouvement. En 1912, il lance une nouvelle organisation, la Jeune République. »

« Il n'y a ni ordre ni paix quand une classe subit l'oppression d'une autre classe », prône Marc Sangnier.

Il s'inscrit dans la droite ligne de l'encyclique *Rerum novarum*, édictée par Léon XIII le 15 mai 1891, qui fixe la doctrine sociale de l'Église – poursuivie par tous ses successeurs –, en pleine industrialisation, alors que les rapports entre ouvriers et patrons se tendent, que Proudhon et Marx récupèrent la question sociale et que les premiers syndicats apparaissent. Entre capitalisme et « socialisme athée », Léon XIII propose une troisième voie, exhortant les chrétiens à s'engager dans le catholicisme social et à faire entendre leurs voix et leurs convictions, tournées vers la protection de l'individu, dans les syndicats. *Rerum novarum* sera la bible, si l'on peut dire, des démocrates-chrétiens, façonnant leur vision du monde.

Dans cette perspective, Sangnier cherche à creuser un chemin nouveau entre les marxistes et les maurrassiens. Le face-à-face vire souvent à l'affrontement. Le débat d'idées, à l'époque, est une Cocotte-Minute.

> « Mon grand-père défendait une idée assez moderne de la démocratie, fondée sur les valeurs de l'Évangile, et se trouvait donc pris entre deux feux : d'un côté, l'Action française pour qui il était trop à gauche, et, d'un autre côté, la gauche qui le considérait comme trop chrétien, explique sa petite-fille. La période n'est

> pas facile, elle suit tout juste la promulgation de la loi de séparation de l'Église et de l'État de 1905. Quand il fut élu député à la Chambre bleu horizon, après dix-huit mois sur le front durant la guerre de 14, qui lui vaudront la croix de guerre, on le surnommait "le bolchevique chrétien". »[7]

Sangnier dédie sa vie à propager un christianisme sincère, établissant un pont entre la bourgeoisie et le peuple, rassemblant autour de lui des bataillons de jeunes – c'est lui qui crée le mouvement des auberges de jeunesse en 1929 – avec toujours l'idée de « construire avec eux la paix, sans différences sociales, linguistiques, nationales ». C'est ainsi qu'il lance, entre 1921 et 1933, le Mouvement pour la paix, avec un nouveau journal, *L'Éveil des peuples*.

La doctrine sociale de l'Église est dans ces années un courant porteur, qui nourrit des générations de jeunes militants biberonnés au syndicalisme chrétien, pourvoyeur de dirigeants sociaux. Beaucoup passent par la Jeunesse étudiante chrétienne (JEC), prolongement de l'Association catholique de la jeunesse française, fondée au XIXe siècle par Albert de Mun. Au sein de la JEC, après la défaite de 1940, des militants comme Maurice-René Simonnet, un élève de Bidault à Lyon, rejoint par André Mandouze ou Gilbert Dru (entre autres), se battent pour que les associations catholiques ne soient pas absorbées par le régime de Vichy, ce qui donnera naissance aux Jeunes chrétiens combattants, émanation donc de la JEC.

7. Anicette Sangnier, entretien avec l'auteur.

Ces mouvements s'inspirent de la Jeunesse ouvrière chrétienne (JOC), fondée en Belgique en 1925 par le père Joseph Léon Cardijn, fils d'un jardinier et d'une domestique. Pendant la guerre, la JOC aide au rapatriement de réfugiés belges depuis la France, au sauvetage d'enfants juifs, et les « jocistes » alimentent les forces de la Résistance, notamment en créant le réseau Socrate. Ils incarnent la doctrine sociale de l'Église en action, dans le sillage d'Albert de Mun et de Frédéric Ozanam, fondateur de la Société Saint-Vincent-de-Paul. Jusqu'à sa disparition en 1956, l'Association catholique de la jeunesse française remplit un « rôle de centre d'impulsion ou d'intellectuel collectif » qui est alors « à son apogée », note Étienne Fouilloux. « Sa fermeté face à l'occupant pendant la guerre en fait le porte-parole officieux de la jeunesse catholique tout entière »[8], souligne l'historien. Bidault, Menthon et Teitgen en ont été les animateurs. La JOC fournit des cadres au MRP et à la CFTC, tandis que la JAC s'implante dans les campagnes.

Le MRP aspire à rassembler ces énergies pour servir la France qui se reconstruit. Il dispose d'un programme, de forces vives ancrées dans tous les secteurs du pays, d'une grande histoire – forgée dans le combat contre l'occupant – et d'une incarnation : Georges Bidault.

Un déroutant personnage, ce Bidault, dont j'ai découvert la face héroïque en lisant *Alias Caracalla* de Daniel Cordier[9]. Dans ses souvenirs de la Résistance, comme secrétaire de Rex (Jean Moulin), Cordier fait

8. Étienne Fouilloux, *op. cit.*
9. Daniel Cordier, *Alias Caracalla*, Gallimard, 2009.

de Bidault une sorte de père Joseph de l'armée des ombres. Après Jean Moulin, c'est l'autre gloire de son livre ; d'ailleurs, Bidault succédera à Moulin à la tête des mouvements de Résistance, après l'exécution de celui-ci.

Dès leur première rencontre, à l'instigation de Rex, dans un petit bar sur les quais de Saône à Lyon, Cordier, qui est chargé de travailler sous ses ordres comme radio (Bidault dirige alors le Bureau d'information et de presse (Bip), après avoir été rédacteur en chef de *Combat*), est emporté. « Petit, rond, courtois, Georges Bidault, alias Bip, est empreint d'une onction ecclésiastique évoquant les dominicains, professeurs de ma jeunesse », écrit Daniel Cordier, qui apprécie la prévenance et la simplicité de son aîné. La conversation se prolonge par un dîner en tête-à-tête. « Contrairement à Rex, poursuit Daniel Cordier à propos de Bidault, il ne dit mot sur sa famille, sa vie, ni même ses opinions politiques. Muet sur son existence, il est intarissable et franchement drôle quand il évoque la politique de Pétain, les magouilles de Vichy, les ruses de Laval, les dérives de l'opinion publique, etc. Je retrouve chez lui la férocité tant admirée de Léon Daudet. » Le journaliste fascine le jeune Cordier.

> « À la fin du dîner, je suis conquis, se souvient-il. Bidault ne ressemble en aucune façon aux caricatures de L'Action française. Je ne sais pourquoi mes anciens "maîtres[10]" le haïssent tant. Au point de familiarité où nous sommes, je lui pose la question. Elle ne l'étonne

10. Cordier était alors maurrassien.

pas : “La politique, c’est la guerre ; seule importe la victoire. Il faut écraser l’adversaire.” Me regardant malicieusement, il ajoute : “Maurras est sourd. Sans doute n’ai-je pas une voix assez puissante pour qu’il m’entende.” »[11]

Aiguillonné par la lecture de Daniel Cordier, je me suis donc intéressé à Georges Bidault, son destin hors du commun qui le fit passer de grand chef de la Résistance à l’un des hommes qui libérèrent le pays et… fut par la suite banni de la République gaullienne. Que s’est-il passé pour que l’homme qui descendit les Champs-Élysées aux côtés du de Gaulle libérateur devienne un proscrit ? Georges Bidault a choisi le mauvais combat, il a défié de Gaulle en défendant bec et ongles l’Algérie française. À chacun de juger ce que d’aucuns perçurent comme une dérive nationaliste. Georges Bidault considérait, lui, qu’il suivait sa ligne, et il sacrifia à ce choix sa carrière, sa gloire et une partie de son honneur public. Il fut aussi l’un des rares à avoir le courage de s’opposer à un de Gaulle tout-puissant, déjà iconique de son vivant, qui le méprisait et qu’il vilipende sous des tombereaux d’amertume dans son autobiographie[12].

Bidault est un pur produit de la méritocratie républicaine. Né le 5 octobre 1899 à Moulins, dans l’Allier – à quelques kilomètres de Vichy… –, au sein de la petite bourgeoisie rurale, il est un élève brillantissime qui sera reçu premier à l’agrégation d’histoire

11. *Ibid.*
12. Georges Bidault, *op. cit.*

– devant les normaliens Pierre Brossolette et Louis Joxe, comme le note Maxime Tandonnet, son plus récent biographe[13]. Le premier de la classe est aussi pétri de catholicisme social, dont il fréquente tous les cercles à Paris : la Conférence Olivaint, l'Association catholique de la jeunesse française (ACJF), d'Albert de Mun. Des cercles dans lesquels Bidault noue des relations amicales avec les jeunes Pleven, Menthon (c'est chez celui-ci que Bidault rencontre Moulin pour la première fois), Teitgen, sans oublier Charles Flory, le président de l'ACJF, croix de guerre 1914-1918.

Petit, voûté, chétif, à la voix nasillarde, à fleur de peau, Bidault est l'archétype de l'intellectuel un brin lunaire, souvent perdu dans ses pensées, les livres et les journaux, ses deux passions. Ce « petit professeur de lycée, catholique, ne payant pas de mine, bohème, nonchalant et mystérieux[14] », qui s'est forgé dans l'âpreté de la clandestinité, est élu, en septembre 1943, après l'arrestation et l'exécution de Jean Moulin, président du Conseil national de la Résistance (CNR). Il ne cessera ensuite de se heurter à de Gaulle, de rendez-vous manqué en opposition frontale, jusqu'à… la haine.

Dès le premier contact, l'affaire est entendue. Lors de la libération de Paris, l'homme qui incarne la Résistance intérieure commence la descente des Champs-Élysées à la droite de l'homme du 18 juin pour finir… à sa gauche, de Gaulle ayant fait passer André Le Troquer, membre du Comité national, à

13. Maxime Tandonnet, *Georges Bidault, de la Résistance à l'Algérie française*, Perrin, 2022.
14. *Ibid.*

sa place, comme l'explique Bidault dans son livre de souvenirs, notant sur de Gaulle : « Sa hiérarchie des valeurs s'appelle protocole. Il n'y a pas d'hommes, il n'y a que des fonctions[15]. » À partir de ce jour historique, où Bidault est heurté par un de Gaulle « distant et crispé » qui le bat froid, les relations entre les deux hommes iront de mal en pis. Dans son autobiographie, Bidault multiplie les piques contre le Général : « La France est devenue sous de Gaulle un pays où l'on se tait » ; « 1962 a été pour la France un 1940 intérieur »[16]. Bidault n'use que très rarement de qualificatifs positifs à l'endroit de de Gaulle. L'immense espérance que portait l'homme du 18 juin pour le résistant Bidault se fracasse à son contact. Sous sa plume, le libérateur est un homme froid, perdu sur ses cimes, calculateur, autoritaire. N'en jetez plus !

> « De Gaulle est ainsi fait qu'il refuse de consulter (bavardage et perte de temps), d'exposer une situation autrement qu'en termes sibyllins autant que panoramiques (n'expliquez jamais), de partager même partiellement l'autorité, la responsabilité, la présentation de ses actes à l'histoire (moi seul et c'est assez). Je ne lui ai jamais connu de contrepoids, de frein, d'inspirateur. À l'origine des décisions, il y a les rapports et même les ragots, les souvenirs et surtout les rancunes, enfin sa propre appréciation, qui peut être incertaine et retenue, mais que, faute de confiance, aucun conseil de poids n'influence jamais : voilà le paysage désolé que j'ai peu à peu vu se dessiner sous mes yeux. »

---

15. Georges Bidault, *op. cit.*
16. *Ibid.*

Quand de Gaulle le convoque pour la formation du gouvernement, Bidault rapporte ainsi, malicieusement, l'entrevue :

« Je vous offre, me dit-il, la Justice. Un temps. Et les Cultes. J'étais comblé. La Justice, c'était l'épuration. Et les Cultes, c'était aussi l'épuration. »[17]

C'est l'ami François de Menthon qui hérite de la Justice – et Pierre-Henri Teitgen obtient l'Information. Bidault, lui, s'installe au Quai d'Orsay. Il y restera cinq années, longévité exceptionnelle dans un régime marqué par l'instabilité gouvernementale. Puis il prend par la suite la présidence du Conseil pendant huit mois. « À quarante-cinq ans, le président du CNR, qui apparaît dans la lumière de la Libération, est un visage neuf, explique Maxime Tandonnet. Il incarne une nouvelle génération issue de l'une des pires calamités de l'histoire et n'ayant pas trempé dans la faillite des élites de la Troisième République[18]. » Il en sera l'un des porte-drapeaux, l'un des artisans du redressement de la France, préparant son entrée dans les Trente Glorieuses.

« Indéniablement, analyse Maxime Tandonnet, à travers la négociation du plan Marshall et la modernisation de l'économie française, Bidault a pris une part active dans le formidable élan de croissance et de développement qui a propulsé la France de l'après-guerre au premier rang des grandes puissances industrielles planétaires[19]. »

---

17. *Ibid.*
18. Maxime Tandonnet, *op.cit.*
19. *Ibid.*

De la Libération à 1954, Georges Bidault est nommé à quatre reprises ministre des Affaires étrangères, deux fois président du Conseil, et il est fait vice-président sous Henri Queuille, René Pleven et Edgar Faure.

Le voilà sous les ors de la République, à converser avec les diplomates les plus élégants, souvent issus de familles françaises aristocratiques, mais le journaliste et professeur n'abandonne pas pour autant son inclination pour la vie simple héritée de son enfance campagnarde et pour la bohème au milieu des livres. Autant dire qu'il détonne au Quai, tout comme sa femme, Suzanne, personnage aussi brillant que fantasque elle aussi, première femme reçue au concours du Quai, grande résistante et chrétienne convaincue – « Si vous parlez de Bidault, n'oubliez pas sa femme, qui a joué un grand rôle ! » m'avait glissé à l'oreille la résistante Jacqueline Fleury.

Cet homme qui, comme le raconte Cordier, a éprouvé durant la guerre l'extrême solitude et le dénuement, auquel il arriva parfois de dormir dans la rue à Lyon pour se cacher des nazis – « La liberté, dit-il, c'est, quand on entend sonner à 7 heures du matin, de savoir que c'est le laitier et non pas la Gestapo » –, sait tenir les honneurs et les courtisans à distance. Tant pis pour ceux que son attitude déconcerte, il ne change rien à ses habitudes. On peut le surprendre évoluant dans son grand bureau, parfois « les pieds nus dans des pantoufles doublées de peau d'agneau », note un visiteur, au milieu d'un fatras incommensurable : « Les tapis étaient jonchés de quotidiens, les tables ensevelies sous les hebdomadaires, les papiers épars sur tous les meubles ; on enlevait un dossier pour pouvoir s'asseoir et la recherche d'un document nécessitait la perspicacité d'un Hercule Poirot[20] », rapporte l'ambassadeur Jacques Baeyens dans ses Mémoires.

Bidault a en charge la politique étrangère. Il participe aux négociations avec Roosevelt, Staline, dont il dresse un portrait croquignolet dans son livre – « Il parlait d'une voix basse avec une simplicité négligente. Il était sûr de son pouvoir, de la crainte qu'il inspirait[21] » –, il accompagne la mise en place du plan Marshall, la création de l'Organisation des Nations unies (ONU), la réconciliation avec l'Allemagne, le lancement de la Communauté européenne du charbon et de l'acier (CECA)... Mais les relations avec de Gaulle ne se réchauffent pas, c'est un euphémisme.

> « Dans les audiences qui m'étaient accordées, ni brèves ni rares, observe Bidault, le général de Gaulle s'exprimait déjà dans le style avec lequel ses discours et ses conférences de presse nous ont familiarisés. Tout se passait en formules générales, en réflexions d'une grande hauteur, en rappels d'histoire. Ainsi se poursuivait, d'une rencontre à l'autre, un cours improvisé de philosophie politique qui me laissait fort démuni quant aux intentions de mon interlocuteur et même quant aux faits[22]. »

Georges Bidault et ses disciples démocrates-chrétiens font partie de ceux qui pilotent les grands chantiers de la reconstruction et préparent l'avenir

20. Témoignage cité par Maxime Tandonnet, *op. cit.*
21. Georges Bidault, *op. cit.*
22. *Ibid.*

du pays. Jean Lecanuet, qui sera le dernier président du MRP, qualifiera ainsi leur apport, lors du XXIe congrès du parti, au Touquet, le 9 mai 1964 :

> « Le MRP, en vingt ans d'existence, a accompli l'essentiel de sa mission. Il a protégé la France de la subversion communiste, ouvert une ère de progrès social, jeté les fondements de l'Europe unie, et séparé, une fois pour toutes, le spirituel du réactionnaire. Il a permis, au cours de cette période, dans les mœurs et les cœurs, le ralliement à la République de la tradition spiritualiste[23]. »

Mais le parti sera écrasé par le bulldozer gaulliste. Bidault, qui incarne le MRP, est par trop associé au régime des partis de la Quatrième République, et de Gaulle n'a guère de sympathie pour lui ; on peut même parler de mépris. Comment faire confiance à un tempérament à la fois ondoyant et volcanique ? Jacques Chaban-Delmas rapporte ce commentaire cinglant du Général :

> « Me recevant à Colombey-les-Deux-Églises, le général de Gaulle m'a dit : "Quand j'ai vu se créer le MRP, j'ai eu l'espoir que ce parti nouveau, constitué d'hommes honnêtes et patriotes, allait purifier la vie politique. Après six mois de leur direction aux affaires publiques, j'ai toujours la conviction que ce parti est dirigé par des hommes scrupuleux. Mais ces hommes, parce qu'ils sont incapables, sont dangereux[24]." »

---

23. Cité par Jean-Dominique Durand, *op. cit.*
24. Cité par Isabelle Clavel, *op. cit.*

Charles-le-catholique aura finalement raison du MRP, qui ne fera que vivoter quelques années après l'avènement de la Cinquième République. Un parti peu aidé, il faut bien le dire, par le Vatican, qui se méfie des ambitions politiques de ses ouailles, dès que celles-ci prennent leur envol – d'où l'interdiction de l'Action française et du Sillon dans l'entre-deux-guerres. Mais on n'éradique pas une idée ancrée dans les esprits et dans une fraction de la population : l'inspiration démocrate-chrétienne continuera longtemps d'imprégner la vie publique française, et elle continue d'y être présente de nos jours encore.

À droite, l'héritage perdurera à travers Jean Lecanuet et Jacques Duhamel, ou encore les présidents du Sénat Alain Poher et René Monory, portant un corpus de valeurs qui donnera naissance au Centre des démocrates sociaux (CDS), animé par plusieurs barons locaux tels le Breton Pierre Méhaignerie, le Savoyard Bernard Bosson, le Toulousain Dominique Baudis et, bien entendu, Jacques Barrot, dont le père, Noël Barrot, fut résistant et député MRP après la guerre. Le CDS se fondra dans l'UDF de Giscard d'Estaing, et l'union centriste ne coupera jamais avec ses racines démocrates-chrétiennes, dont s'est toujours revendiqué celui qui en reprendra le flambeau, François Bayrou.

L'inspiration catholique, dans ses composantes diverses, chez les conservateurs, reste vivace à droite, à des degrés plus ou moins élevés, du giscardien Jean-Pierre Raffarin au tenant d'une droite plus musclée, François-Xavier Bellamy, en passant par les sénateurs Gérard Larcher et Bruno Retailleau, ou encore le centriste indépendant et engagé Jean-Christophe Fromantin, l'un des maires les mieux élus de France, à Neuilly-sur-Seine. Tradition à laquelle se rattachent aussi l'ancien ministre et président de Région Laurent Wauquiez, dont le fief est dans la ville sanctuaire du Puy en Velay, et le maire de Cannes, président de l'association des maires de France (AMF), David Lisnard, autre édile parmi les mieux élus du pays.

La séparation entre les deux Frances catholiques, l'une, de droite, se revendiquant d'une foi traditionnelle, et incarnée par l'Action française, l'autre, de gauche, plus sociale, représentée par le Sillon, se dilue au fil de l'histoire politique et de la déchristianisation.

Sangnier inspira le « progressisme chrétien », mais il resta président d'honneur du MRP – dont l'abbé Pierre sera député, ainsi que nous l'avons vu. Cet héritage irrigue aussi la gauche républicaine. À l'instar d'un homme comme René Pleven, le collaborateur de Jean Monnet, grand résistant lui aussi, président du Conseil en 1950, qui a connu Bidault avant guerre dans le cadre de la Conférence Olivaint – association fondée par les jésuites en 1874, un vivier de jeunes chrétiens –, mais ne le suit pas dans l'aventure du MRP. Pleven préfère créer son propre parti, l'UDSR (Union démocratique et socialiste de la Résistance), qu'il préside de 1946 à 1953 et dans lequel on retrouve – outre un certain François Mitterrand – un autre grand chrétien de gauche : Eugène Claudius-Petit, un ouvrier ébéniste devenu ministre du Logement qui, à ce titre, joue un rôle clé dans cet après-guerre. Cette UDSR sera un parti charnière, défenseur d'un travaillisme à la française, drainant les chrétiens de gauche, entre la SFIO, très laïque, et le MRP. Dans ces années d'après-guerre, le christianisme social est un humus pour la vie politique, dont même le Général est imprégné – il fut élevé dans ces valeurs par un père fervent catholique et disciple de Frédéric Ozanam. De cette gauche chrétienne se revendiqueront le catholique Jacques Delors et nombre de protestants des gouvernements Mitterrand. On la retrouvera dans les rangs des rocardiens, notamment.

Le premier d'entre eux, Jean-Paul Huchon, qui sera le directeur de cabinet de Michel Rocard les trois années où celui-ci fut Premier ministre (1988-1991), aura été ainsi aiguillonné dans son engagement politique, m'a-t-il confié, par les valeurs du Sillon. C'est un héritage reçu de son grand-père maternel, Paul Droz, un héros de la guerre de 14, directeur d'école publique « profondément chrétien », qui fut le collaborateur de Marc Sangnier et secrétaire général des Amitiés Marc Sangnier.

> « Lorsque j'étais jeune, se souvient Jean-Paul Huchon, j'accompagnais mon grand-père pour l'aider chez Marc Sangnier, boulevard Raspail. Et lors des cérémonies au château de Bierville, en Seine-et-Marne, où se réunissaient les sillonistes (le château sera revendu à la CFDT), j'étais l'un des enfants qui donnaient des bouquets de fleurs aux personnalités qui étaient accueillies. Je portais un tricot à rayures que m'avait tricoté ma grand-mère et qui me grattait énormément. Je me souviens surtout d'un jour où nous avons eu la visite de trois grands personnages politiques qui appartenaient à un petit parti de forte influence chrétienne : l'UDSR. Il s'agissait d'Eugène Claudius-Petit, du radical Félix Gaillard (qui est mort noyé en mer en tombant de son

bateau), et aussi de François Mitterrand, qui était alors ministre de la Justice ou de l'Intérieur. Nous étions en 1954, j'avais huit ans, c'est la première fois que j'ai rencontré Mitterrand en chair et en os. »

Ex-enfant de chœur à l'église Sainte-Rosalie, dans le XIIIe arrondissement de Paris, Jean-Paul Huchon attendra d'être retiré de la vie politique active pour s'affirmer catholique. « J'ai d'une certaine manière assouvi mon catholicisme social en entrant au PSU en 1969 », me confie-t-il.

> « Pour moi, poursuit Jean-Paul Huchon, la culture chrétienne, parce qu'elle prône l'amour du prochain, la défense des pauvres et des plus faibles, a représenté une passerelle vers le socialisme. Il me semblait naturel de passer d'une espèce d'apologie de la fraternité, de l'égalité, de l'aide aux plus fragiles, au socialisme. Je le dis maintenant, après un très long vécu militant : je me rends compte que ce qui m'a amené au socialisme, ce sont mes racines chrétiennes. Avant, il m'était difficile de tenir ce langage car on était dans le fracas de la bataille politique, il fallait bien continuer à défendre la laïcité face à une pression de la droite catholique et des radicaux de la laïcité. Au moment de la loi Bayrou sur l'ensemble enseignement privé, je défilais avec mes ouailles du PS pour défendre l'idéal laïc. Mais après, dans la fameuse guerre scolaire des années 1980, puis à la tête de la région Île-de-France, j'ai toujours été celui qui tendait la main, qui faisait le pont entre les deux France. »[25]

25. Jean-Paul Huchon, entretien avec l'auteur.

Cette inspiration chrétienne imprègne aujourd'hui les écologistes Cécile Duflot et Marine Tondelier, tout comme le syndicaliste Laurent Berger notamment. Sans compter l'entourage immédiat du président Macron, à l'instar de François Bayrou, dont le soutien fut décisif pour la conquête de l'Élysée, ou du très influent et non moins discret Philippe Grangeon, passé par la CFDT. À y regarder de près, ce qu'on peut appeler le « macronisme » se nourrit aussi de cet apport démocrate-chrétien, et Emmanuel Macron, ancien élève des jésuites et du protestant Paul Ricœur, qui multiplie ses échanges avec le pape, qu'il tutoie – il est le chef d'État qui se rend le plus souvent à Rome –, ne semble guère insensible à l'histoire, à la tradition et aux valeurs que porte la foi chrétienne. Tout comme le ministre Bruno Le Maire, qui s'est construit dans cette filiation mais en parle peu publiquement.

L'héritage démocrate-chrétien s'est fondu dans la confusion politique contemporaine, mais il continue de nourrir les idées. Même si l'expérience d'un parti voulant l'incarner au pouvoir en France aura été de courte durée : treize années.

La Cinquième République en a sonné le glas, le MRP est bel et bien enterré en 1967. Son positionnement ambigu, le fameux axiome de Georges Bidault, « faire une politique de gauche avec un électorat de droite », lui sera fatal. Ses dirigeants ont commis une erreur en refusant la double appartenance avec le RPF, le parti gaulliste créé en 1947, ce qui a provoqué l'exclusion d'Edmond Michelet – qui souhaitait rester membre des deux partis – et le départ de nombreux autres parlementaires, à l'instar de Louis

Terrenoire. Après la conférence de presse du 15 mai 1962, où de Gaulle défend une Europe des États, mettant les rieurs de son côté en raillant les organisations supranationales qui promeuvent un langage ésotérique, « volapük-espéranto », les cinq ministres MRP démissionneront du gouvernement Pompidou : Paul Bacon, Maurice Schumann, Robert Buron, Joseph Fontanet, Pierre Pflimlin.

Des personnages emblématiques du MRP préféreront suivre de Gaulle, tels Francisque Gay, Edmond Michelet, Maurice Schumann… Ils formeront ce qu'on a appelé « les gaullistes de gauche », continuant de nourrir de leur fibre chrétienne le gaullisme triomphant[26]. Avant cela, l'arrivée à la tête du gouvernement du radical Pierre Mendès France en 1954 a marqué un changement d'époque.

François Mauriac, qui n'a jamais épargné Bidault, le cible encore dans son *Bloc-notes* de son ironie mordante, lorsque celui-ci quitte le pouvoir :

> « Quelqu'un me décrit avec émotion le Georges Bidault qu'il vient de voir, charmant, doux, attendri, pardonnant à ses ennemis, tout en faisant ses paquets – mais il n'imagine pas ce même Bidault à la réunion du groupe M.R.P tendant les ressorts du piège où il comptait voir l'adversaire se prendre et s'étrangler. Ces politiciens appartiennent tous à la même espèce de coqs de combat, mais ils changent de figure selon qu'ils lancent leurs cocoricos sur le cadavre du vaincu – ou que, vaincus eux-mêmes, ils traînent de l'aile,

---

26. Lire Pierre Manenti, *Histoire du gaullisme social*, Perrin, 2021.

> cherchent à se faire plaindre, redeviennent humains. Ce serait être bien naïf que d'imaginer les anciens ministres M.R.P dans la retraite, faisant oraison et se frappant la poitrine, en proie aux Érinyes du christianisme : le scrupule, le remords, la crainte du jugement et de la réprobation éternelle. Je parierais qu'à cette minute où j'écris, Georges Bidault cherche tout simplement des champignons – et peut-être plus spécialement la fausse oronge, le bolet Satan, le lactaire vénéneux qu'il médite de cuisiner et de servir froids à son successeur du Quai d'Orsay. La vérité est que plus on approche du pouvoir et moins on se sent responsable. Le public imagine le président du Conseil ou le ministre des Affaires étrangères comme un aiguilleur du destin qui, de son poste, dirige les événements. Mais eux, ils savent qu'en dehors de la négociation qu'ils mènent personnellement, tout leur échappe[27]. »

« J'ai tourné mes pensées ailleurs, dit l'Ecclésiaste de l'Ancien Testament, et j'ai vu que, sous le soleil, la course n'est point aux agiles, ni la guerre aux vaillants, ni le pain aux sages, ni les richesses aux habiles, ni la faveur aux meilleurs artisans ; mais que tout dépend du temps et des circonstances[28]. »

Le temps et les circonstances, en Europe, vont jouer en la faveur de deux formations clairement intitulées, à la différence du MRP français, démocrates-chrétiennes, pour les maintenir au pouvoir. Il s'agit de la Democrazia Cristiana (DC) italienne et de la

27. François Mauriac, *Le Bloc-notes*, préface de Jean-Luc Barré, édition établie et annotée par Jean Touzot, Bouquins, Robert Laffont-Mollat, 2020.
28. Ecclésiaste, IX, 11.

Christlich Demokratische Union Deutschlands (CDU) allemande.

Fondée dans la clandestinité en 1942, dans le prolongement du Parti populaire italien créé en 1919 par un prêtre, don Luigi Sturzo, la DC va exercer son magistère sur la vie politique de l'après-guerre jusqu'au début des années 1990, sous la houlette d'Alcide De Gasperi, puis de Giulio Andreotti et d'Aldo Moro – assassiné en 1978 par les terroristes des Brigades rouges. Les chrétiens sont les fers de lance de la lutte contre le fascisme – leur action permet l'installation de la République, son ancrage européen et atlantiste, tout en favorisant le développement économique.

Enrico Letta est l'un de ceux qui, au XXIe siècle, continuent de faire vivre cette petite flamme. Venu de l'aile gauche de la démocratie chrétienne italienne, il a été ministre des Affaires européennes puis de l'Industrie, avant que Romano Prodi le promeuve secrétaire d'État à la présidence du Conseil des ministres, et que Letta dirige lui-même en 2013 un gouvernement de coalition. L'homme a commencé sa carrière comme président des Jeunes démocrates-chrétiens, et a cofondé, avec Romano Prodi, le Parti démocrate dans l'objectif, précise-t-il, de « faire passer cette idée de pro-européanisme typiquement démocrate-chrétienne ».

Né le 20 août 1966 à Pise, Enrico Letta a passé son enfance à Strasbourg, et préside désormais en France la Fondation Jacques-Delors, dirigeant qu'il qualifie de « social-chrétien » et dont il salue « le rôle énorme pour lier l'Europe aux valeurs chrétiennes qui l'ont fondée ».

Sans la démocratie chrétienne, l'Europe n'aurait pu se (re)construire et prospérer sur des bases solides, souligne avec force Enrico Letta, comme nous le verrons plus en détail au chapitre 8.

> « L'arrivée au pouvoir de leaders tous liés entre eux par une communauté de valeurs a permis des choix très semblables, explique l'ancien chef du gouvernement italien. Qu'en Allemagne, qu'en Italie, qu'en France il n'y ait pas d'esprit de vengeance à l'égard des vaincus, que les gouvernements d'après-guerre aient prôné la réconciliation nationale, est sans nul doute le fruit de l'action des démocrates-chrétiens. Ceux-ci ont joué un rôle indéniable dans cette perspective. »[29]

En Allemagne, au cours des années d'après-guerre, ce sont les démocrates-chrétiens qui sont à la manœuvre pour couper les mauvaises herbes du nazisme, « dénazifier » les esprits et assurer la réunification. Ils reviennent de loin… En 1871, le chancelier Otto von Bismarck a tenté de placer l'Église sous la tutelle de l'État, pour rompre ses liens avec Rome. Cette politique brutale dite de *Kulturkampf*, soit « combat pour la civilisation », ne fera que souder les catholiques entre eux et sera abandonnée en 1887. Le Zentrum, le parti politique que les catholiques ont fondé, acquiert un poids politique conséquent, avant sa dissolution par les nazis.

De ces cendres, dans un contexte évidemment différent, naît la Christlich Demokratische Union

29. Enrico Letta, entretien avec l'auteur.

Deutschlands (CDU), la formation politique qui va porter la reconstruction du pays, la réconciliation franco-allemande, l'avènement de l'Europe et la réunification des deux Allemagnes. Avant son effondrement aux élections législatives du 26 septembre 2021 et l'arrivée d'Olaf Scholz au poste de chancelier, la CDU ne sera devancée que deux fois par le SPD, en 1972 et 1998.

Fille de pasteur d'Allemagne de l'Est, très imprégnée de valeurs chrétiennes, Angela Merkel fut la plus récente figure emblématique de cette organisation, qu'elle présida pendant dix-huit ans (2000-2018). Elle fut députée au Bundestag entre 1990 et 2021, et, bien sûr, chancelière de l'Allemagne pendant seize ans (2005-2021). La CDU se développera en intégrant, à l'instar d'Angela Merkel, nombre de réfugiés de l'Est après la chute du Mur, nous précise Joachim Bitterlich, l'un des plus proches conseillers du chancelier Helmut Kohl pendant près de douze ans. « Kohl décrivait la CDU comme un bateau indonésien avec un gros ventre (le centre) et deux ailes, l'une à gauche (la partie ouvrière), l'autre à droite (plutôt nationale). »

Les années Merkel ont quelque peu éclipsé le règne de Kohl dans les mémoires, lequel, pourtant, avant celle que les Allemands surnommaient affectueusement « *Mutti* », fut le pilier de la démocratie chrétienne allemande et exerça la fonction de chancelier durant plus de seize ans. Un grand chrétien lui aussi, avec une réflexion très sociale, qui, se souvient Bitterlich, « avait l'habitude d'allumer des cierges dans les églises, mais se méfiait de la trop grande influence des catholiques en politique – le risque d'une réouverture du débat sur l'avortement avait mené à de fortes tensions – et tenait Rome à distance ».

« Je suis catholique par conviction, mais je me moque des papes, je ne dépends pas d'eux »[30], disait Kohl à son conseiller.

> « Pour moi, Helmut Kohl, avec Jacques Delors, fut l'un des personnages historiques les plus importants du XXe siècle, témoigne Enrico Letta, qui l'a bien connu. Il était profondément chrétien, j'ai toujours en mémoire la claire représentation de quelqu'un qui défendait ses valeurs. Pour lui, Rome, où il avait étudié dans sa jeunesse, était le centre de l'Europe. Devant moi, de vive voix, lors de la fondation de l'euro, il a prononcé cette phrase : "L'Europe sans Rome n'est pas l'Europe." Je l'ai souvent entendu dire cela, pour souligner que les règles de la finance ne pouvaient pas surpasser des valeurs, des choix humanistes. C'est bien la position d'un chrétien. »

Las, soutient Enrico Letta, l'histoire de la démocratie chrétienne est aujourd'hui, dans ce XXIe siècle qui galope, terminée.

> « La démocratie chrétienne a achevé le rôle qui fut le sien au siècle dernier, analyse le dirigeant italien. La CDU allemande est devenue un parti conservateur classique, et le PPE espagnol n'a plus rien à voir avec la démocratie chrétienne. Les démocrates-chrétiens traditionnels, en Allemagne, en Italie, au Benelux, ne tiennent plus les commandes. Cela ne signifie pas que

30. Joachim Bitterlich, entretien avec l'auteur.

le courant démocrate-chrétien n'existe plus ; mais alors qu'il a dominé durant des décennies, il est désormais très minoritaire. Du moins sur le plan électoral. Car il garde une influence fondamentale dans la culture politique. »[31]

Certains esprits, face à la montée des passions radicales dans un monde mouvant, songent à la résurgence d'un mouvement dont les idées et les valeurs ont solidifié l'histoire européenne en un temps où celle-ci vacillait… Mais croire en la résurrection n'est-il pas le socle de la foi chrétienne ?

31. Enrico Letta, entretien avec l'auteur.

Chapitre 7

LES ENFANTS PERDUS

Dans la confusion de l'après-guerre surgit une affaire des plus épineuses, qui mêle religion et politique. Un dossier très sensible puisqu'il s'agit du sort des enfants juifs cachés dans des institutions ou chez des particuliers chrétiens durant le conflit.

Pour échapper aux griffes nazies, des milliers d'enfants ont été dissimulés sous des noms et prénoms chrétiens d'emprunt, et souvent baptisés dans la foi catholique ou protestante. Où sont-ils ? Que deviennent-ils ? Ont-ils été *vraiment* baptisés ou ont-ils seulement bénéficié de faux certificats de baptême ? Ces questions vont empoisonner les relations entre juifs et chrétiens. Le destin des « enfants cachés » génère fantasmes et instrumentalisations.

Combien étaient-ils ?

Impossible de le savoir précisément.

Pour prendre la mesure de l'affaire, un service entier des archives de Bad Arolsen, en Allemagne, qui regroupent 30 millions de documents relatifs aux victimes des persécutions nazies, s'occupe encore de nos jours de la recherche des enfants orphelins ou séparés de leur famille[1].

Difficile d'imaginer l'ampleur du traumatisme subi par ces enfants, qui ont été brutalement éloignés de leurs parents et que beaucoup ne reverront pas, après la guerre. Ils ont trouvé refuge dans des couvents, des communautés ou des familles chrétiennes qui les ont accueillis pour des motivations diverses, « par conviction, par résistance, pour l'argent, pour sauver des âmes juives, constate l'historienne Catherine Poujol. Certaines furent bienveillantes, affectueuses, d'autres maltraitantes, et cela rajouta au traumatisme de la guerre. Mais dans tous les cas, ces familles appartenaient à un autre univers, un autre monde[2] ».

Catherine Poujol a mené une longue – et passionnante – enquête pour démêler le vrai du faux dans ces terribles affaires.

Ces enfants sont pris de tout leur être par « un sentiment d'insécurité indélébile[3] », auquel s'ajoutent, après la guerre, la douleur de la perte des parents et la souffrance d'être des survivants. En très peu de temps, pour beaucoup en bas âge, ils eurent à changer radicalement de vie, passant souvent de la ville à la campagne, dans un environnement aux antipodes du milieu dans lequel ils avaient grandi jusque-là, forcés de gommer leur nom et tout ce qui constituait leur existence d'avant.

---

1. Lire le reportage d'Élise Lépine dans *Le Point* n° 2638 du 23 février 2023.

2. Catherine Poujol, *L'Église de France et les enfants juifs*, PUF, 2013.

3. *Ibid.*

« Cette nouvelle vie fut un réel traumatisme puisqu'il s'agissait d'une plongée dans l'inconnu absolu avec une incompréhension totale, souligne Catherine Poujol. L'enfant n'avait pas les moyens de décoder un monde dont il était la victime. Beaucoup de ces enfants ont oublié qui ils étaient ; certains ont changé de nom, ont effacé leur réelle identité. Beaucoup sont allés à la messe ou au temple et certains ont commencé à croire ou ont cru. Ceux-là ont oublié qu'ils étaient juifs, certains souhaitaient même devenir de fervents chrétiens. Il s'agissait, d'une certaine manière, de moins souffrir de la disparition de leurs parents. Certains se sont convertis à l'adolescence ou un peu plus tard[4]. »

À la Libération, partout dans le monde, les organisations juives s'activent pour retrouver les enfants qui ont été, pour les uns, détenus dans les camps en Allemagne, et, pour les autres, cachés dans des familles. Les missions sont financées par l'American Jewish Joint Distribution Committee (AJDC), communément appelé le Joint. L'organisme, durant l'Occupation, avait payé les pensions de 7 000 enfants cachés en France dans des familles chrétiennes. Autre acteur puissant, le Congrès juif mondial, qui déploie, en lien avec les réseaux de la Résistance juive, avant même la fin de la guerre, une vaste action de sauvetage de ces enfants, en fabriquant de faux papiers. De son côté, le pape Pie XII envoie, à l'ouverture des camps nazis, des missions avec des aumôniers et des camions portant l'oriflamme de l'État du Vatican, une action – comme en lance alors, de même que tous les États, le gouvernement provisoire

4. *Ibid.*

de la République française, notamment – qui vise à secourir des malades, des prisonniers, des exilés, des déportés… Ces « missions vaticanes » poursuivent un but à la fois humanitaire et spirituel : l'Église catholique doit être présente auprès de ceux qui souffrent, et cette présence doit se voir. Mais pas seulement. Pie XII poursuit aussi un objectif plus politique encore, répondant à cette obsession qui le tenaille, comme nous l'avons vu : faire barrage au communisme. « S'ils ne prononcent pas le mot, retient Catherine Poujol, ces prêtres catholiques, aumôniers militaires pour la plupart, sont bel et bien en mission d'évangélisation des territoires perdus du Reich qu'ils considèrent comme déchristianisés et susceptibles, à tout moment, de passer au bolchevisme, ce qui sera la réalité pour une grande partie. »

À Rome, un bureau d'information s'efforce de renseigner les familles des ex-détenus et réfugiés ; il est dirigé par Mgr Giovanni Battista Montini, futur pape Paul VI. Sur le terrain, les « missions vaticanes » sont coordonnées par l'abbé Jean Rhodain, qui réfère au cardinal Suhard, et au Toulousain Mgr Jules Saliège, l'un des premiers évêques à rompre le silence épiscopal avec son texte lu en chaire dans les églises de son diocèse et qui appartient désormais à l'histoire : « Les juifs sont nos frères… ».

Aumônier des prisonniers de guerre, l'abbé Rhodain, prêtre vosgien, a survécu à tous les régimes : il officia dans cette fonction sous Vichy, et fut confirmé par de Gaulle à la Libération. Amnésie, amnistie. Il rencontra plusieurs fois Pétain, intervenant auprès de lui pour les prisonniers, et se vit décoré de la francisque. Une fidélité qu'il ne reniera jamais, même quand tout le monde aura lâché Pétain, en vertu d'un « lien personnel, pas idéologique », soulignera l'abbé des années plus tard : il sera le seul homme d'Église à témoigner à décharge en faveur du maréchal déchu lors de son procès, et continuera de le visiter en prison, comme il le fait pour tous les prisonniers et déportés en Allemagne.

Rhodain est missionné à la fois par l'Église et par de Gaulle pour faire le tour des stalags et camps de prisonniers afin de porter secours, organiser des missions de rapatriement à partir des camps de Dachau, Bergen-Belsen et Buchenwald. Le 24 avril 1951, le prêtre accompagne le chanoine Louis Marie Joseph Olphe-Galliard, engagé dès 1940 aux côtés de de Gaulle, devenu aumônier en chef des Forces françaises libres, au chevet de Philippe Pétain, qui fête ses quatre-vingt-quinze ans et est en train d'agoniser sur l'île d'Yeu – il mourra trois mois plus tard. Ce geste surprend évidemment, mais sur une photo de l'époque, les deux prêtres défient les objectifs des journalistes, l'air bonhomme. Les hommes de Dieu suivent leur cohérence, la miséricorde est leur ligne de vie. Pour Galliard, un autre élément joue, comme pour tant d'autres : il a servi sous Pétain pendant la guerre de 14 et a été blessé alors qu'il était sous ses ordres lors de la terrible seconde bataille de Champagne en 1915 (27 851 tués dans les rangs français), après quoi il est devenu un aviateur reconnu pour ses faits d'armes et son courage sur le front italien ; bref, un sacré gaillard, ce Galliard ! « J'ai voulu rendre hommage à mon ancien chef », dira-t-il sans que de Gaulle trouve à y redire.

Pas toujours aisé, dans notre époque manichéenne à maints égards, de comprendre que les temps de reconstruction doivent aussi, avant tout, être des temps de réconciliation.

L'action de l'abbé Rhodain se prolongera dans le Secours catholique, qu'il crée après la guerre – et présidera jusqu'à sa mort en 1977 –, notamment en installant, juste avant que l'abbé Pierre lance son fameux appel, durant l'hiver 54, une cité d'urgence dans un camp de toiles porte d'Orléans, à Paris, pour héberger ceux qui meurent de froid. Nommé prélat de sa sainteté en 1950, le prêtre sera choisi par le pape Jean XXIII comme expert à Vatican II, puis présidera Caritas International, l'organisme qui chapeaute l'ensemble des Secours catholiques dans le monde[5].

En attendant, en 1945, à la demande du Saint-Père, Rhodain lance l'Organisation internationale de l'aumônerie catholique, une armée de prêtres, religieux, religieuses très structurée, obéissant à un découpage territorial minutieux, qui intervient un peu partout dans l'Europe dévastée afin d'apporter secours spirituel et matériel aux 14 millions de prisonniers.

> « Dans un premier temps, lors de l'ouverture des camps et des prisons, constate Catherine Poujol, les aumôniers se consacrent à la situation d'urgence, puis ils s'orientent vers la recherche des disparus, sans oublier la distribution du matériel de messe, pour assurer en tout lieu d'enfermement les services religieux, la visite des prisons et des camps, l'action morale auprès des personnes déplacées et le rapatriement des enfants.

5. Pour en savoir plus sur l'itinéraire complexe et fructueux de l'abbé Rhodain, lire *Vous, c'est la charité !*, sa biographie par Christophe Hemming, Fayard, Le Sarment, 2002.

Ces missions se veulent avant tout apostoliques, et des rapports sont envoyés par les aumôniers du Saint-Siège, parfois même remis directement. La diffusion de la presse catholique à cette population en mal d'informations est privilégiée selon la volonté de Pie XII. »

C'est dans ce cadre que s'exerce la mission pour les orphelins de la Shoah.

« La récupération des enfants, poursuit l'historienne, est un pôle important d'activité dont on peut juger par les chiffres, car les demandes de vivres, vêtements, langes, médicaments affluent. Cette charité n'est pas exempte de prosélytisme, ce qui est somme toute normal, puisque la raison même de ces missions est la reconquête catholique des populations dévoyées par le national-socialisme. Cela peut aller jusqu'au baptême, mais ils sont rares : pour 17724 contacts en zone française et américaine, 200 conversions ou retour à la foi et 7 baptêmes sont répertoriés. »[6]

Oui, les enfants cachés n'échappent pas au prosélytisme chrétien. À tel point que dès juillet 1945, dans un rapport à l'assesseur du Saint-Office, le cardinal Ottaviani, le père Marie-Benoît, surnommé « le père des juifs » par ceux – ils sont des centaines – que ce capucin sauva durant la guerre, ce prêtre héroïque, donc, s'alarme. « Si nous ne faisons pas attention, écrit-il aux autorités vaticanes, nous risquons de donner un sens désagréable (*antipatico*) à l'action de l'Église en faveur des juifs persécutés. » Le père Marie-Benoît

6. Catherine Poujol, *op. cit.*

propose donc la publication officielle d'un *monitum*[7] pour éviter « les conversions précipitées » et déminer toute accusation de prosélytisme. « Tous les moyens ne sont pas bons pour obtenir la conversion des juifs[8] », prend soin de préciser le religieux.

Las, au sein d'une Église où l'antijudaïsme est encore très prégnant – la déclaration solennelle *Nostra Aetate* qui y met fin officiellement sera prononcée en 1965 –, son rapport reste lettre morte.

Catherine Poujol a exhumé des archives de l'Église de France à Issy-les-Moulineaux, c'est le point de départ de son livre, une note de la nonciature apostolique de France, rédigée le 23 octobre 1946, visée par l'épiscopat et envoyée le 30 avril 1947 au cardinal Gerlier à Lyon, épicentre de l'action pour la recherche d'enfants cachés. Cette note – édifiante – interprète la décision de la congrégation du Saint-Office – « approuvée par le Saint-Père », est-il précisé – en donnant les instructions suivantes. D'une part, « les enfants qui ont été baptisés ne pourraient être confiés aux institutions qui ne seraient pas à même d'assurer leur éducation chrétienne ». D'autre part, « pour les enfants qui n'ont plus leurs parents, étant donné que l'Église s'est chargée d'eux, il ne convient pas qu'ils soient abandonnés par l'Église ou confiés à des personnes qui n'auraient aucun droit sur eux, au moins jusqu'à ce qu'ils soient en mesure de disposer d'eux-mêmes. Ceci évidemment, pour les enfants qui n'auraient pas

7. Avertissement du Saint-Office faisant autorité.
8. Cité dans Philippe Chenaux, *La Fin de l'antijudaïsme chrétien*, Cerf, 2023.

été baptisés ». Enfin, conclut le texte, « si les enfants ont été confiés par les parents, et si les parents les réclament maintenant, pourvu que les enfants n'aient pas reçu le baptême, ils pourront leur être rendus »[9].

Par ailleurs, l'historienne rappelle aussi la pression de certains pasteurs protestants, à Paris notamment, pour retenir des enfants sous obédience chrétienne, ce qui avait provoqué les foudres du grand rabbin Jacob Kaplan. Dans son livre de souvenirs, le dignitaire juif évoque un congrès de missionnaires protestants, en 1947, dont l'objectif est la conversion des juifs, la distribution de brochures protestantes lors d'un pèlerinage juif au camp de Drancy, ou encore l'existence d'une « synagogue chrétienne » rue Myrha dans le XVIIIe arrondissement de Paris[10]...

L'Église agit-elle de bonne foi, en voulant protéger de jeunes orphelins confiés à sa responsabilité par leurs parents ? Les certificats de baptême délivrés sous la pression des événements font-ils de ces enfants nés juifs de petits chrétiens ? Ces certificats sont-ils vrais ou faux ? S'agit-il d'un paravent ou d'une véritable conversion ? Comment sonder les cœurs et les reins sur des affaires aussi intimes, qui se sont conclues dans la clandestinité ? Et pourquoi certains de ces baptisés ne seraient-ils pas sincères ?

Les questions affluent, et les réponses sont de l'ordre du for intérieur. Mais l'affaire finit par tendre les relations entre les autorités catholiques et juives.

---

9. Catherine Poujol, *op. cit.*

10. Jacob Kaplan, *Les Temps de l'épreuve*, Éditions de Minuit, 1952.

Les enfants cachés se retrouvent au cœur d'un imbroglio politico-théologique. Le pape Pie XII s'en tient à la ligne d'impartialité qu'il a suivie durant tout le conflit – comme le fit Benoît XV pendant la Première Guerre mondiale. Ce qui explique – sans les justifier – ses silences assourdissants sur le sort des juifs, lesquels lui seront lourdement reprochés. Jacques Maritain, ambassadeur de la France près du Saint-Siège de 1945 à 1948, s'étonne de « la prudence politique et diplomatique » du pape. Une prudence qui se poursuit après la guerre au grand étonnement des plus croyants, comme me l'a expliqué l'historien italien Andrea Riccardi, grande figure catholique et fondateur de la communauté Sant'Egidio. Encore une fois, c'est son obsession anticommuniste qui guide le jugement du pape.

Riccardi a fouillé les archives du Vatican, ouvertes par le pape François en mars 2020, et en a tiré un livre foisonnant[11]. Lors de sa publication, il m'avait précisé :

> « Jacques Maritain insistait sur un point : pourquoi Pie XII ne parle-t-il pas de la Shoah après la guerre ? Le problème de l'impartialité ne se pose plus. Le pape a reçu les juifs persécutés, cachés par l'Église. Mais, après la guerre, la sensibilité de Rome sur le sujet se trouve changée. L'Église se sent victime du communisme. Les juifs américains demandent que le pape dénonce, le Vatican refuse, en disant : "Nous souffrons en Palestine de mesures anticatholiques de la part de l'État juif." Se répand aussi, surtout parmi les catholiques polonais, le "mythe du judéo-communisme" qui fait des juifs des alliés du communisme. Surtout, l'Église ne comprend

11. Andrea Riccardi, *La Guerre du silence*, Cerf, 2023.

pas la singularité de la Shoah : on pensait alors que beaucoup de groupes humains avaient souffert pendant la guerre. »

Sans le dédouaner, sans pouvoir trancher entre sa condamnation et son absolution, en cherchant à comprendre sans juger, l'historien trouve des circonstances atténuantes au souverain pontife.

> « Il ne faut pas mépriser la figure de Pie XII, ajoute Andrea Riccardi. En fait, on ne l'a pas bien compris dans sa réalité humaine et personnelle. Ce n'était pas un dictateur comme on l'a écrit, mais un pape plutôt sensible et lent à se décider, avec une épaisseur spirituelle et religieuse. Il a agi en diplomate, et la diplomatie du Vatican a été submergée par la puissance de la guerre. »[12]

L'attitude de Pie XII est bien plus complexe que celle que lui prête la pièce *Le Vicaire*, publiée en 1961 par Rolf Hochhuth – dont s'inspire *Amen*, le film manichéen et controversé de Costa-Gavras –, et que le dirigeant de la démocratie chrétienne italienne, Giulio Andreotti, considérait, rappelle Riccardi, comme une manœuvre destinée à discréditer Pie XII, en pleine guerre froide, derrière laquelle on pouvait voir la main des Soviétiques.

> « Dans son journal, m'a raconté Andrea Riccardi, Mgr Roncalli, qui deviendra plus tard le pape Jean XXIII, note que, reçu par Pie XII, celui-ci lui demande : “Que dit le public sur mon silence ?” Le pape avait donc

12. Entretien avec l'auteur, « Pie XII : les secrets des archives du Vatican », *Le Point*, 13 mai 2023.

conscience que le choix du Saint-Siège n'était pas facile à comprendre. L'accusation de silence est formulée envers le Vatican dès 1939 par les Polonais, qui s'interrogent : pourquoi le pape ne condamne-t-il pas les nazis ? Puis cela deviendra un thème récurrent pour attaquer son attitude face à la persécution des juifs. Il faut bien avoir en tête ce qu'était le Vatican à cette époque : une petite réalité entravée au sein de la Rome fasciste ou occupée par les nazis, où les communications sont difficiles. Et le pape, lui, avait conscience d'avoir parlé. Dans son message radio de Noël 1942, il dénonce les persécutions en raison de la race. En 1944, il organise sur la place Saint-Pierre un rassemblement monstre au cours duquel il dit sa compassion au peuple souffrant : c'est la plus grande manifestation libre dans l'Europe occupée. Pie XII a beaucoup joué sur le droit d'extraterritorialité du Vatican à Rome pour cacher les juifs. Et il penche évidemment du côté des Américains. On le comprend aussi en vertu du principe immuable "*follow the money*" : au début de la guerre, le Vatican a transféré son or et une partie de son argent aux États-Unis. Et la banque du Vatican, l'IOR, joue le rôle de plaque tournante pour héberger les sommes d'argent venues des États-Unis afin d'aider les juifs. Mais il n'a jamais condamné Hitler, au nom de la ligne diplomatique d'impartialité. »

Ce qui ne faisait pas de lui un allié. Tant s'en faut.

« On a parlé de lui comme du pape d'Hitler : rien de plus faux, poursuit Riccardi. Pie XII savait bien que si l'Allemagne gagnait la guerre, c'en était fini de la papauté et de l'Église. Les nazis avaient soumis les Églises protestantes à leur botte et menaient une politique très dure à l'encontre des catholiques.

Hitler considérait l'église de Rome comme une ennemie. Durant l'occupation de la ville en 1943-1944, les nazis avaient même échafaudé un projet d'enlèvement du pape. Hitler a reculé grâce à l'habileté du général Wolff, gouverneur militaire nazi de l'Italie. »[13]

Sur le dossier des enfants cachés, Pie XII semble prolonger sa « guerre du silence ». Le pape s'en remet aux théologiens et laisse la liberté à chaque évêque, maître en son diocèse, de décider.

« Face aux revendications des institutions juives réclamant les enfants cachés éventuellement baptisés, l'Église répond par un silence officiel, constate Catherine Poujol. Elle ne veut pas se prononcer sur un sacrement conféré pendant la guerre pour sauver d'un danger de mort, et qu'elle considère, dans tous les cas de figure, comme valide[14]. »

Allez expliquer cela aux familles déjà décimées par la Shoah... « De l'autre côté, ce sacrement sauveur est considéré dans le monde juif comme une supercherie. »

Somme toute, insiste notre historienne, les cas concernés sont peu nombreux : « Le Joint, qui règle les pensions de 7 000 enfants, en compte, en décembre 1944, 5 000 rendus à leurs parents et 2 000 encore dispersés en France. L'OSE[15] avance le chiffre, en juin 1945, de 40 à 50 enfants réellement convertis. »[16]

---

13. *Ibid.*
14. Catherine Poujol, *op. cit.*
15. Œuvre de secours aux enfants, organisation juive dont la branche française gère les recherches pour les orphelins de la Shoah et les enfants rescapés des camps.
16. Catherine Poujol, *op. cit.*

Témoin digne de foi, le père Roger Braun, un jésuite alsacien très investi dans les missions de sauvetage pendant et après la guerre, fait Juste parmi les nations en 1972, assure noir sur blanc que les baptêmes furent peu nombreux.

Ainsi parle cet homme, en 1980 :

> « Pendant l'Occupation, les obligations de ma charge (j'étais alors aumônier général, adjoint des camps français d'internement et des formations de travailleurs étrangers) m'imposaient de visiter, pour les informer, environ les trois quarts des évêques de la zone sud. Avec chacun, j'ai parlé, en plus de mon ministère officiel, de l'aide aux juifs persécutés et en particulier aux enfants. Tous ces évêques m'ont dit avoir ordonné ou conseillé d'aider les juifs, de les accueillir, et tous m'ont dit, spontanément, une phrase comme celle-ci : “Évidemment, il n'est pas question de les baptiser” ou “J'ai formellement interdit de les baptiser”. Et ils m'ont demandé de le dire dans les familles, les institutions, les paroisses que je visiterai. Aux chrétiens, qui s'étonneraient de cette interdiction (il y en a eu, je le sais pertinemment), il faudrait répondre que ces enfants avaient des parents, de la famille. Ils étaient pour nous un dépôt sacré qu'il faudrait rendre un jour. Un enfant baptisé, retrouvant sa famille, ne pourrait pas pratiquer. Et puis, on ne le répétera jamais assez : il y avait là une question d'honnêteté[17]. »

« Globalement, la mission de sauvetage des enfants juifs par les chrétiens, catholiques et protestants, durant la guerre, a été magnifique, m'explique l'actuel grand

17. Témoignage rapporté par Catherine Poujol, *op. cit.*

rabbin de France, Haïm Korsia, qui a écrit une biographie du rabbin Kaplan. Mais comme beaucoup d'enfants se sont retrouvés sans parents, il a été tentant d'aller plus loin, parfois pour les cacher. Comme personne ne les réclamait, des enfants ont disparu. Il est arrivé aussi que certains soient déclarés morts, et naissent sous une autre identité. Dans les années 1860, l'affaire Mortara, du nom d'un garçonnet juif qui vivait à Bologne alors dans les États pontificaux, a défrayé la chronique. Celui-ci était malade, et sa nourrice catholique s'était promis, s'il était sauvé, de le dédier au Christ. Une fois guéri, la police du pape était venue le saisir, et l'enfant n'avait jamais été rendu à sa famille juive. Il est donc déjà arrivé dans l'histoire que l'Église s'empare d'un enfant juif. Il ne s'agit pas d'une théorie abstraite, mais d'une réalité. Il faut donc saluer le courage du cardinal et archevêque de Lyon, Pierre Gerlier, qui a affirmé avec force qu'aucun baptême ne serait valable s'il avait été passé sous la contrainte[18]. »

Durant l'Occupation, en première ligne, le prélat lyonnais transmettait chaque cas individuel qu'il recevait au père Pierre Chaillet. Et c'est ainsi qu'au sortir de la guerre, le prêtre, qui fut une des chevilles ouvrières du groupe de jésuites de Témoignage chrétien portant « la résistance spirituelle », se retrouve au cœur du dossier de la restitution des enfants juifs cachés.

L'aura du père Chaillet est grande. Son engagement durant la guerre, le journaliste Maurice Schumann, porte-parole de la France libre, le résume ainsi, d'une formule percutante, dans une lettre qu'il adresse au

18. Haïm Korsia, entretien avec l'auteur.

prêtre en septembre 1944 : « Mon Père, vous avez été notre 18 juin spirituel. » Les mots pèsent : Schumann est la voix de Radio Londres, et il sera le premier président du MRP, parlementaire et plusieurs fois ministre sous la Quatrième République – pour l'essentiel, titulaire du portefeuille des Affaires étrangères. Ce résistant de la première heure – il a rejoint Londres en embarquant avec les réfugiés polonais du port de Saint-Jean-de-Luz – est un grand catholique. Et sa lettre au père Chaillet, celui qui avait lancé le combat de « la Croix contre la croix gammée », est teintée de foi lyrique.

> « C'est trop peu dire que nous vous lisions, poursuit Maurice Schumann. Tandis que vous portiez *Témoignage* dans les soutes et les prisons, les pharisiens de Vichy perpétraient le pire des mensonges : d'une main, ils relevaient les autels, de l'autre, ils en éteignaient les lumières… Le jour où un missionnaire de la Résistance m'a mis votre *Témoignage* entre les mains, j'ai ressenti le même choc libérateur que le soir où, sur le chemin d'une retraite qui paraissait sans fin, la voix du Général de Gaulle était parvenue jusqu'à moi. »

Pierre Chaillet aurait pu, aurait *dû* être un grand théologien, si la guerre n'en avait décidé autrement. Avant que le conflit n'éclate, ce Franc-Comtois d'origine paysanne, né en 1900 dans un village du Doubs, pousse ses études de théologie en Autriche et en Allemagne – jusqu'à devenir un spécialiste de l'école de Tübingen, et de son illustre chef de file, le grand théologien du XIXe siècle, Johann Adam Möhler. Il est donc aux premières loges, dès 1933, pour assister à la montée du nazisme et des violences qui l'accompagnent. En 1939, Chaillet publie un petit ouvrage, intitulé *L'Autriche souffrante*, pour alerter sur le sort qui est fait à cette nation « honnête et faible, trahie par l'Italie, abandonnée par l'Angleterre et la France[19] ». Le prêtre est parmi les premiers à dénoncer les exactions de la Gestapo et les persécutions raciales, et son libelle attire sur lui l'attention de la police du Reich. De retour en France, le père Chaillet n'a de cesse de dénoncer les crimes nazis et de « secouer les évêques qui biaisent ou qui flanchent », comme le soulignera son ami André Mandouze, le premier rédacteur en chef de *Témoignage chrétien*[20].

À Lyon, Pierre Chaillet déploie une activité de résistance aussi souterraine qu'active, en étant au cœur d'un maillage d'entraide et de combat. Il rédige des rapports pour les services de renseignements. Grâce à une chaîne clandestine d'imprimeurs et de distributeurs résistants, il lance les *Cahiers du Témoignage chrétien*, afin de galvaniser les esprits, et il fonde l'Amitié chrétienne, avec la double bénédiction du cardinal Gerlier et du pasteur Boegner, dans le but de venir en aide aux réfugiés, en particulier juifs. Avec le soutien d'organisations juives, l'Amitié chrétienne met sur pied un réseau de refuges – notamment dans les couvents –, la distribution d'aides alimentaires dans les camps, la fabrication de faux papiers d'identité et de faux certificats de baptême.

À partir de février 1944, sous la présidence de Chaillet, et de nouveau avec la double bénédiction du

19. Pierre Chaillet, *L'Autriche souffrante*, Bloud et Gay, 1939.
20. Pour en savoir plus, lire Renée Bédarida, *Pierre Chaillet, témoin de la résistance spirituelle*, Fayard, 1988.

cardinal Gerlier et du pasteur Boegner, cette action se prolonge dans le Comité des œuvres sociales des organisations de la Résistance (COSOR), chargé au début de distribuer l'argent débloqué par le gouvernement d'Alger pour l'action sociale. Très vite, le COSOR va se consacrer à la recherche et à la restitution des enfants de la guerre. Ils seront jusqu'à 35 000 – dont une moitié de juifs – ainsi pris en charge par le père Chaillet et son équipe. Le comité est soutenu en grande partie par les subventions d'organisations juives, en particulier américaines, qui financent l'achat de maisons permettant l'accueil des enfants, à Aix-les-Bains, à Vincennes, à Barbizon, à Villejuif, ou encore dans les manoirs de Vaux, de Boulay. Chaillet s'épuise à rechercher les enfants, en lien notamment avec les réseaux de sauvetage constitués par Mgr Rémond, l'évêque de Nice, et Moussa Abadi. Il n'a qu'une idée en tête : les rendre à leurs familles.

Dans sa tâche, il s'appuie sur deux chrétiens de choc. D'abord, l'abbé Alexandre Glasberg, dont la soutane et le regard myope sont bien connus des réfugiés qui sont parqués dans des camps de la région lyonnaise, mais aussi autour de Toulouse et Montauban. Ces femmes, ces hommes, ces enfants sont alors désignés communément « les étrangers », « les juifs », pour en faire des boucs émissaires, ainsi que le relève celui qui est l'un des leurs. En effet, arrivé en France à l'âge de vingt-neuf ans, Glasberg est né juif, en Ukraine, en 1902. Il s'est converti à la foi catholique dans sa jeunesse et est devenu prêtre ; il parle yiddish, connaît les fêtes et la liturgie du judaïsme, et constitue donc un contact privilégié pour celles et ceux qui fuient les nazis et dont il favorise l'évasion vers l'Espagne, la Suisse et les États-Unis. Glasberg participe, avec Chaillet et Braun, au sauvetage des 108 enfants détenus dans le camp de Vénissieux. Après la guerre, en relation avec le Mossad israélien, il aide les juifs à rejoindre Israël, contribuant notamment, en 1947, à l'incroyable odyssée de l'*Exodus 47*, du port de Sète vers la Palestine, alors administrée par les Britanniques, avec à son bord 4500 rescapés de la Shoah auxquels l'abbé a fourni de faux papiers. Épopée très médiatisée, notamment à cause de la répression des Anglais – voulant limiter la population juive en Palestine afin d'éviter les tensions avec les Arabes –, qui favorise la création de l'État hébreu l'année suivante.

Aux côtés de Chaillet et de Glasberg, qu'elle a rejoints au sein de l'Amitié chrétienne, se tient aussi une jeune femme : Germaine Ribière. Dans son autobiographie, *Sur le fil de l'espoir*, le résistant lyonnais Jean Stetten-Pigasse dépeint ainsi cette jeune fille à qui, lors de leur première rencontre, il trouva « l'air un peu bête » :

> « Elle portait des nattes enroulées au-dessus de la tête et y avait posé un chapeau dont l'équilibre paraissait mal assuré. Elle me faisait l'effet d'une petite étudiante insignifiante à peine sortie des jupons de sa mère. Je lui donnais tout juste dix-huit ans. Mais à peine avait-elle ouvert la bouche que j'ai compris qu'il ne fallait pas se fier à son apparence. Ses yeux d'un bleu acier s'étaient posés sur moi. Et sans introduction superflue, elle est entrée dans le vif du sujet[21]. »

21. Jean Stetten-Pigasse, *Sur le fil de l'espoir*, à compte d'auteur, 2012.

Le résistant va très vite se raviser et s'apercevoir, dit-il, qu'il a affaire à « un véritable chef de guerre ».

« Insoupçonnable sous ses nattes blondes et avec ses yeux limpides », décrit Joseph Rovan, celle qui se fait appeler Maine se transforme en « messagère, porteuse de textes clandestins et de papiers pour réfugiés ou protestants ». Cette catholique fervente, proche des jésuites de Fourvière, en particulier du père de Montcheuil, rejoint naturellement le père Chaillet dans sa mission. Comme lui, Germaine Ribière est portée par une foi pure, sincère, dont elle témoigne dans son journal, en juin 1941, juste avant son basculement dans la clandestinité, en notant, révoltée par les positions vichystes des évêques : « L'Église, la hiérarchie demeurent silencieuses. Elles laissent la vérité être profanée[22]. » Le choix de Chaillet est absolu, radical : elle se chauffe au même feu que lui. Germaine Ribière est née en 1917 dans une famille de la bourgeoisie limougeaude très chrétienne ; elle a été présidente de la Jeunesse étudiante chrétienne (JEC) à Paris. Elle devient par la suite indispensable au « service des enfants » qui s'organise surtout à partir de 1942, après la rafle du Vél' d'Hiv.

> « Désormais, témoigne Germaine Ribière, il n'est absolument plus permis de douter ou de ne pas savoir : un juif, qu'il ait quatre-vingt-dix ans ou un mois, est en danger de déportation. Le gouvernement de Vichy a été au-delà de la demande du gouvernement allemand, il a proposé (c'est Laval qui l'a fait) de déporter aussi les enfants. À mesure que l'étau se resserre de plus en

22. Cité par Catherine Poujol, *op. cit.*

plus, le souci de protéger, de sauver la vie des enfants juifs devient un souci majeur. Alors, aux côtés du père Chaillet, je deviens responsable de ce qu'on appelle le service social des *Cahiers de Témoignage chrétien* : il faisait suite à l'Amitié chrétienne et devait devenir, à la Libération, le COSOR[23]. »

Germaine Ribière procède à un véritable maillage du territoire pour trouver refuge à « ses » petits protégés.

> « Je fis appel au réseau jéciste [...] et tous se mirent en œuvre pour trouver des lieux d'accueil, raconte la résistante en 1980. Au cours de nos prospections, nous avons rencontré d'autres chrétiens habités du même souci que nous, alors ensemble, nous avons œuvré. Nous avons sillonné la France en tous sens, sous le soleil, sous la pluie, et parfois dangereusement, pour convoyer ces enfants plus ou moins orphelins et que la barbarie poursuivait, pour leur apporter la tendresse que peut apporter une visite, pour nous assurer qu'ils étaient bien traités et aussi pour payer leur pension. Les enfants nous venaient soit de familles qui voulaient les mettre en sécurité soit de maisons de l'UGIF qui devaient fermer leurs portes devant le danger et qui devaient trouver des lieux sûrs en temps record [...]. Les régions où nous avons le plus œuvré sont les régions de Paris, Limoges, Poitiers, Lyon, Grenoble, la Savoie et la Haute-Savoie[24]. »

Les enfants sont souvent placés par des organisations juives, notamment l'Union générale des israélites

---

23. *Ibid.*
24. *Ibid.*

de France (UGIF), ou encore l'Œuvre de secours aux enfants (OSE). Et ils sont visités par des rabbins, pour ne pas perdre le lien avec leur foi d'origine, le père Chaillet y tient beaucoup. Il ne s'agit pas de déraciner davantage des enfants qui le sont déjà tant et qui l'expriment par le silence. Un silence qui marque à jamais leur protectrice.

> « Les enfants cachés ne parlaient pas, raconte Germaine Ribière. Les petits enfants juifs cachés étaient extrêmement mûrs, bien plus mûrs que leur âge. Ils savaient, ils savaient. La connaissance était plus large que l'expression. Ils étaient obéissants, le visage voilé de tristesse, ils ne pleuraient que dans leur lit, jamais en public. Leur imagination marchait. Il y avait une vitalité qui prenait le dessus mais il y avait un monde clos, immergé dans quelque chose où ils pouvaient un peu oublier. »

Et à ceux qui s'interrogent sur le mutisme de ces enfants après la guerre, Germaine Ribière répond :

> « Ils ont mis du temps parce que personne ne leur a demandé de parler. S'il y a eu des oubliés, les enfants cachés ont été étonnamment oubliés. Vous savez, les enfants, on les traite un peu comme des paquets. C'était des enfants, on ne pensait pas à ce qu'ils avaient vécu. Je raconte toujours : un soir, chez ma mère, on avait recueilli trois petits enfants de l'OSE pour la nuit. Ils avaient neuf ans, sept ans, cinq ans. Ils avaient une petite musette en cuir avec leur trésor. On leur a donné à manger. Ils étaient tout tristes. Surtout l'aîné, qui était le chef de famille. Le petit lui a dit : "Donne-moi un morceau de gâteau qui est dans la musette." Le grand lui a

dit : “Non ! Non ! Il ne faut pas manger ! C’est tout ce qui reste de maman !” Vous vous rendez compte ? »[25]

Germaine Ribière va peser de tout son poids pour démêler l’une des affaires les plus fracassantes de l’après-guerre, grâce à sa proximité avec les sœurs de Sion – elle a vécu dans un de leurs foyers lorsqu’elle était étudiante en médecine à Lyon. Ce dossier très médiatisé dans la France des années 1950, c’est l’affaire Finaly.

Les faits sont simples. Robert et Gérald Finaly étaient passés de famille d’accueil en famille d’accueil et, finalement, en février 1944, ces enfants, âgés respectivement de trois et deux ans, se sont vu confiés par les sœurs de Sion à la directrice de la crèche municipale de Grenoble, Antoinette Brun, qui avait déjà adopté cinq enfants avant guerre et en cachait neuf autres, juifs. Arrêtés, les parents Finaly ne reviendront pas d’Auschwitz, et Antoinette Brun refuse de les rendre à leur famille naturelle. Leur père, un médecin autrichien, avait fait circoncire les enfants, signifiant ainsi qu’il souhaitait les élever dans la religion juive ; mais Antoinette Brun les fait baptiser, bien après la guerre, en mars 1948. Baptême tardif, baptême licite ? La cour d’appel de Grenoble ordonne la restitution des enfants. Cependant, l’Église prend fait et cause pour la tutrice. Le Saint-Office considère que les enfants ont le droit de recevoir une éducation chrétienne : les petits Finaly sont placés sous un faux nom dans un collège de Bayonne, puis « exfiltrés » en Espagne, grâce à la complicité de prêtres basques. L’affaire va traîner jusqu’en

25. *Ibid.*

1953. La justice française lance un mandat d'arrêt pour rapt contre Antoinette Brun ; les enfants demeurent introuvables. Le père Chaillet et son équipe entrent alors dans le jeu. C'est lui qui conclut un accord, le 6 mars 1953, en six points restés secrets, avec la tante des enfants, Hedwige Rosner, afin d'assurer leur restitution. Et Germaine Ribière, grâce à ses liens avec les sœurs de Sion, et à la demande du cardinal Gerlier, ira les chercher pour les rendre – après un délai de quatre mois… – à leur tante qui les emmènera en Israël.

Une lettre du cardinal Gerlier, adressée le 21 mars 1953 au cardinal Ottaviani, responsable du Saint-Office, a eu raison de la raideur romaine. Déjà, dans une lettre du 17 août 1946 au nonce de Paris, Mgr Roncalli, en réponse à la note ferme des théologiens du Vatican, Mgr Gerlier affirmait : « J'incline pour ma part à penser que notre situation serait extrêmement difficile si nous refusions de rendre à la Communauté israélite les enfants qu'elle nous réclame. »

Avec l'affaire Finaly, les hésitations du Vatican deviennent incompréhensibles. Et dangereuses.

> « Si Hedwige Rosner, défendue par le grand avocat Maurice Garçon, le cardinal Gerlier, Germaine Ribière, une femme exceptionnelle, et un jeune prêtre basque du nom de Roger Etchegaray, qui, il me l'a raconté, avait dû faire le coup de poing avec les curés basques pour récupérer les enfants, n'interviennent pas, c'en est fini : les jeunes Finaly disparaissent, et personne ne les revoit[26] », souligne aujourd'hui Haïm Korsia.

26. Entretien avec l'auteur.

Une fois l'affaire médiatisée, la pression de l'opinion devient forte, et personne ne comprend l'intransigeance de l'Église ; « des voix catholiques (Paul Démann, Henri Marrou, Albert Béguin, Yves Congar) se faisaient entendre pour défendre ce que l'abbé Journet appelait, dans *La Liberté* de Fribourg, "le droit naturel, le plus foncier, des parents"[27] », écrit l'historien Philippe Chenaux. Le pape, précise celui-ci, finit par céder, « malgré lui, *aegre* » (soit « difficilement », « lourdement » en latin).

L'affaire Finaly aura fortement marqué le père Chaillet. Le jésuite présidera le COSOR jusqu'à sa mort le 27 avril 1972, mais il terminera sa vie dans la solitude, la prière, le recueillement. « Cet homme d'action n'avait rien d'un activiste et ses initiatives les plus humainement engagées n'ont jamais pris leur source ailleurs que dans la foi[28] », témoigne André Mandouze. Le rédacteur en chef de *Témoignage chrétien* décrit ainsi le fondateur de la publication :

> « Une tête puissante, un front immense, un menton en galoche, l'œil perçant et malicieux sous d'épaisses lunettes, le Père Chaillet n'avait point l'allure ecclésiastique. Les "missions" à l'étranger, la vie clandestine, puis l'action sociale au service de tous ne toléraient certes pas la soutane. Mais, plus encore, c'est l'"onction", comme on disait autrefois, qui, Dieu merci, lui faisait défaut. Ce jésuite rompu à la clandestinité était à la fois très réfléchi et tout d'une pièce, tout entier présent à

---

27. Philippe Chenaux, *op cit.*

28. André Mandouze, « Une indomptable détermination », *Le Monde*, 2 mai 1972.

ce qu'il faisait, mais capable aussi d'écouter longtemps sans rien dire et de tirer en quelques phrases incisives les conclusions qui permettaient de passer de la théorie à l'action[29]. »

Pierre Chaillet est distingué comme Juste parmi les nations par l'État d'Israël près de dix ans après sa mort, le 15 juillet 1981. Sa notice biographique à Yad Vashem indique :

« Par contraste avec le cardinal Suhard, chef de l'Église à Paris, qui déclarait que les actions illégales pour le compte de juifs étaient de "graves violations des préceptes d'éthiques personnelles et collectives", Chaillet affirmait que "sauver une personne innocente n'était pas un acte de rébellion mais plutôt en conformité avec les règles orales et non écrites du droit et de la justice". Parmi les enfants qui furent sauvés par le père Chaillet figure Jean Stern, né en Autriche, réfugié en France avec ses parents, à Paris puis en Isère ; deux parents qui ne revinrent jamais des camps de la mort. Jean Stern se convertira au catholicisme, deviendra prêtre, missionnaire au sein de la Congrégation Notre-Dame de la Salette, et théologien, auteur notamment d'une réflexion sur *Jean-Paul II et le mystère d'Israël.* »

En écrivant ces lignes me revient en mémoire le visage lumineux de Myriam Selz, ses yeux irisés par une petite flamme enfantine, son rire cristallin... Quand je l'ai rencontrée, Myriam, la tante d'une amie chère,

29. *Ibid.*

était une vieille dame qui avait allègrement dépassé les quatre-vingt-dix ans. Jadis, on avait accolé à son patronyme le nom de jeune fille de sa grand-mère, Solinski. Avant que la guerre n'éclate, sa famille, juive, habitait Paris, où son père était fourreur, il avait pris la suite de son propre père. Impossible de rester. Pendant l'Occupation, Myriam devient Marie Sellier. Les parents de Myriam alias Marie décident de mettre leur fille et ses deux frères à l'abri. Ses frères suivent leur père en Dordogne, dans une propriété appartenant à la compagne de celui-ci – les parents sont divorcés. Sa mère, comme nombre de juifs exilés, trouve refuge à Monte-Carlo. Quant à Myriam, elle atterrit à Chavagnes-en-Paillers, en Vendée – où plusieurs familles de la région recevront le titre de Justes après la guerre. Là, les Ursulines de Jésus lui ouvrent les portes de leur couvent. « Si les enfants étaient baptisés, cela les aiderait peut-être à les sauver des nazis, nous avaient-elles dit ; j'ai encore leurs paroles dans l'oreille[30] », se souvient Myriam devant moi.

On la transfère dans un autre couvent, à Cannes, géré par le réseau organisé par Moussa Abadi et son épouse, avec la bénédiction de l'évêque de Nice, Mgr Rémond.

> « C'est lui qui m'avait fait fabriquer des faux papiers au nom de Marie Sellier, mais je ne le savais pas à l'époque, j'avais douze ans, je suivais ce que l'on me disait de faire. Il fallait faire attention. Un jour, par exemple, des fidèles du couvent avaient rencontré des

30. Sœur Myriam Selz, entretien avec l'auteur.

gens qui s'appelaient Cellier, ils m'interrogèrent : "C'est de votre famille ?" Heureusement, leur nom s'écrivait avec un "c", donc on ne m'en a plus parlé... »

Après une préparation de un an par la bonne mère Irène, chez les Ursulines de Jésus, en 1941, Myriam alias Marie reçoit le baptême. Comme ses frères. À une différence près : pour elle, c'est un bouleversement.

« Jésus-Christ venait d'entrer dans ma vie, même si je ne le savais pas encore à l'époque », glisse la vieille dame.

De retour à Paris, à la Libération, Myriam retrouve sa famille, et notamment sa mère. Las, les deux femmes ont des caractères opposés et se heurtent frontalement. La mère ne comprend pas la fille. « J'étais devenue catholique et très pieuse, j'allais à la messe tous les jours, mais ma mère trouvait cela ridicule car, pour elle, le baptême était seulement un moyen de nous sauver des nazis », me racontera Myriam. Sa vie cachée durant la guerre, elle n'en parle pas à son retour. Son silence dure des années et des années.

« J'avais quatorze ans, je ne m'intéressais pas vraiment à l'histoire ; quand on est enfant, on n'a pas tellement le sens de ces choses-là. J'avais pensé que j'allais passer toute mon existence à vivre sous un faux nom, je ne voulais pas en parler. J'avais appris à tenir ma langue. Ma mère, quand on l'interrogeait sur cette période, répondait invariablement : "Mais pourquoi voulez-vous que je me rappelle tous ces mauvais souvenirs ?" Nous avions connu tellement de moments très difficiles que nous n'avions qu'une envie : passer à autre chose. »

Passer à autre chose, pour Myriam, c'est vivre sa foi. Il suffit de l'entendre en parler, sa vie faite, avec simplicité et une émotion intacte, touchante :

« Juste après la guerre, à la Noël, je suis allée à Mons, en Belgique, voir une religieuse, et durant la célébration de la naissance du Christ, je me suis dit : "Le Seigneur m'a tellement aimée, il faut que je réponde à Son amour par l'amour." »

C'est ainsi qu'elle explique comment la jeune fille qu'elle était a choisi d'embrasser la vie religieuse. Un père jésuite, Jacques Goussault, l'accompagne dans son cheminement, puis Myriam rejoint les sœurs de l'Assomption – « Je m'y sentais à l'aise », dit-elle. Après son noviciat, près de Montereau en Seine-et-Marne, elle prononce ses vœux de religieuse.

> « J'entrais dans un monde inconnu, me confie-t-elle. Mais nous, les juifs, si l'on veut survivre, il faut se bagarrer, lutter. Cela ne m'a jamais quittée. J'étais imprégnée par cette combativité, qui est celle des gens persécutés. Quand on vit cela, on ne s'en rend pas toujours compte ; c'est après, quand on relit le passé, que l'on mesure la façon dont ce réflexe de survie nous a guidés. »

Comme elle parle anglais – grâce à la nurse qu'elle a eue enfant –, sœur Myriam est envoyée en Inde. Elle y reste quatre ans, travaillant en lien avec le grand missionnaire jésuite Pierre Ceyrac, dans l'État du Kerala, puis fondant une communauté à Pouna, près de Bombay, avant de gagner Jérusalem.

De retour à Paris, elle entre au service de la catéchèse du diocèse, qu'elle ne quittera plus durant dix années.

Sœur Myriam enseigne la foi catholique, mais sans jamais oublier d'où elle vient. « Je me suis toujours considérée comme complètement juive, je le suis restée ; je ne suis pas goy : on est juif ou on ne l'est pas, et c'est pour la vie », dit-elle.

Lorsque Jean-Marie Lustiger est nommé archevêque de Paris par le pape Jean-Paul II en 1981, Myriam, forcément, se trouve en phase : ils partagent le même cheminement. D'ailleurs, un jour, Lustiger la présentera à un journaliste en précisant : « Nous avons les mêmes origines. » Mais le prélat devenu haut dignitaire de l'Église, dont la personne est un symbole, fait preuve de prudence. Et lorsqu'on lui recommande la religieuse comme secrétaire, il préfère refuser : pour qu'on ne puisse pas dire qu'il s'entoure de juifs. Sœur Myriam ne cachera jamais son admiration pour Lustiger, même si l'homme est réputé colérique. « Je le trouvais très intelligent, se souvient-elle, et un peu prophète dans son genre. Il souffrait beaucoup de l'antisémitisme. »

Ce sera l'éternelle lutte de ces chrétiens de choc, venus tous deux du judaïsme, ayant connu la guerre, en ayant souffert, et qui, sans jamais renier leurs origines, n'auront de cesse en épousant la foi catholique de servir la paix et la fraternité. Et de protéger les enfants perdus.

Chapitre 8

LES MOINES SOLDATS DE L'EUROPE

Si l'Europe de l'après-guerre, jusqu'à l'invasion de l'Ukraine par la Russie de Vladimir Poutine, a pu connaître des décennies de paix après les deux conflits sanglants du XXe siècle, c'est grâce à ces quatre hommes. Quatre grands hommes – en l'occurrence, le qualificatif n'est pas abusif – que l'on retrouve sur une colline lorraine, figés pour l'éternité dans leurs costumes de bronze, silhouettes grandeur nature sculptées par l'artiste russe Zourab Tsereteli, connu pour ses statues monumentales.

Voici les quatre « pères de l'Europe », comme on les a dénommés : Alcide De Gasperi, Robert Schuman, Jean Monnet, Konrad Adenauer… Tous, à l'exception de Jean Monnet, sont de fervents catholiques. On a l'impression qu'ils discutent, encore et toujours, mais ce ne sont plus que des statues. Des statues plantées, comme blotties, auprès de la petite église Saint-Quentin, en Lorraine, dans laquelle repose, depuis 1967, Robert Schuman.

« Schuman, Adenauer, De Gasperi ont plusieurs points communs », nous explique Alain Lamassoure, député européen pendant plus de vingt ans, plusieurs fois président de commission au Parlement européen, ministre aux Affaires européennes dans le gouvernement Balladur.

« D'abord, ce sont des hommes âgés, nés au XIXe siècle, entre 1876 et 1886 ; ils ont accompli leur formation intellectuelle et politique avant 1914, alors qu'à la Libération, dans tous nos pays, arrive aux commandes une jeune génération qui s'est battue contre les nazis les armes à la main. Ensuite, tous trois ont été élus dans des zones frontières qui servaient habituellement de champs de bataille, mais qui sont devenues des lieux de rencontre et de culture[1]. Tous les trois parlent allemand, c'est leur langue maternelle. Enfin, ils sont chrétiens et pas qu'à moitié. Schuman a mené une vie de moine, il allait tous les matins à la messe, et il est même en voie de béatification (le pape François l'a déclaré vénérable). Adenauer est totalement inspiré par le christianisme, qui lui a permis de surmonter les épreuves de la guerre – c'est celui qui a le plus souffert – et de fonder outre-Rhin le plus grand parti chrétien-démocrate d'Europe, la CDU. De Gasperi, pourchassé par Mussolini, trouve refuge, au début de sa carrière, comme employé à la Bibliothèque vaticane. Il devient le grand homme de la démocratie chrétienne italienne, et l'une de ses quatre filles entrera dans les ordres. Ces trois catholiques vont fonder l'Europe, à tel point que la gauche, notamment Kurt Schumacher, le patron de la SPD allemande de 1946 à 1952, parlera à propos de la

1. Schuman est né au Luxembourg alors allemand, De Gasperi dans le Trentin sous domination autrichienne et Adenauer dans la Rhénanie prussienne.

CECA de "l'internationale noire", en référence à la couleur des soutanes. Image exagérée évidemment. D'autant qu'un homme a joué un rôle clé dans cette affaire et il n'est pas chrétien : c'est Jean Monnet[2]. »

En cette matinée dominicale de la fin de l'été 2022, le silence entrecoupé du pépiement des oiseaux enveloppe le village de Scy-Chazelles, sur les hauteurs de Metz, où se trouve, face aux statues des pères de l'Europe, la maison de Robert Schuman. C'est une maison de maître du XVIIIe siècle, basse, entourée de hauts murs, que l'homme acheta en 1926. Il y mourut le 4 septembre 1963, dans la chambre dite « des adieux », au rez-de-chaussée, où on l'avait installé depuis qu'il s'était trouvé frappé d'artériosclérose cérébrale. Schuman vécut là ses derniers jours, environné de livres – ils foisonnent dans la maison –, un crucifix sur la table de chevet, et avec vue sur le parc potager dans lequel il aimait tant déambuler tôt le matin. Il est très émouvant de visiter cette maison que Robert Schuman habita trente-sept années durant, et qui fut abandonnée à sa mort faute de descendants – il resta célibataire toute sa vie. Elle fut heureusement rachetée en 2004 et rénovée avec soin par le conseil général de Moselle. Dans le garage brille encore l'Aronde noire, la petite voiture que Schuman utilisait pour ses sorties officielles, avec chauffeur, car il n'avait pas le permis de conduire, lui qui préférait se déplacer au quotidien en bus, en train, à pied ou à vélo. « Un jour, me confie l'une des guides de la maison, nous avons reçu

2. Alain Lamassoure, entretien avec l'auteur.

la visite d'un chauffeur de camion à la retraite qui nous a raconté avoir pris M. Schuman en auto-stop de Metz à Paris, car il avait loupé son train. L'homme n'avait pas reconnu son passager, il avait pu l'identifier en recevant quelques jours plus tard un petit mot de remerciement de sa main... »

Schuman ou la vie simple... Les gazettes, en l'occurrence *Paris-Match*, racontent que quand il remplaça Georges Bidault au Quai d'Orsay, le premier geste du Lorrain fut de demander le remplacement de toutes les lampes de l'appartement du ministre, car... elles étaient trop consommatrices d'électricité.

Le biologiste Jean-Marie Pelt, qui fut son collaborateur, dresse de cet homme un portrait sensible :

> « Il était en vérité un solitaire, une sorte de moine engagé dans la construction de la cité, nourri par sa foi et par la prière. Sa modestie était légendaire et attirait le respect, fût-ce de ses adversaires, dont il disait qu'il convenait de les écouter car dans leurs propos gisait toujours une petite part de vérité. Je l'ai accompagné au cours des toutes dernières années de sa vie et rien n'est plus vrai, me semble-t-il, que ce qu'il disait de lui-même quant à son action politique ; une phrase que nous avons imprimée sur son image mortuaire, tant elle illustre bien les ressorts de son action : "Nous sommes tous des instruments bien imparfaits d'une providence qui s'en sert dans l'accomplissement des grands desseins qui nous dépassent"[3]. »

3. Jean-Marie Pelt, *Robert Schuman, père de l'Europe*, Conseil général de la Moselle, Serge Domini Éditeur, 2002.

À l'image de son illustre occupant, la maison de Scy-Chazelles est austère, épurée de tout meuble superflu, mais chaque objet, jusqu'aux assiettes en faïence dans le vaisselier de la salle à manger, a été choisi avec méticulosité ; le papier peint a été réimprimé à l'identique... On a même ajouté des bruits de fond pour donner un semblant de vie aux pièces. À l'étage, la chambre dans laquelle dormait Robert Schuman avant que la maladie ne le frappe est minuscule, meublée d'un lit à une place surmonté d'un épais édredon, avec simplement un petit bureau, une armoire qui lui venait de sa maison d'enfance à Clausen (Luxembourg) où il rangeait ses vêtements, des livres encore et les portraits de ses parents aux murs. Attenante, une minuscule salle d'eau avec une baignoire sabot rudimentaire. L'ensemble est empreint d'une atmosphère monacale... Derrière la cloison de la chambre, le bureau, la plus grande pièce de la maison, dans lequel il pouvait rester enfermé pendant des heures, à lire, écrire et jouer du Chopin sur son piano, jusqu'à trois heures du matin, comme en témoigna sa fidèle gouvernante. Marie Keller dormait dans la chambre d'à côté, veillait sur la maison et la vie de son patron, auquel elle avait dévoué la sienne – c'est une histoire de famille : sa mère était déjà au service des parents Schuman.

Sur le bureau en marqueterie se trouve la dernière version, avec ses ultimes corrections en bleu, du discours que Schuman prononça, à la surprise générale, le 9 mai 1950 dans le salon de l'Horloge du ministère des Affaires étrangères. Discours historique qui porta la Communauté du charbon et de l'acier (CECA) – effective le 18 avril 1951 – et l'Europe sur les fonts baptismaux.

On l'imagine, ce grand escogriffe à la silhouette sèche, crâne rasé, petite moustache, lunettes cerclées sur un regard irradiant de bonté, toujours tiré à quatre épingles, penché sur sa table de travail, stylo à la main, faisant et défaisant le texte – il y eut neuf versions –, levant simplement les yeux par intermittence pour contempler l'embrasure de la fenêtre et un morceau de ciel, écouter un oiseau... « Je l'entends encore s'énerver, changer une phrase, reprendre le texte », se souviendra longtemps Marie.

Alors que le retour d'une Allemagne puissante effraie – son dynamisme économique, porté par le charbon et l'acier de la Ruhr, est plus fort que celui de la France – et que la guerre froide entre l'Est et l'Ouest s'intensifie, l'Europe politique arrimée à un axe franco-allemand renouvelé, qui deviendrait un socle de l'Occident tout en entravant les impérialismes allemand et américain, est une vision d'avenir, pas seulement prophétique mais très concrète. Et les bases de cette entreprise salutaire – et encore inachevée – sont jetées sur cette table simple mais de belle facture, dans la quiétude de ce verdoyant « havre de paix » lorrain. Ce que la presse désigne comme « le plan Schuman » est historique : cinq ans après la fin de la guerre, l'Allemagne de l'Ouest n'est plus exclue mais redevient un partenaire au cœur de l'Europe, un allié.

Ce programme audacieux porte le nom du ministre, mais l'idée en revient au commissaire au Plan, le premier dans l'histoire, père de la planification à la française, chargé de mettre en œuvre le plan Marshall, Jean Monnet. Sa vie est un véritable roman : il est né dans une grande famille de Cognac, il est autodidacte, grand voyageur, entrepreneur intrépide, homme d'affaires, banquier, haut fonctionnaire interallié en 1916, participant à la création de la Société des Nations, dont il sera le numéro deux, et résistant de la première heure – il reçut de Gaulle dans son appartement londonien, le 17 juin 40, la veille de l'Appel. Ouf ! Un tel destin mériterait de longs développements que l'on peut trouver par ailleurs[4].

C'est le brillant Monnet qui, pétri de culture anglosaxonne, rêve d'États-Unis d'Europe et échafaude le projet de la CECA, œuvre commune pour laquelle six États acceptent d'abandonner une partie de leur souveraineté et qui forme un embryon d'Union Européenne.

> « Monnet a rendu possible le plan Schuman, observe Alain Lamassoure. Il a compris qu'il ne fallait pas dessiner un magnifique jardin à la française, mais engager dans un chantier commun des gens qui se haïssaient, pour amorcer de façon concrète le rapprochement. Monnet disait : "L'Europe se bâtira dans les crises, et elle sera l'addition de solutions à ces crises."[5] »

Gloire à Jean Monnet, donc ! Mais sans le discret et besogneux ministre des Affaires étrangères Schuman, il n'y aurait pas eu de CECA.

> « Il a préparé cet accord dans le secret avec Jean Monnet, qu'il connaît à peine et dont tout le sépare : opinions politiques et religieuses, goûts, tempérament, se souviendra plus tard Jacques de Bourbon-Busset, qui fut le directeur de cabinet du Lorrain de 1948 à 1952,

---

4. Lire : Jean Monnet, *Mémoires*, Fayard, 2022.
5. Alain Lamassoure, entretien avec l'auteur.

au Quai d'Orsay. Mais les deux hommes ont compris que le cadre national est désormais trop étroit pour les grandes entreprises qu'exige l'âge de la révolution scientifique et technique. De plus, Robert Schuman, qui connaît à fond l'âme germanique, veut arracher l'Allemagne à ses vieux rêves malsains et l'attacher définitivement à l'Occident en lui donnant un but précis et grandiose : la construction de l'Europe. »

Schuman songe de longue date à ce grand projet. Dès septembre 1948, note Jacques de Bourbon-Busset, il échafaude le projet de ce qui deviendra l'Assemblée du Conseil de l'Europe, après un échange avec Duncan Sandys, le gendre de Churchill – Schuman admirait beaucoup Churchill, qu'il invita à Metz et qu'il conduisit au château de Thionville. En septembre 1949, ses homologues américain et anglais lui proposent de mettre au point un plan de réintégration de l'Allemagne dans la communauté des nations libres.

Une fois la déclaration fondant la CECA arrêtée, le ministre n'en informe ses pairs que quelques heures avant l'annonce officielle – vaguement, pour ne pas faire de… vagues –, à la dernière minute du Conseil des ministres. Seuls René Pleven et René Mayer, Européens convaincus, sont dans la confidence. Schuman leur glisse à l'oreille que le chancelier allemand Konrad Adenauer l'appuiera d'un message enthousiaste – celui-ci écrit dans ses Mémoires que « le 9 mai 1950 a été le plus beau jour de [sa] vie ». Schuman prend tout le monde à contre-pied : « La surprise fut générale, personne ne s'attendait à une initiative de ce genre ni en France, ni hors de France, et surtout de la part de la France », confiera l'intéressé. À tel point que les journalistes lui demanderont de relire son discours fondateur quelques jours plus tard afin de l'enregistrer devant micros et caméras…

« L'Europe ne se fera pas d'un coup, ni dans une construction d'ensemble : elle se fera par des réalisations concrètes créant d'abord une solidarité de fait », lit Robert Schuman, rivé sur son texte, en respectant une lenteur solennelle. L'homme n'a jamais été un orateur, et l'émotion lui serre la gorge.

> « Le rassemblement des nations européennes, poursuit Schuman, exige que l'opposition séculaire de la France et de l'Allemagne soit éliminée : l'action entreprise doit toucher au premier chef la France et l'Allemagne. Dans ce but, le gouvernement français propose de porter immédiatement l'action sur un point limité mais décisif : le gouvernement français propose de placer l'ensemble de la production franco-allemande de charbon et d'acier sous une haute autorité commune, dans une organisation ouverte à la participation des autres pays d'Europe. La mise en commun des productions de charbon et d'acier assurera immédiatement l'établissement de bases communes de développement économique, première étape de la fédération européenne, et changera le destin de ces régions longtemps vouées à la fabrication des armes de guerre dont elles ont été les plus constantes victimes. »[6]

6. L'intégralité du discours est disponible en ligne sur le site de la Fondation Robert Schuman : https://www.robert-schuman.eu/fr/declaration-du-9-mai-1950.

Non seulement le duo Schuman-Monnet tend la main à l'ennemi historique mais les deux visionnaires ouvrent de nouveaux horizons en rassemblant des nations disparates et parfois antagonistes. Quelle audace ! Une référence inattendue a été ajoutée au dernier moment au texte : l'Afrique. « Robert Schuman pense déjà à l'Eurafrique », témoignera Bourbon-Busset. Dans un portrait très élogieux paru dans le *New York Times* du 27 juin 1950, le journaliste et écrivain britannique George Slocombe, grande voix de la presse diplomatique vivant à Paris, écrit : « J'ai connu une longue succession de ministres français des Affaires étrangères au cours des trente dernières années. Aucun d'eux, à la simple exception d'Aristide Briand, n'a eu un impact émotionnel et psychologique sur l'Europe de l'Ouest aussi important que ce que vient d'accomplir Robert Schuman. »

Personne n'était mieux désigné pour cette mission que cet homme d'État, avec ce « sourire d'enfant qui illuminait ses multiples rides[7] », comme le décrira, à sa mort, le journaliste André Fontaine. « Homme simple presque effacé, discret mais non sans humour et à la réplique toujours empreinte de civilité », le dépeint Jean-Marie Pelt, ce politique réfléchi est un contemplatif qui n'aime rien tant que lire de la poésie, se lever tôt et s'adonner à de grandes marches matutinales, collectionner les autographes – il détient près de 2500 pièces, dont certains documents historiques, signés de la main de Descartes, saint François

7. André Fontaine, « Pour l'Europe », *Le Monde*, 27 novembre 1963.

de Sales ou encore Beethoven ou Leibniz. Et aussi de Fénelon et de Richelieu, pour lequel il a une grande admiration. Peu de dirigeants présentent les qualités humaines et techniques, la haute tenue tant morale que politique nécessaires pour amorcer la réconciliation franco-allemande, malgré les millions de morts de part et d'autre, et le socle d'une construction européenne, gage de paix. L'hebdomadaire *Samedi-Soir*, dans un papier du 28 juin 1952, note :

> « Il n'existe pas dans le monde politique d'aujourd'hui un homme aussi secret que M. Robert Schuman. On l'imagine sous la robe de bure, les mains jointes, se livrant à quelque exercice spirituel, méditant un passage de l'Évangile ou un problème de droit canon. Mais toute sa carrière prouve que, sous cette apparence de "moine laïque", le député lorrain a toujours fait preuve, dans la vie matérielle, d'obstination, de ténacité et de courage. »

Un moine soldat.

« Seuls ses amis les plus intimes, notera l'écrivain et journaliste britannique George Slocombe dans le *New York Times*, savent qu'il y a plusieurs années, il faillit se marier mais finit par renoncer, après une profonde réflexion, pour la raison que la vie conjugale est incompatible avec le service public. »

La portion de terre sur laquelle Schuman est né en 1886 a été brassée par les affrontements franco-allemands, et le rapprochement des deux patries et des deux peuples est devenu un besoin impérieux qu'impose le sang versé. Sans cette réconciliation, pas d'Europe à venir et pas de paix préservée. Cette vitale nécessité de fraternité, Schuman la porte en sa chair : c'est un homme des marches lorraines, un homme des frontières, donc, comme il se définit lui-même, fort d'une vaste culture, à la fois française et germanique, qui portera sa pierre à l'édifice spirituel des deux pays, dont il regrettera avant sa mort, en 1963, que « les stupides rivalités », selon son expression, aient produit durant des siècles le malheur des peuples. Robert Schuman est l'enfant de ces deux pays et de leurs guerres successives.

Son père, mosellan, a combattu sous l'uniforme français durant la guerre de 1870, et il fut fait prisonnier par les Allemands à la suite de la prise de Thionville. L'homme a volontairement quitté, avec sa femme – de vingt ans sa cadette – sa Lorraine natale, annexée par l'Allemagne, pour se réfugier au Luxembourg, patrie de son épouse. Mais après le traité de Francfort du 10 mai 1871, la Lorraine comme l'Alsace étant rattachées au Reich, Jean-Pierre Schuman devient citoyen allemand… résidant à l'étranger. Robert Schuman naît donc, le 29 juin 1886, à Clausen, dans les faubourgs de Luxembourg, mais avec la nationalité allemande. En famille, on parle le luxembourgeois – il en gardera un léger accent toute sa vie.

Robert apprend le français à l'école. Toute la scolarité de ce premier de la classe, à la mémoire époustouflante, se déroule dans les deux langues. Bien entendu, il apprend aussi l'allemand, qu'il approfondira en suivant des études supérieures de droit à Bonn, à Munich puis à Berlin. Il est donc façonné par ces trois cultures, qui s'entrechoquent dans un petit périmètre géographique. Il est aussi marqué par la solitude : il est enfant unique, et en avance en classe, donc plus jeune que ses condisciples.

Schuman est couvé par sa mère, qui meurt dans un accident de voiture à cheval en 1910, dix ans après son mari, et restera à jamais une figure vénérée par son fils. C'est elle qui lui transmet la rigueur morale qui guidera sa vie, ainsi que la foi chrétienne. Un feu attisé par une rencontre, lorsqu'il s'installe comme avocat à Metz en 1912, avec Mgr Willibrord Benzler, ancien abbé de Maria Laach, une abbaye bénédictine du début du XIe siècle, centre de renouveau spirituel de l'Allemagne catholique. C'est un lieu de ressourcement pour Schuman, comme l'est l'œuvre de saint Thomas d'Aquin, que lui enseigne Benzler et qu'il intègre au point de pouvoir débattre de l'influence du thomisme… en latin. « Cet instrument dialectique rigide, mais tranchant comme un glaive, structure son univers intérieur et donne à sa pensée lucidité et pénétration, souligne l'un de ses biographes, René-François Lejeune. Ses analyses politiques, et même une sorte de prescience, sont le fruit d'une parfaite maîtrise de cet instrument[8]. » À vingt-quatre ans, l'orphelin Robert Schuman songera même à devenir prêtre – on dira plus tard qu'il fait partie des laïcs du tiers ordre franciscain, mais cette information ne sera jamais confirmée.

À Metz, où il passe la guerre – réformé en 1908 pour raisons médicales, il ne partira pas au front –, Schuman, qui a été membre de plusieurs cercles catholiques

8. René-François Lejeune, *Robert Schuman, un père pour l'Europe*, Éditions de l'Emmanuel, 2013.

en Allemagne, fréquente des associations chrétiennes, et ce jeune militant rêve « d'introduire plus de justice entre les hommes, de développer la formation intellectuelle du peuple pour aider les ouvriers à défendre leurs droits dans un monde marqué par la concurrence excessive et l'égoïsme brutal[9] ». La foi le pétrit, le forge et le soutient dans sa mission politique qui est la sienne, depuis la reconstruction d'après-guerre à la constitution d'une Europe de la paix, deux œuvres titanesques. Sans la foi, Schuman aurait-il été au bout de ses espérances ?

Il n'est pas genre d'homme à croire à un quelconque destin pour lui-même. Schuman ne caresse guère d'ambition personnelle, ni – alors – politique. Ses amis catholiques doivent insister pour qu'après la guerre il se présente aux élections législatives. Ils ont besoin d'un représentant pour défendre leurs droits face à une République perçue comme anticléricale, et en premier lieu leur statut d'exception, l'Alsace-Lorraine vivant encore sous le régime du concordat de 1801. Il est élu, le 8 décembre 1919, à l'âge de trente-trois ans, à la Chambre bleu horizon. Il fait partie des premiers parlementaires des provinces retrouvées et se consacre à l'unification des législations des trois départements de la Moselle, du Haut-Rhin et du Bas-Rhin, se donnant surtout pour tâche de réintégrer l'Alsace-Lorraine à la France. Il sera réélu député, toujours au premier tour – à l'exception de 1926 où il est mis en ballottage –, pendant quarante-trois ans. Sur une photo de cette époque, publiée dans *La Vie catholique* du

9. *Ibid.*

3 juillet 1968, on le voit dans une chemise à col dur, d'où émerge sa tête droite, son visage tiré au cordeau et son regard clair.

Une tache sur cet itinéraire : il fait partie de la majorité des députés qui votera les pleins pouvoirs à Pétain – précisons que 569 de ses pairs ont voté dans le même sens, 80 se sont exprimés contre et 20 se sont abstenus. Cela lui vaudra, comme à tous ceux qui ont voté ainsi, d'être frappé d'indignité nationale et d'inéligibilité à la Libération. C'est une décision personnelle du général de Gaulle, auquel Schuman a écrit, qui permettra de lever la sanction : un non-lieu sur son cas est prononcé par la Haute Cour début septembre 1945.

Les deux hommes se connaissent depuis 1937, puisque de Gaulle était alors en garnison à Montigny-lès-Metz. Et, en 1940, ils se sont côtoyés dans le gouvernement de Paul Reynaud : de Gaulle est sous-secrétaire d'État à la Défense, et Schuman a en charge le lourd dossier des réfugiés – pendant quarante jours. Cette fois encore, il a accepté la mission à la demande de ses compatriotes – « J'ai toujours agi sous la contrainte », dira-t-il plus tard – et lui revient la charge de recevoir les millions d'évacués français et étrangers de l'exode. Mais, alors que de Gaulle plaide pour la Résistance, Schuman est dans le camp de ceux qui prônent l'armistice, lui qui connaît le prix de la guerre – il a grandi au milieu des conflits de 1870 et de 1914-1918 –, dont il veut préserver les populations locales.

Cela n'empêche pas l'engagement… Robert Schuman sera le premier parlementaire français arrêté par les nazis. Incarcéré le 14 septembre 1940 sur ordre du gauleiter de Metz, qui croit pouvoir l'utiliser, il croupit pendant sept mois dans une cellule de la prison de la ville, avant d'être placé en résidence surveillée à Neustadt, d'où il s'évade en août 1942, « avec le concours d'une organisation secrète », dira-t-il de façon elliptique.

Ayant beaucoup observé la situation en Allemagne, son premier réflexe est alors de transmettre ses informations au gouvernement légal de Vichy. Laval refuse de le recevoir. « Je ne voudrais pas me brouiller avec les Allemands en recevant Schuman », lui aurait-il répondu, selon le témoignage de l'intéressé recueilli par un journaliste de l'hebdomadaire *Samedi-Soir*, en 1952. Schuman bascule dans la clandestinité.

> « J'avais étudié les plans de l'Allemagne et comme je parle couramment l'allemand, j'ai pu réussir à franchir la frontière, confiait-il alors au reporter de *Samedi-Soir*. Malheureusement, je n'avais aucune pièce d'identité. J'ai donc changé de train plusieurs fois jusqu'à Strasbourg puis, de là, jusqu'à Mulhouse, et à travers les Vosges comme un simple touriste et sans déguisement. À deux cents mètres de la frontière, près du col de la Schlutt, j'ai failli être pris par les Allemands, mais la plus grosse difficulté a été le franchissement de la ligne de démarcation car j'avais été signalé aux Allemands qui sont venus à l'hôtel où j'étais pour me demander mes papiers. Je m'étais fait faire des faux papiers au nom de Durenne (nom de jeune fille de ma mère), professeur libre à la faculté de Belfort. Interrogé alors par les Allemands, j'ai gardé mon sang-froid et c'est ce qui m'a sauvé. »

Schuman trouve alors refuge dans des institutions catholiques.

« Je me suis ensuite camouflé dans plusieurs couvents, poursuivait-il. Tout d'abord dans le couvent des bénédictins à Ligugé, près de Poitiers, où je suis resté dix jours. Le Père supérieur ignorait ma véritable identité. Le 14 août 1942, je me suis fixé à Lyon et j'ai organisé une douzaine de réunions en faveur des 200 000 expulsés de la Moselle. Je disais aux gens ouvertement : "L'Allemagne est perdue, soyez-en sûrs." Les Allemands le savaient et me recherchaient. À Fourvière, j'ai parlé dans la crypte de la basilique devant 1 500 personnes et l'évêque de Metz, en tenant le même langage. Lorsque les Allemands ont changé la limite de la ligne de démarcation, je me suis aussi camouflé chez les trappistes. Je me suis arrêté plusieurs mois à Notre-Dame des Neiges, à 1 200 mètres d'altitude, dans la Lozère, puis dans le couvent de la Salette, où je suis resté trois mois, et enfin, dans un orphelinat de l'Ain près de Saint-Amour. L'aumônier lorrain expulsé était un de mes amis. Je me suis arrangé pour rester toujours en contact avec les expulsés lorrains pour les conseiller et leur passer le mot d'ordre. »

À la Libération, le général de Lattre de Tassigny veut en faire son conseiller politique pour l'Alsace-Lorraine, mais le ministre de la Guerre, André Diethelm, insiste pour que « soit viré sur-le-champ ce produit de Vichy ». Les gaullistes canonnent à l'Assemblée : son accent joue contre lui, il est « le Boche » ; le seul uniforme qu'il ait porté, sifflent-ils, est celui de l'armée allemande. Cela n'empêche pas les Messins de l'intégrer au comité de Libération. Sur une photo de 1949 parue dans *La Vie catholique* du 3 juillet 1968, on le voit rayonnant en costume trois-pièces, entre deux Alsaciennes vêtues d'un costume traditionnel. Peu importent les langues de vipère, sa carrière galope. Schuman est réélu député de la Moselle le 21 octobre 1945, le 2 juin et le 10 novembre 1946, en tête de la liste du Mouvement républicain populaire (MRP). Membre de la commission des finances de l'Assemblée depuis 1930, il en devient le président dès la première assemblée constituante. Expert des finances publiques, il est nommé ministre en juin 1946 – « sans l'avoir sollicité ». Puis il devient ministre des Affaires étrangères pendant trois ans (1948-1952), une longévité remarquable sous la Quatrième République. Entre-temps, c'est à ce sexagénaire que le président de la République Vincent Auriol fait appel, lorsque le gouvernement mené par le communiste Paul Ramadier tombe, en novembre 1947, alors que le pays est au bord de la guerre civile et que les communistes tentent d'instrumentaliser la colère sociale, bloquant les usines, pour en prendre la tête. Il faudra tout le sang-froid – et les prières – du Lorrain, couplé à la fermeté du ministre de l'Intérieur Jules Moch, pour ramener le calme.

Maurice Schumann lui rendait ainsi hommage dix ans après sa mort, en soulignant « combien l'effervescence des néophytes avait besoin de son expérience et de sa tranquille sagesse » : « Pourquoi ce Lorrain solitaire et secret, qui professait l'horreur de toutes les servitudes, y compris celles de la notoriété, est-il sans doute, non pas le seul homme d'État de la IVe République, mais un des seuls dont l'histoire gardera la griffe ? »[10]

10. Maurice Schumann, « Robert Schuman », *Le Monde*, 5 septembre 1973.

Sa mort, le 4 septembre 1963, des suites d'une thrombose cérébrale, frappe l'opinion. « Cet homme qui ne payait pas de mine, cet homme à la parole embarrassée, ce timide, ce gauche, était un homme qui voyait grand et qui voyait loin, écrit Jacques de Bourbon-Busset. Détaché de toute contingence, sans vanité, insoucieux de l'opinion, dénué de petits intérêts et de petites passions, il disposait du temps et de la liberté d'esprit nécessaires pour méditer de grands desseins[11]. » Tout le monde s'incline. Y compris de Gaulle, qui écrit : « Au nom du pays, je salue la haute conscience avec laquelle il l'a servi et l'éminente contribution qu'il apporta à la cause de l'Europe unie et à l'œuvre de son organisation. »

Pour l'accompagner vers « la maison du Père », la foule se presse dans la cathédrale de Metz, l'une des plus belles du pays avec ses quarante mètres de hauteur dans la nef, et que l'on appelle « la lanterne de Dieu ». De belles funérailles. Mais pas d'obsèques nationales. De Gaulle a refusé. Certes, le défunt ne voulait pas une telle célébration, et à l'époque, les ministres ne bénéficiaient pas d'un tel traitement. Mais de Gaulle aurait pu passer outre et décider de déployer la pompe républicaine à l'un des quatre « pères de l'Europe ». Il ne le fera pas. Pour ne pas honorer un Européen favorable à l'indépendance des peuples, ce qui revient à accepter l'amoindrissement de la nation, totem gaulliste ? Pour ne pas braquer une opinion, alors que le président se remet à peine de l'attentat du Petit-Clamart ? Parce

11. Jacques de Bourbon-Busset, « Un homme droit, Robert Schuman », *Le Monde*, 6 septembre 1963.

que Schuman incarne, comme Bidault, cette Quatrième République honnie des gaullistes ? Parce qu'il reste à jamais « le Boche » ? Parce que rien ne pousse à l'ombre des grands chênes ? Les questions se bousculent et de Gaulle ne laissera aucune explication. Une chose est sûre : ces deux catholiques viscéraux ne sont pas sur la même longueur d'onde dans la vie publique. L'un est flamboyant, il *est* l'Histoire, quand l'autre se coule dans ses coulisses, discret et besogneux.

« Je pense, je suis sûr qu'il est mort rassuré, dira Edmond Michelet à propos du Lorrain. Il aura pu constater, comme je m'étais efforcé de lui démontrer, que ses craintes étaient vaines. Dans un style différent du sien, bien sûr, le général de Gaulle a consolidé son œuvre et d'une façon que n'auraient pas osé prévoir même les plus optimistes. »

Un seul officiel – un seul ! – est autorisé à représenter le gouvernement français lors de l'enterrement : Louis Joxe. Et le chancelier Adenauer est prié de rester chez lui – sous peine de commettre aux yeux de la France une faute diplomatique.

Adenauer ne fera pas le voyage à Metz, lui qui, pourtant, écrivait à Schuman, dans une lettre manuscrite de trois pages en allemand, datée du 10 septembre 1962, après une visite de de Gaulle en Allemagne : « C'est à vous que l'on doit l'amitié qui unit maintenant nos deux pays. » Et aussi : « Tout au long du séjour du général de Gaulle, je n'ai cessé de penser à vous. » Puis : « Sans vous, cette triomphale réconciliation n'eût pas été possible. »

De fait, l'axe franco-allemand, ce fut l'axe de Gaulle-Adenauer, mais aussi Schuman-Adenauer, sans compter l'amitié qui unissait le chancelier et Georges Bidault. Bref, ce sont ces catholiques qui ont pansé les blessures de la guerre et remis l'Europe sur les rails de la paix.

Lorsque Konrad Adenauer meurt à son tour, quatre ans après son allié lorrain, le 19 avril 1967, il a droit, quant à lui, à des funérailles grandioses. Pendant que le requiem résonne dans l'immense cathédrale de Cologne, les photographes saisissent devant le cercueil l'émouvant recueillement de de Gaulle et du président américain Lyndon Johnson, le catholique et le protestant, comme l'immortalise *Paris-Match*. Sous le regard du cardinal Joseph Frings – inamovible archevêque de Cologne de 1942 à 1969, adversaire des nazis, protégé des persécutions du régime par sa popularité –, de Gaulle s'est mis à genoux pour prier devant la dépouille de celui avec qui il avait tissé de forts liens d'amitié dépassant le cadre des relations entre hommes d'État. À la sortie, le président allemand Heinrich Lübke s'empare des mains des deux chefs d'État et les unit, dans une poignée désormais historique scellant les deux peuples, ultime geste d'un Adenauer qui, alors que son âme s'envole ailleurs, continue d'être « le chancelier de la réconciliation ». À l'issue de la cérémonie, une vedette de la Kriegsmarine, baptisée *Condor*, escortée par plusieurs navires de différentes nationalités, remonte le Rhin pour transporter Konrad Adenauer jusqu'au cimetière de son village rhénan, Rhöndorf ; elle est saluée au passage par quatre-vingt-onze coups de canon, un par année sur terre du défunt.

Ainsi s'éteint l'homme qui, au lendemain de la guerre, avait remis l'Allemagne debout, l'avait raccordée au camp occidental, reliée à son voisin français jusqu'au traité de coopération signé à l'Élysée, le 22 janvier 1963. Une réconciliation qui avait été consacrée quelques mois plus tôt, le 8 juillet 1962, sous les auspices chrétiens, par une messe en la cathédrale de Reims, célébrée par l'archevêque de la ville, François Marty, futur archevêque de Paris, avec au premier rang les deux chefs en prière... Imaginez-vous un tel cérémonial religieux comme point d'orgue à un sommet politique en notre XXIe siècle, au cœur d'une Europe déchristianisée ?

« C'est la volonté de Dieu si nos deux peuples qui se sont tant battus se sont enfin retrouvés... », lancera Adenauer lors d'une réception devant l'Association France-Allemagne à Paris, le 9 novembre 1964, rapporte un article du quotidien *Combat*.

Autres temps, autres mœurs...

Dans le tome III de ses *Mémoires*, publié en 1969, Konrad Adenauer souligne que « la politique était l'art de réaliser ce qui a été reconnu comme juste sur une base morale », et il considère que celle-ci devrait être « fondée sur l'amour de la liberté individuelle enracinée dans le christianisme occidental ». Il venait du parti conservateur d'inspiration catholique Zentrum, et il avait contribué à créer la CDU, l'Union chrétienne-démocrate, dont on a déjà évoqué le rôle puissant. À l'origine, comme Adenauer le précise dans ses *Mémoires*, il s'agit de « combattre le nationalisme, le matérialisme et l'athéisme »[12]. On lui reproche de mêler religion et politique ? Il assume :

12. Konrad Adenauer, *Mémoires : 1956-1963*, Hachette, 1969.

« À la conception matérialiste du monde doit se substituer la vision chrétienne ; aux principes fondamentaux du matérialisme, nous devons opposer les principes de l'éthique chrétienne, qui doivent devenir déterminants pour la construction de l'État et la limitation de ses pouvoirs, pour les droits et les devoirs des individus, pour la vie économique et sociale, pour les relations réciproques des peuples[13]. »

Porté par cette vision du monde, non seulement Adenauer est l'artisan du redressement allemand et de l'avènement européen, mais il se pose aussi en rempart contre l'impérialisme russe. Il est obnubilé par la tentation de Moscou qui taraude les élites et les peuples européens, et ce facteur est déterminant dans la volonté farouche de rapprochement avec la France d'un homme hanté par l'entente franco-russe de 1914, puis franco-soviétique des années 1950 et 1960. « Je ne veux pas revoir les marins français à Kronstadt », répète-t-il à ses interlocuteurs au souvenir de la répression bolchevique contre les mutinés de la flotte russe, en 1921.

Dans cette Europe incertaine, la tâche d'Adenauer n'est pas des plus aisées. Pour en savoir plus, sollicitons le regard d'un diplomate averti, avec une focale large, le diplomate allemand Joachim Bitterlich, qui compta pendant près de douze ans parmi les plus proches conseillers du chancelier Helmut Kohl, et que nous avons déjà croisé. Bitterlich est né en 1948, dans une famille protestante de la Sarre, alors, précise-t-il, « sous

13. *Ibid.*

occupation française ». Il a passé son enfance à Sarrebruck, à moins de six kilomètres de la frontière, et a rencontré sa femme à dix-huit ans, une Lorraine dont la mère a grandi dans un village coupé en deux, entre la France et l'Allemagne, allant à l'école allemande et parlant français à la maison. C'est dire s'il est au fait de l'axe franco-allemand…

Après ses études en Allemagne, l'homme a fait l'ENA (promotion Guernica, 1975). Il connaît très bien notre pays, Kohl l'envoyait souvent à Paris pour en prendre le pouls, et, à la retraite, il se partage entre Berlin, Paris et la Normandie. C'est un fin spécialiste de l'Europe et de la géopolitique. Et quel regard porte sur ces années de construction ce diplomate allemand, francophile et europhile ? Son analyse est pour le moins nuancée…

> « Konrad Adenauer a eu raison de tenir son cap politique, même si, à l'époque, il n'était pas facile de faire accepter sa stratégie à ses compatriotes, explique Joachim Bitterlich. Le chancelier se rapprochait d'un voisin que l'on n'arrivait pas à cerner, qui n'était pas perçu comme stable et positif, avec tous ces gouvernements d'une Quatrième République qui ne cessait de changer et qui était empêtrée dans les affaires de décolonisation. Autour d'Adenauer, il y avait deux factions, l'une était profrançaise et l'autre proatlantiste. Les partisans de cette ligne-ci poussaient à jouer la carte de l'OTAN, donc américaine, qui était notre réassurance, la protection face aux appétits de l'URSS, alors que, rappelons-le, l'Allemagne était divisée, et que l'Armée rouge campait à nos frontières. Enfin, beaucoup d'Allemands pensaient s'appuyer sur « le miracle

chancellerie allemande. « Il est diplomate, prudent et habile, a une grande expérience des hommes et connaît très bien les défauts de son peuple », souligne l'article. À preuve : en 1949, il est élu à une voix de majorité par le Bundestag – quatre ans plus tard, aux élections législatives de 1953, son parti raflera la majorité absolue des sièges en faisant campagne sur son nom…

À l'époque de son avènement, Konrad Adenauer est déjà âgé de soixante-treize ans, et il n'est alors, à l'image de Schuman, qu'un politicien au long cours parmi d'autres. Il a commencé sa carrière en 1906, comme adjoint au maire de Cologne. Celui que l'on surnommera « le vieux renard » n'est pas encore le premier chancelier tant redouté de l'Allemagne post-nazie, mis devant la tâche immense de raffermir un peuple brisé, reconstruire un pays dévasté et assurer sa liberté face aux deux blocs de l'Ouest et de l'Est. C'est un notable local, dévoué à sa ville, Cologne, dont il gère l'approvisionnement durant la Première Guerre mondiale et devient le bourgmestre (maire) en 1917. Ce n'est pas rien : la ville compte alors 600 000 habitants. Adenauer est avocat ; après des études de droit et d'économie politique, il dirige sa ville et des sociétés industrielles. Il compte. Mais il n'est pas un dirigeant politique national. Et l'arrivée au pouvoir d'Hitler balaie toutes ses ambitions. En 1933, les nouveaux maîtres du pays le relèvent de ses fonctions. Il a cinquante-sept ans. Pourchassé par la Gestapo, arrêté à deux reprises, en 1933 et 1944, il se met en retrait, se cache même pendant un an dans le couvent bénédictin de Maria Laach, où il découvre, dans la bibliothèque des moines, l'encyclique *Rerum novarum* du pape Léon XIII.

La défaite sort de sa retraite ce chrétien qui aime cultiver les roses, pour prendre la tête d'un pays détruit et menacé par les appétits étrangers. C'est lui qui façonnera la nouvelle Allemagne, dès 1946, et il continuera une fois au pouvoir, à partir de 1949, avant d'en céder les rênes en 1963 à Ludwig Erhard, son bras droit formé durant près de quinze ans au stratégique ministère de l'Économie.

Pour les pères fondateurs, l'Europe naissante est celle qui s'inspire de la doctrine sociale de Léon XIII, « l'humanisme intégral » d'un Maritain – qui dès 1940 plaidait pour « l'avènement d'une Europe fédérale » – et le personnalisme de Mounier. Une Europe où les États n'écrasent pas les individus.

> « La construction européenne se justifiait fondamentalement pour les démocrates-chrétiens, par l'idéal de communauté solidaire, souligne l'historien Jean-Dominique Durand. Cet idéal était fondé sur la notion de personne, autre élément clé de la doctrine démocrate-chrétienne. Le personnalisme, c'est-à-dire ici la solidarité et la responsabilité : l'Europe suppose un effort de dialogue, de solidarité et de coopération, qui ne peut que transcender les égoïsmes nationaux et la logique de l'affrontement. La démarche choisie rompait avec le passé des États européens : elle entendait fonder l'union dans la paix, par consentement mutuel et par étapes, antithèse de la conquête, par la volonté de transcender le tragique de l'histoire. Ici est atteint le domaine de la mission, et l'on comprend mieux l'idée de

foi européenne mise en avant par certains démocrates-chrétiens[17]. »

Cette « foi européenne », l'Italien Alcide De Gasperi la porte au cœur. Comme le note Jean-Dominique Durand, De Gasperi parle de « notre patrie Europe », il défend la nécessité d'une « autorité politique centrale » et fait volontiers référence à la Suisse comme modèle d'organisation. Le 10 décembre 1951, à Strasbourg, devant l'Assemblée consultative du Conseil de l'Europe, il plaide en ce sens, dans un discours précurseur, qui fera date.

> « Si nous ne bâtissons que des administrations communes, sans qu'il y ait une volonté politique supérieure, vivifiée par un organisme central, dans lequel les volontés nationales se rencontrent, se précisent et se réchauffent dans une synthèse supérieure, nous risquons de voir cette activité européenne, comparée aux vitalités nationales particulières, paraître sans chaleur, sans vie idéale ; elle pourrait même apparaître à certains moments un harnachement superflu et peut-être oppressif, tel que le Saint Empire romain apparut à certaines périodes de son déclin[18]. »

De Gasperi suit un credo simple, aisé à exprimer, plus difficile à mettre en œuvre : « Soit l'Europe s'unit, soit l'Europe périt ». Cet homme en apparence dur, qui sourit peu, toise ses interlocuteurs d'un regard

---

17. Jean-Dominique Durand, *op. cit.*

18. L'intégralité de ce discours est consultable sur le site du Conseil de l'Europe : http://www.assembly.coe.int/nw/xml/Speeches/Speech-XML2HTML-FR.asp?SpeechID=48.

bleu acier de myope, est sans doute celui des trois moines soldats de la construction européenne qui est le plus habité par le christianisme. Pour le centenaire de sa naissance, le pape Jean-Paul II le qualifiera ainsi : « La foi était en lui un centre d'inspiration, une force de cohésion, un critère des valeurs, une raison de choix. »

Sa foi s'est affermie dans le combat contre les Autrichiens et, surtout, contre le fascisme, qui lui valut d'être jeté comme un chien en prison, puis de trouver refuge au Vatican, sous la haute protection du pape Pie XI, comme fonctionnaire de la Bibliothèque vaticane. Comme on l'a vu, Alcide De Gasperi est un « homme frontière » lui aussi : il se sent profondément italien, mais il est né, le 3 avril 1881, dans le Trentin-Haut-Adige, qui fait alors partie de l'Empire austro-hongrois. Engagé très jeune dans les mouvements d'action catholique, il est élu au conseil communal de Trente, puis au Parlement autrichien en juin 1911 et à la Diète d'Innsbruck, où il se fait le défenseur des droits de ses compatriotes italiens et de l'autonomie de « son » peuple face au pouvoir autrichien. En manifestant aux côtés des étudiants qui réclament la création d'une faculté de droit en langue italienne, De Gasperi connaît – pour la première fois – la prison. Le jeune engagé est, lui aussi, imbibé de christianisme social dans la lignée de l'encyclique de Léon XIII, le pape de sa jeunesse (il a dirigé l'Église de 1878 à 1903), qui va inspirer tous ses combats. Pour De Gasperi, comme il l'énonce dans un discours de 1902 en l'honneur de Léon XIII, le catholicisme est « une règle fondamentale que l'homme doit suivre du berceau à la tombe, il est l'âme et la moelle épinière de toutes choses[19] ».

Par les traités de paix de 1919, le Trentin passe sous pavillon italien. Une victoire pour De Gasperi, qui devient italien, s'établit à Rome et adhère au Partito Popolare Italiano (PPI), le parti catholique fondé par l'abbé Luigi Sturzo, qui donnera naissance à la Democrazia Cristiana, que nous avons précédemment évoquée. Il devient député italien et préside le groupe du PPI. Il soutient tout d'abord la participation du PPI au premier gouvernement de Mussolini, avant de s'en éloigner. Puis, face à la montée des violences, tant contre les institutions que dans la rue, il finit par rejoindre le camp des opposants, devenant secrétaire du groupe antifasciste en 1924. Mussolini retire son autonomie au Trentin et fait voter la loi Acerbo, réforme du système électoral qui met en place la dictature. De Gasperi se lève. Les fascistes, dans l'Italie chrétienne, veulent instrumentaliser la religion pour servir leur régime d'assujettissement des individus. De Gasperi s'insurge.

« Le christianisme, lance-t-il, ne peut en aucun cas inspirer ni alimenter les idéologies nationalistes fascistes, lesquelles, se fondant essentiellement sur les instincts raciaux et sur les théories de la force et des armes, sont en contradiction avec l'aspiration à la fraternité et à l'universalisme chrétien. » Le chrétien social ne peut pas supporter que ses coreligionnaires soutiennent les fascistes. « Enseigner à se mettre à genoux, c'est

---

19. Gerlando Lentini, *Aux racines chrétiennes de l'Union européenne*, Éditions des Béatitudes, 2006.

bien, mais dans l'éducation ecclésiale, les catholiques devraient apprendre aussi à se tenir debout. »

Alcide De Gasperi est arrêté le 11 mars 1927 et condamné à quatre ans de prison. Il est relâché en 1928, grâce à l'intervention de l'évêque de Trente auprès du roi Victor-Emmanuel III. Banni de la vie publique, en proie à de graves difficultés matérielles, père de plusieurs filles, c'est à ce moment qu'il trouve un emploi (modeste) à la Bibliothèque vaticane. Il en profite pour échafauder son projet politique, qu'il couche dans un texte de juillet 1943, intitulé *Idées reconstructives de la démocratie chrétienne*. En décembre 1944, la DCI est née.

Lors du congrès fondateur, De Gasperi s'exclame :

« La révolution politico-sociale qui est en train de se dérouler et que nous désirons pour des raisons de justice et pour permettre à tout le peuple de se gouverner lui-même en politique, dans l'économie, au travail, doit s'accomplir en respectant et en sauvegardant les droits suprêmes de la personne humaine et toutes les libertés essentielles à son développement. » Au contraire du MRP, la DCI se place d'emblée sous la bannière confessionnelle – en se gardant du cléricalisme. « Chez ce catholique qui devait beaucoup à Lacordaire et au père Gratry[20], il n'y avait nul intégralisme, constate l'historien Jean-Dominique Durand. L'Église n'était pour lui que l'inspiratrice des valeurs morales de la vie sociale. »

> « Notre parti, souligne Alcide De Gasperi, est une organisation de croyants qui veut réaliser, sur le terrain

---

20. Savant, philosophe, prédicateur, membre de l'Académie française, qui prêchait le lien entre christianisme et démocratie.

politique et social, une authentique démocratie politique et une profonde transformation sociale, selon ce qui est juste ; lorsqu'il devient membre du parti, le militant politique ne change pas, je crois, il ne rompt pas le lien spirituel qui l'unit à l'Église ; au contraire, il ne cesse de puiser dans le patrimoine chrétien le ferment vital qui doit le nourrir également dans la vie publique. »

Après la guerre, il entre comme ministre dans les gouvernements provisoires. Le 10 décembre 1945, il devient président du Conseil italien. Il occupe ce poste à huit reprises, jusqu'en 1953 – un an avant de s'éteindre, le 19 août 1954 –, incarnant durant toutes ces années la démocratie chrétienne italienne, tout en refusant de gouverner seul, s'ouvrant aux autres partis modérés dits laïcs. Il fut l'homme de la reconstruction de l'Italie, et de la réconciliation des Italiens, avant d'être l'artisan de l'Europe. « L'avenir ne se construit pas grâce à la force, ni à l'esprit de conquête, mais grâce à la patiente application de la méthode démocratique, à l'esprit constructif des accords et au respect de la liberté », disait Alcide De Gasperi.

Il s'agit de mettre l'humanisme chrétien au service de l'action politique. « Les pères fondateurs étaient ancrés dans un catholicisme moderne, souligne le protestant Joachim Bitterlich. Ils avaient compris le passé et ils suivaient un mot d'ordre commun : "Plus jamais". Grâce à eux, les valeurs chrétiennes ont façonné l'Union européenne[21]. »

L'ex-ministre italien Enrico Letta, président de l'Institut Jacques Delors, le souligne avec force :

21. Joachim Bitterlich, entretien avec l'auteur.

> « Le rôle de la démocratie chrétienne a été fondamental dans la formation de l'Europe. Elle s'est construite ainsi. Le reste du panorama européen était soit hostile à l'Europe soit éparpillé. La naissance de l'Union européenne est une histoire de la démocratie chrétienne. Il ne s'agit pas de laisser émerger un nationalisme démocratique qui ferait oublier le nationalisme totalitaire. Il faut quelque chose en plus. Le nom de “communauté” donné à cette nouvelle alliance a une forte empreinte chrétienne. Ce qui facilite les choses est que les leaders ont eu la possibilité de penser l'Europe avant et pendant la guerre, dans l'idée qu'il faut bâtir quelque chose de supérieur, au-delà de l'objectif que poursuit chacun pour reconstruire son pays. Et dans cette perspective, l'influence du Vatican a été importante[22]. »

Un raisonnement qui pousserait jusqu'à affirmer que l'Europe est une invention de l'Église catholique ?

> « Non, rétorque Enrico Letta, le Vatican n'a pas orienté les conditions de la construction européenne, mais il a offert un lieu pendant la Seconde Guerre mondiale pour que les leaders démocrates-chrétiens du futur puissent se retrouver et confronter leurs idées. Surtout, il a apporté une autre dimension, une hauteur de vue, un dessein large à cette entreprise. C'est ce qu'a été la construction européenne[23]. »

Le procès de vouloir faire « l'Europe vaticane » n'épargnera pas les pères fondateurs chrétiens. Charge attendue, d'autant que ceux-ci insistaient sur l'apport

22. Enrico Letta, entretien avec l'auteur.
23. *Ibid.*

de leurs convictions personnelles à l'œuvre commune. Cet ancrage permit de les unir, rappelle Enrico Letta.

Cette accusation, dès le début de la construction européenne, Robert Schuman la balayait ainsi :

> « C'est un mythe. L'Europe que nous envisageons est profane tant par les idées qui en sont à la base que par les hommes qui les mettent en œuvre. Si les chrétiens ont eu une part parfois prépondérante dans la création des institutions européennes, il y a en cela une sorte de prédisposition, de similitude de préoccupations qui fait que les chrétiens sont ouverts aux idées européennes. Mais jamais ils n'ont revendiqué une sorte de monopole, ni conçu d'arrière-pensée cléricale ou théocratique. Elle serait d'ailleurs parfaitement utopique. »

Dans un papier paru dans l'hebdomadaire *Samedi-Soir* le 22 octobre 1953, le Lorrain rejette ainsi les critiques :

> « Les pères spirituels ont été Churchill, De Gasperi et Léon Blum ; son président et animateur demeure P.-H. Spaak. C'est avec le concours actif de ces hommes qu'ont pris corps toutes nos initiatives européennes. Est-il croyable qu'ils aient pu accorder leur parrainage à de ténébreuses machinations ourdies dans les caves du Vatican, ou à des projets sapant les bases du patriotisme ? On serait tenté d'en sourire, si un tel reproche n'était indigne de nous. Gardons à ce nécessaire débat toute sa sérénité et tout son sérieux. »

Cette question qui le taraude – elle est constitutive de son identité politique et de la mission qu'il se donne –, Robert Schuman y revient dans *Pour l'Europe*, petit livre testamentaire publié quelques semaines après sa mort.

> « La démocratie doit son existence au christianisme, écrit Robert Schuman. Elle est née le jour où l'homme a été appelé à réaliser, dans sa vie temporelle, la dignité de la personne humaine, dans la liberté individuelle, dans le respect des droits de chacun et par la pratique de l'amour fraternel à l'égard de tous. Jamais avant le Christ pareilles idées n'avaient été formulées. La démocratie est ainsi liée au christianisme, doctrinalement et chronologiquement. Elle a pris corps avec lui, par étapes, à travers de longs tâtonnements, parfois au prix d'erreurs et de rechutes dans la barbarie. Dans ce long et dramatique processus de la civilisation chrétienne, ce n'était et ce ne sont d'ailleurs pas toujours les croyants intégraux qui ont fait faire à la démocratie les progrès les plus décisifs. Les notions chrétiennes ont survécu et agi dans le subconscient d'hommes qui avaient cessé de pratiquer une religion dogmatique, mais qui continuaient à s'inspirer de ses grands principes. Ceux-ci sont devenus les caractéristiques de la civilisation contemporaine[24]. »

Est-il encore possible de raisonner ainsi dans ce premier quart de XXIe siècle, alors que l'Union européenne est aujourd'hui une vaste entité, constituée d'une mosaïque de peuples et de régimes politiques disparates, menacée d'implosion par les coups de boutoir des radicaux de toutes obédiences ?

---

24. Robert Schuman, *Pour l'Europe*, Fondation Robert Schuman, 1963.

> « Depuis 1999, constate l'expérimenté parlementaire européen Alain Lamassoure, le Parti populaire européen (PPE), rassemblement de partis du centre, de centre droit et de droite d'inspiration démocrate-chrétienne et libérale-conservatrice, dont le noyau et la tête sont formés par la CDU-CSU allemande, est le groupe le plus ancien et le plus représenté au Parlement européen. Il garde une influence, mais que reste-t-il d'imprégnation chrétienne à cette influence ? Je serais tenté de dire un souvenir, mais guère plus[25]... »

Sans doute.

Mais le souvenir du passé soutient l'action du présent et les réalisations du futur. Si l'on ne garde pas solides les fondations et les murs porteurs, aux moindres travaux d'agrandissement, une maison risque toujours de s'écrouler.

25. Alain Lamassoure, entretien avec l'auteur.

Chapitre 9

LE CHOIX DES ÂMES

C'était le 7 décembre 1998, et je m'en souviens comme hier. Geneviève de Gaulle-Anthonioz avait accepté un long entretien[1] dans son petit appartement parisien de l'avenue de l'Observatoire, à deux pas du jardin du Luxembourg – et tout près du Panthéon, où elle fera son entrée en 2015, treize ans après sa mort. Elle venait de publier un petit livre coup de poing où elle racontait dans le moindre détail, de façon crue mais sobre, sa déportation à Ravensbrück, afin qu'on n'oublie pas la vérité nue des camps. Ce récit, elle l'avait écrit d'une traite, seule, enfermée dans l'obscurité. Elle avait attendu d'atteindre l'âge de soixante-dix-huit ans, sentant la mort approcher, pour livrer enfin le récit complet de son voyage à elle jusqu'au bout de la nuit. Raconter, enfin, l'horreur. Celle d'une jeune fille de vingt-quatre ans, engagée tôt – elle avait vécu dans la Sarre jusqu'à l'âge de quinze ans, parlait couramment allemand, et son père lui avait fait lire

---

1. Entretien avec l'auteur paru dans *Le Point* n° 1369 du 12 décembre 1998.

Mein Kampf – dans le réseau du Musée de l'Homme, puis Défense de la France, et qui avait été propulsée dans l'enfer de Ravensbrück.

Elle est la nièce du général de Gaulle ; à Ravensbrück, comme Jacqueline Fleury-Marié et toutes leurs camarades, elle n'est plus qu'un « *Stück* », un morceau, le matricule 27372... Elle assiste, terrifiée, au martyre de femmes « massacrées à coups de pioche, mordues par les chiens, jetées au milieu des folles dans les immondices », elle gardera toujours dans l'oreille « ces horribles plaintes sans pouvoir leur porter secours ». Elle a seulement vingt-quatre ans, elle est seule, entourée de visages « marqués par le mépris et la haine »[2], l'heure de la mort est-elle déjà venue pour elle ? Cette grande catholique s'était soudain sentie abandonnée de Dieu. Elle le disait dans un petit texte poignant que m'a confié Jacqueline Fleury-Marié : « Où trouver les mots pour Dieu dans cette misère ? interpellait la déportée. Que prient ceux qui ont le temps, dans le silence. J'ai les oreilles et la bouche pleines d'une clameur de désespoir[3]. »

1944-1998... Un petit salon à l'aménagement sobre et une vue tranquille sur les jardins de l'Observatoire. Un soleil d'hiver irradie la pièce, on entend des chants d'oiseaux. Un regard malicieux derrière des lunettes ovales, des cheveux gris retenus en catogan avec soin, et ce sourire, cette voix, ces gestes, où l'on sent la

2. Geneviève de Gaulle-Anthonioz, *La Traversée de la nuit*, Seuil, 1998.

3. « Prier », publié en mai-juin 1970 dans *Voix et Visages*, la revue de l'ADIR (Association des déportées internées et résistantes).

fermeté, mais aussi derrière ce voile impénétrable la tendresse, la bienveillance… Assise dans son fauteuil, l'ancien matricule 27372 a l'allure d'une grand-mère paisible et rit comme une jeune fille. À soixante-dix-huit ans, la rescapée de Ravensbrück se dit… comblée par la vie. « Vous vous rendez compte, affirme-t-elle, toute cette richesse humaine que j'ai reçue ! Revenir de Ravensbrück, vivre avec un homme formidable, avoir quatre enfants [trois fils et une fille], dix petits-enfants. Regardez cette bibliothèque, tous ces livres, cette petite croix de Lorraine fabriquée par Calder. Tenez, je vais vous montrer… » Elle m'avait parlé, je m'en souviens encore, avec un amour si beau, si présent de son mari Bernard Anthonioz, homme de grande culture, éditeur d'art, proche de Picasso, Matisse, Braque, Miró, Masson, intime de Chagall, Le Corbusier ou encore Calder, qui fut le bras droit d'André Malraux au ministère de la Culture, où il marqua son temps, et qui était décédé quatre ans plus tôt. Quand sera décidé le transfert de Geneviève au Panthéon, en même temps que de sa camarade Germaine Tillion et de Pierre Brossolette, les enfants refuseront de la séparer de son mari : elle restera donc à ses côtés dans le petit cimetière de Bossey, en Haute-Savoie, la patrie des Anthonioz, et seul un cercueil contenant de la terre du cimetière sera porté dans le temple parisien…

Quand on échangeait avec Geneviève de Gaulle-Anthonioz, elle vous regardait droit dans les yeux et s'exprimait d'une petite voix, à mots comptés. Pas un plus haut que l'autre. Nulle manière, nul artifice. Mais cette femme d'apparence si frêle portait en elle une puissance extraordinaire. « J'ai une conviction qui compte plus que toute autre, disait-elle. Je crois en la grandeur de l'être humain. » Malgré tout ? « Oui, malgré tout. Dans ma vie, j'ai croisé tant de choses belles, vous savez. Même à Ravensbrück. Comme ce jour où j'ai vu un prisonnier affamé offrir à manger à un autre. Depuis, ma recherche de Dieu est toujours passée par l'humanité. » C'est ainsi qu'elle s'était gardée de la haine. « J'ai été tentée, concédait-elle. Quand vous voyez quelqu'un tuer devant vous un être humain et jouir de cette espèce de pouvoir, il est difficile de ne pas haïr. Mais si l'on en reste là... La vie est un perpétuel dépassement, c'est pas du tout cuit... »[4]

La femme qui parlait ainsi avait connu une existence jalonnée par le malheur. Avant Ravensbrück, elle avait perdu sa mère à l'âge de cinq ans, puis sa sœur Jacqueline, jeune fille solaire, fauchée par la typhoïde après avoir mangé une glace à l'eau, alors que Geneviève n'avait pas encore dix-huit ans. « Son engagement fut très lié à la force de résistance qu'elle avait dû mettre en place pour pallier les absences de sa mère et de sa sœur », me confiera sa fille, Isabelle Gaggini. Geneviève est une de Gaulle, la fille de Xavier, l'aîné des quatre frères du Général. Quand elle est arrivée à Ravensbrück, dira-t-elle à la journaliste Christine Clerc dans *Le Figaro* en 2002, « au nom de de Gaulle, toutes mes camarades ont applaudi [...]. Alors, ils ont lâché les chiens. Mais je ne me suis pas laissé intimider. Au moment de passer devant la table où l'on faisait l'inventaire des effets personnels, j'ai sorti ma pipe,

4. Geneviève de Gaulle-Anthonioz, entretien avec l'auteur.

ma jolie pipe à la George Sand, cadeau de camarades de Résistance, et je l'ai allumée tranquillement sous le nez des Allemands stupéfaits… » Une de Gaulle ! Et comme elle est une de Gaulle, Himmler, à la fin de la guerre, la retiendra en captivité, ainsi que les trois autres membres de la famille, pour s'en servir comme monnaie d'échange contre des prisonniers allemands. Himmler écrira trois lettres en ce sens au Général. Qui ne lui répondra jamais… « Je voulais ma libération, mais j'étais fière qu'oncle Charles ne réagisse pas », expliquera Geneviève au quotidien britannique *The Daily Express* du 11 mai 1965.

Geneviève dut attendre le 25 avril 1945 que l'Armée rouge libère Ravensbrück pour pouvoir rentrer en France. Elle habite pendant un mois chez son oncle, à Neuilly-sur-Seine, et chaque soir, ils se confient l'un à l'autre. « Tu fus, au moment le plus grave, et avec quel courage et quelles souffrances, un des meilleurs de mes "compagnons", lui écrira de Gaulle en 1970, de son exil irlandais. Tu n'as jamais cessé, depuis, de l'être. »

Il faut bien se remettre à vivre après Ravensbrück. Mais comment faire ?

« On ose à peine prononcer maintenant le mot de camp de concentration, déclara Geneviève lors d'une conférence qui a pour thème "l'Allemagne jugée par Ravensbrück", en mai 1947, devant un parterre d'ambassadeurs au théâtre Marigny à Paris. La vie reprend son cours. Nous paraissons las de tant d'horreurs, même nous, les rescapés de ces bagnes. »

« Il a toujours été très important pour ma mère de témoigner, mais à cette époque il n'était pas facile pour les déportés de se faire entendre », m'avait expliqué Isabelle Gaggini.

Après la guerre, elle a rencontré Bernard Anthonioz, un Savoyard têtu, passionné et blagueur alors qu'elle était en convalescence en Suisse. Orphelin de père, il a dû travailler très jeune. Il admire de Gaulle, mais il est aussi très lié à Aragon, qu'il a connu en 1942 : Bernard est le secrétaire général de la revue *Les Cahiers du Rhône*, qui publie la littérature interdite par Vichy et les nazis, et c'est à lui qu'Aragon a confié son manuscrit *Les Yeux d'Elsa*. Après la guerre, Bernard Anthonioz travaille dans la maison d'édition qui publie le livre de Germaine Tillion, *Ravensbrück*.

L'histoire familiale raconte que c'est elle qui, sur le pont du Mont-Blanc, demanda la main de son futur époux… Ils se marient le 29 mai 1946, en l'église Notre-Dame de Genève, ville où le père de Geneviève est alors consul général. Le général de Gaulle, qui s'était alors fixé pour règle de ne pas voyager ni d'assister à aucune cérémonie, accepte d'être le premier témoin. « Dans l'église, toutes les autorités de Genève étaient présentes, note le permanencier de l'AFP. Au moment de l'entrée du cortège nuptial, le général de Gaulle, en uniforme très simple, a été accueilli par une grande ovation. »

Au sortir de la déportation, Geneviève choisit la vie. Et cette vie, c'est cet homme de culture et grand vivant nommé Bernard Anthonioz qui l'incarne. Les enfants, les échanges et les rires qui fusent autour de la table, les invités qui défilent, les voyages en 2 CV le week-end avec le chien Neil, pour aller camper… C'est cela, la vie !

Elle contribue à la fondation de l'Association nationale des déportées et internées, elle assiste aux procès des criminels nazis, elle donne des conférences, elle participe à la création du RPF, le parti lancé par son oncle en 1947, elle travaille au cabinet de Malraux avec Bernard.

Mais comment faire quelque chose de plus ? De plus grand ?

Elle s'en ouvre à son mari : Que vaut notre engagement dans la Résistance ? Acceptons-nous d'être maintenant des « anciens combattants » ?

Geneviève a trente-huit ans. Elle vient de visiter à Noisy-le-Grand le deuxième plus grand bidonville de la région parisienne après celui de Nanterre. Dans les baraques et la boue, elle a revu les fantômes de Ravensbrück. Elle n'aura de cesse, dès lors, de se battre pour ces êtres, de les relever, de les élever.

C'est un choix que l'on pourrait qualifier de « gramscien ». Reconstruire la France, bâtir une Europe en paix, c'est un combat culturel, une guerre de civilisation, à l'épicentre duquel se retrouve Geneviève de Gaulle. Résistante un jour, résistante toujours ! Avant guerre, l'intellectuel communiste italien Antonio Gramsci, jeté en prison par Mussolini, avait théorisé un processus de conquête du pouvoir par la prise de contrôle du capital culturel. Le « gramscisme », encore de nos jours, fait florès dans les combats menés par les révolutionnaires de gauche mais aussi de droite : c'est une voie d'accès à faible coût vers le sommet pour les minorités politiques marginales et extrêmes. D'une certaine manière, la théorie peut s'appliquer aussi à celles et ceux qui rêvent d'un monde meilleur pour tous, mais dans la construction et non la démolition que veulent les extrémistes. Pour la chrétienne Geneviève de Gaulle, cette nouvelle résistance est inspirée par les Évangiles : il ne s'agit pas d'abattre un monde oppresseur, mais d'abord, avant tout, d'intégrer les plus faibles, les plus fragiles à la marche de leur temps. Inclure les exclus.

La dernière lutte de Geneviève de Gaulle-Anthonioz sera pour réintégrer dans la société celles et ceux qui sont cantonnés aux marges des Trente Glorieuses, « au dernier degré de l'écrasement et de la désespérance ».

Les mots cognent. Contre l'indifférence.

Ces mots, ce sont ceux d'un homme qui vient d'entrer dans la vie de Geneviève, c'est lui qui lui a fait découvrir le camp de Noisy. Il a une bouille ronde et un regard intransigeant. C'est un prêtre, un combattant de Dieu qui connaît la dureté de la vie. Il aime moins faire parler de lui que l'abbé Pierre, pourtant il est tout aussi insurgé. Le père Joseph Wresinski vit au milieu des oubliés de cette France qui se reconstruit, le « quart-monde », comme il dit. Un peuple de marginaux et de déshérités. Les Français s'entassent dans des petits appartements, nombreux sont ceux qui ne sont pas raccordés aux canaux essentiels (eau, gaz, électricité). Ceux qui n'ont rien sont poussés dans les limbes des villes. Joseph Wresinski connaît cet ailleurs : il en vient.

Sa destinée est édifiante, elle est aussi peu connue, l'homme n'est pas du genre à s'épancher, c'est un humble parmi les humbles. La survie est une course à l'urgence, pas le temps de s'appesantir sur son malheur. Il faut agir. Sinon, c'est la mort.

Wresinski est né le 12 février 1917 dans un quartier populaire d'Angers. Son père, Wladyslow, est un ingénieur mécanicien polonais, arrivé en France en 1914, porteur d'un passeport allemand. Il ne trouve pas de travail. Il quittera la petite famille. Sa mère, espagnole, est traitée en étrangère et, du soir au matin, est taraudée par une obsession : nourrir ses quatre enfants. Quand il se confiera, le père Joseph citera toujours sa mère en exemple, le combat qui fut le sien pour ne pas sombrer dans l'indignité.

> « Ma mère faisait des ménages, se souviendra-t-il plus tard. Les enfants, nous nous débrouillions pour rapporter à la maison un petit quelque chose. Je faisais les courses pour le boucher en échange d'un peu de viande. Le matin, je servais la messe dans une communauté religieuse parce qu'on me donnait un petit déjeuner. Souvent, je rapportais des objets volés que je disais avoir trouvés. Et ma mère faisait semblant de me croire parce que nous avions faim. Elle était parfaitement droite. Elle travaillait jusqu'à l'épuisement[5]. »

Qu'est-ce qui maintient cette femme hors de l'eau ? « Une foi extraordinaire, admire son fils. Jamais je ne l'ai vue désespérée. Dans les pires situations, elle croyait qu'il arriverait quelque chose qui nous tirerait de la misère, et elle le demandait. Elle priait. Elle nous a bien élevés. Elle disait souvent : “Je n'ai rien à vous donner mais au moins vous aurez un métier.” C'était une très grande dame[6]. »

La petite famille enchaîne les hébergements en foyer d'urgence ; ils sont trois enfants, Joseph est le dernier, mais sa sœur Sophie, née juste avant lui, meurt

5. *Le Quotidien de Paris*, 24 mars 1981, entretien avec Laurence Cossé.
6. *Ibid.*

en bas âge. De faim. Il n'hésitera pas à le dire, plus tard, à la télévision. Le père étant parti, et la mère absente, les enfants doivent s'organiser.

> « Pour rapporter quelques sous à la maison, dira plus tard le père Wresinski à la journaliste Anne Gaillard, nous enfilions des étuis de papier à cigarette, nous faisions de petits cartonnages. Chaque boîte demandait une demi-heure de travail, nous étions au moins trois à la faire, et cela rapportait 1,50 franc à la maison par jour. Dans le quartier, nous n'étions donc pas des enfants comme les autres, ne serait-ce que parce que nous ne pouvions pas disposer de notre temps. »

Ils ne sont pas comme les autres…

> « Mon nom est Wresinski, on nous appelait la famille Kiki, et ce, jusqu'à l'âge de quatorze ans, poursuit le prêtre. Tant que j'ai été dans le quartier, on nous a appelés ainsi. Ce n'était pas discriminatoire. Nous étions différents, voilà tout. Plus tard, quand mon frère plus jeune a réussi à s'imposer un peu dans le quartier, nous n'avions pas encore le droit de nous appeler Wresinski : maman était appelée Madame Martin, du nom de mon petit frère qui s'appelait Martin. Cela ne voulait pas dire que nous n'étions pas estimés, car ma mère était une femme de courage, d'économie et d'une autre tenue morale. Simplement, nous étions, dans le quartier, une famille à part. Nous avions quand même pour nous la force. »

À l'âge de treize ans, il est embauché comme apprenti chez un boulanger-pâtissier. De fil en aiguille, il se retrouve à Nantes où il fréquente, durant quelques mois, les Jeunesses communistes, avant de découvrir les Jeunesses ouvrières chrétiennes (JOC).

> « J'ai rencontré les jeunes de ce qu'on appelait à l'époque la "Fosse", se souvenait-il. Quelle accumulation de misères ! C'est là que j'ai redécouvert l'Église, grâce à un prêtre qui m'a fait toucher du doigt ce fond intolérable d'existences humaines. À travers ce prêtre, l'abbé Gerbaud, et à travers la JOC, j'ai découvert qu'on pouvait faire quelque chose. C'est là que j'ai senti qu'il fallait aller jusqu'au bout. J'ai donc décidé de devenir prêtre. Si vous voulez, c'est un peu la ligne de saint François d'Assise ou de saint Vincent de Paul[7]. »

Il a dix-sept ans quand il entre au petit séminaire. Ses études sont financées par une famille d'agriculteurs du Soissonnais, dont la fille est religieuse et connaît la famille Wresinski. Après avoir intégré le grand séminaire de Soissons au début de la guerre, Joseph est ordonné prêtre en 1946.

Il devient vicaire, puis curé dans des paroisses ouvrières et rurales. Il travaille comme mineur dans le Nord, où il contracte la silicose, et doit partir au sanatorium. Le père Joseph n'en démord pas : il veut se mettre au service des plus pauvres. Son évêque Pierre Douillard, qui a été curé d'Angers, l'encourage dans cette voie. Précisons au passage que cet évêque Douillard a été emprisonné pendant la guerre pour faits de résistance, ayant hébergé des réfractaires au Service de travail obligatoire (STO).

---

7. Entretien paru dans *L'Express*, 12 mai 1980.

Le prélat a une mission pour le père Wresinski.

L'abbé Pierre a lancé son appel à « l'insurrection de la bonté » quelques mois plus tôt. Le ministre du Logement a échafaudé un programme pour la création de « cités d'urgence », un peu partout autour des grandes villes. Même s'il s'agit plus de bidonvilles que de vrais quartiers. L'abbé Pierre a besoin d'encadrement, notamment dans le bidonville de Noisy-le-Grand, que l'on surnomme par ironie « Château-de-France » et où s'entassent déjà 252 familles dans des « igloos » de Fibrociment, en forme de demi-bidons métalliques – d'où le nom « bidonville » –, sans électricité ni chauffage. Les sans-logis affluent pour obtenir plus vite leurs dommages de guerre. La température peut descendre jusqu'à moins dix-huit degrés !

— Si les gens vont dehors, ils risquent de crever ! s'insurge l'abbé Pierre.

Et il lance au père Joseph :

— Occupez-vous de la vie spirituelle et de la vie tout court dans ce hameau de détresse !

Joseph Wresinski débarque dans le camp de Noisy le 14 juillet 1956.

« Ce jour-là, je suis entré dans le malheur », écrira plus tard l'ancien enfant des foyers d'Angers.

Il n'en sortira jamais.

Le bidonville était prévu comme installation provisoire pour six mois : il va subsister douze ans !

L'abbé Pierre tombe malade pendant un an. En son absence, un conflit surgit au sein d'Emmaüs, l'association n'est plus en mesure d'assurer la responsabilité du bidonville. L'abbé Pierre propose alors à Joseph Wresinski :

— Emmaüs ne s'occupera plus de ces deux cent cinquante familles. Prenez-en la responsabilité intégrale.

Et c'est ainsi que naît le mouvement ATD (Aide à toute détresse) Quart Monde en 1957. Wresinski est obnubilé par une chose : redonner de la fierté à ces hommes, ces femmes, ces enfants qui en sont privés. Surtout pas de misérabilisme. Pas d'aumône. Du respect. Depuis son enfance à Angers, il connaît précisément les besoins de celles et ceux qui sont dans la misère.

> « Nous nous imposions, expliquera-t-il. J'étais costaud. Je me souviens d'une rixe à l'école, un plus jeune avait été battu par un grand, et moi, qui étais moyen à l'époque, je m'étais attaqué franchement au plus grand. Ce n'était pas tant pour défendre ce petit, je pense, que pour montrer de quel côté je me situais. Même ma sœur, qui était fort intelligente, toujours la première ou la deuxième en classe, quand elle a eu seize ou dix-sept ans, pour trouver des amis, des lieux d'expression, il a fallu qu'elle s'en aille. Ce souci de la pauvreté, c'est donc mon enfance qui me l'a inculqué, et aussi l'exemple de ma mère. Nous étions dans l'indigence, mais personne ne venait à la maison sans qu'elle nous apprenne à partager le pain. Elle avait accueilli une femme assez âgée, qui venait soi-disant l'aider à faire un peu de raccommodage. Elle donnait aussi à manger aux gosses des Gautier, qui étaient encore plus misérables que nous[8]... »

L'exemple de sa mère, toujours... Elle qui ne pouvait pas donner à lire à ses enfants, tout accaparée qu'elle était à chercher de quoi les nourrir, mais qui

8. *Ibid.*

les poussait dans les études et refusait que l'on parle espagnol ou polonais chez elle : « Mes enfants doivent être français », disait-elle.

« C'est grâce à ma mère que j'ai passé le certificat d'études, elle m'a inscrit en candidat libre quand le curé de l'école s'y opposait, tant il me trouvait nul », témoignera Joseph plus tard.

Alors, une des premières décisions qu'il prend à Noisy est de créer… une bibliothèque et une école, puis un centre d'apprentissage, des ateliers de mécanique et de menuiserie. Viendront ensuite les « universités populaires » d'ATD, appelées à un grand succès, dans lesquelles se formeront les futurs cadres du mouvement. Ce prêtre pas comme les autres – au même titre que l'abbé Pierre – ne prône pas la charité : il veut faire en sorte que ces exclus soient les acteurs de leur intégration sociale. Pour ne pas être esclaves. « Si vous ne savez pas lire, vous resterez toujours esclaves des nantis, des curés et des syndicats », lance-t-il aux jeunes. « Ils avaient faim, je leur parlais savoir », expliquera-t-il plus tard. Pour que chacun conquière son autonomie.

Toujours l'exemple de sa mère…

> « Ce que je me rappelle surtout, confiera-t-il, c'est la dépendance dans laquelle nous vivions. Ma mère était submergée de conseils de gens de bonne volonté, mais qui pensaient toujours pour nous au lieu de nous écouter. C'est ainsi que, quand j'ai eu douze ans, on a suggéré de me placer chez les orphelins d'Auteuil, “pour mon bien”. Ma mère a refusé[9]. »

9. Entretien avec Laurence Cossé, *op. cit.*

Dans la boue de Noisy, le père Joseph est « hanté par l'idée que jamais ces familles ne sortiraient de la misère aussi longtemps qu'elles ne seraient pas accueillies dans leur ensemble, en tant que peuple, là où débattaient les autres hommes ».

Le prêtre se fait alors une promesse : faire en sorte que « ces familles puissent gravir les marches du Vatican, de l'Élysée, de l'ONU… ».

Pas de demi-mesure. ATD Quart Monde est un mouvement radical. Les pauvres sont appelés « les militants », et les membres, « les alliés ». Ceux-ci ne choisissent pas leur poste et ils gagnent tous le même revenu – modeste, quels que soient leur formation, leur ancienneté, leur niveau de responsabilité.

Mais que va faire Geneviève de Gaulle-Anthonioz dans ce « quart-monde » si loin du sien ?

Elle hésite. Ce prêtre, qu'elle a rencontré chez une amie commune, Marthe de Brancion, est à la fois bon et furieux, ouvert et révolté. C'est un radical, il faut fuir.

Il invite Geneviève à venir jeter un œil à Noisy. Faut-il foncer ? Elle ne sait pas. *Refuse, refuse, tu n'as pas le temps…*

« Il y a souvent une petite voix raisonnable qui conseille de ne pas s'en mêler et une autre voix qui explique qu'on peut au moins accepter de connaître[10] », écrira-t-elle plus tard. C'est la seconde voix – celle de la déportée ? – qui finit par l'emporter. Voici donc Geneviève circulant au milieu des « igloos » de Noisy, découvrant médusée que « des hommes, des femmes,

10. Geneviève de Gaulle-Anthonioz, *Le Secret de l'espérance*, Fayard, 2001.

des enfants, des familles entières ne pouvaient plus accéder aux droits essentiels ». Et ces visages lui rappellent, encore et toujours, ceux de Ravensbrück.

> « Il n'y avait pas de barbelés, pas de femmes obligées de laper par terre comme des chiennes la soupe qui s'était renversée [...]. Mais, face à une telle détresse, un tel désespoir, je retrouvais ce qui m'avait bouleversée là-bas, ce que je ne pouvais pas supporter par-dessus tout, cette chose bien pire que la mort, la destruction de ce qu'il y a de plus grand en nous : l'âme humaine. »

Le père Joseph a gagné. Geneviève suit « ce prêtre têtu dont on dit parfois en rigolant qu'il est le curé de la racaille ». Audacieux ? Très.

> « Joseph Wresinski était un prêtre inconnu, incompris, imprévisible, me confia Geneviève Tardieu, qui fut pendant des années la principale collaboratrice de Geneviève de Gaulle à ATD. Accepter de se compromettre dans une entreprise aussi peu lisible représentait pour quelqu'un du milieu de Geneviève de Gaulle une insoumission au conformisme social, à l'establishment. En rejoignant le père Joseph, qui était très différent d'elle d'origine sociale mais aussi de caractère, elle a accepté de se laisser déstabiliser et elle a mis sa force et ses ressources au service de la lutte contre la grande pauvreté. »[11]

D'une certaine manière, le choix de Geneviève a des points communs avec celui de ces prêtres plongeant dans la misère d'une banlieue ouvrière, dans le

11. Geneviève Tardieu, entretien avec l'auteur.

roman de Gilbert Cesbron, *Les saints vont en enfer*, qui se vendra à près de 1,3 million d'exemplaires après sa parution en 1952.

Dès sa première visite au bidonville, elle a été comme foudroyée par ce qu'elle a vu, par sa rencontre avec Wresinski. Elle confiera longtemps après, dans *Le Secret de l'espérance*, ces mots qui lui sont venus quand elle se trouvait seule, au chevet du prêtre, mourant, en février 1988 :

« Le père Joseph est l'homme qui a accompli la parole. Chacune de nos rencontres m'a conduite dans un chemin inconnu d'avance, et cependant reconnu comme s'il était familier. Et maintenant, je sais que je dois aller beaucoup plus loin dans mon engagement contre l'injustice de la misère. C'est aussi évident que le 18 juin 1940[12]. »

ATD, désormais, c'est ce tandem improbable, ces alliances entre deux personnalités venues de deux mondes opposés mais qui s'unissent dans un combat commun. Comme dans la Résistance. Geneviève de Gaulle-Anthonioz deviendra la présidente du mouvement en 1964, puis elle en sera l'incarnation après la mort du père Wresinski, jusqu'en 1998, quand, affaiblie par la maladie, elle sera remplacée par l'avocat Paul Bouchet, résistant lui aussi dès 1942, dans le réseau Témoignage chrétien. Elle mettra dans cet engagement le même feu qui la poussa dans la Résistance, la même intransigeance, n'hésitant pas notamment à tancer les politiques, y compris sa camarade

---

12. Geneviève de Gaulle-Anthonioz, *Le Secret de l'espérance*, *op. cit.*

de déportation devenue ministre des Affaires sociales, Simone Veil. Geneviève de Gaulle adhère désormais au credo du père Joseph Wresinski : « Nous devons sans cesse engager un combat. L'Espérance est un choix. »

Après le fracas des armes, elle a fait le choix des âmes. « L'espérance est une détermination héroïque de l'âme, et sa plus haute forme est le désespoir surmonté », a dit Bernanos dans sa magnifique adresse aux étudiants brésiliens[13]. Ce « désespoir surmonté » pourrait définir la vie d'André Chatelon, le père d'un ami, dont une drôle de coïncidence m'a amené à croiser l'histoire.

Alors que j'évoquais ce livre en train de s'écrire à son fils, David Chatelon, qui semblait *a priori* éloigné de ce genre d'affaires, et que je citais le nom de Joseph Wresinski, voici que son visage s'éclaira et qu'il me dit, à ma grande stupéfaction : « Le père Wresinski, mon père l'a très bien connu : il est resté trois ans au camp de Noisy… » Et David me confia ainsi l'histoire de son père, disparu le 30 août 2022, à l'âge de soixante et onze ans.

> « Mes grands-parents, à l'origine, vivaient à Lille, mais leur maison fut rasée pendant la Seconde Guerre mondiale, et ils se sont retrouvés à la rue, raconte David Chatelon. Ils échouent avec leur fils unique sous une tente à Joinville-le-Pont pendant deux ans, vivotant comme ils le peuvent de petits boulots. Jusqu'à ce qu'ils entendent l'appel de l'hiver 54. J'ai vu le film sur l'abbé Pierre plus tard avec mon père, et il me disait que lui aussi avait contribué au biffin, le travail des chiffonniers d'Emmaüs… Quand le camp de Noisy s'est monté, la

13. Georges Bernanos, conférence aux étudiants brésiliens, Rio de Janeiro, 22 décembre 1944.

famille y a été hébergée dans les fameux igloos en tôle ondulée, sans eau – il y avait des pompes à l'extérieur – ni électricité – mon père m'a dit qu'il l'avait découverte à l'âge de dix ans –, et au sol en terre battue... Cette population était rejetée : ils n'étaient pas bien habillés, il y avait beaucoup de violence, de bagarres. Le père Wresinski, me racontait mon père, n'hésitait pas à enlever sa soutane pour donner du coup de poing afin de se faire respecter. Bien des copains de mon père sont morts très jeunes dans des rixes, ou à cause de l'alcoolisme, ou encore dans des accidents de la route. Papa avait bien retenu le message du père Joseph, il nous le répétait souvent, qu'un homme quel qu'il soit ne pouvait s'en sortir que par lui-même, par son travail, qu'il ne fallait surtout pas être des assistés. Toute sa vie, il aura horreur des profiteurs du système social français[14]. »

Répondant au credo des pères Wresinski et Pierre, poussant ces hommes et ces femmes à recouvrer leur dignité par leur propre action, André Chatelon ne comptera que sur lui-même.

« Dans cette ambiance de misère sociale et de petite délinquance, reprend David, mon père a été placé adolescent quelque temps en maison de redressement, et c'est comme cela qu'il a découvert la lecture. Il s'est mis à lire avec avidité, et grâce à ces lectures et à sa force de travail, il a pu s'en sortir. Après, il a été vivre à "la cité de la Joie", la première cité d'urgence construite par l'abbé Pierre au Plessis-Trévise, où il est resté douze ans ; il y a rencontré ma mère, Jocelyne, à un bal, et je suis né là-bas. Nous étions logés dans de petits HLM en dur,

14. David Chatelon, entretien avec l'auteur.

avec l'électricité, l'eau courante, un jardinet. J'ai le souvenir de milliers de boutons de couture que ramassaient les maraudeurs d'Emmaüs et que l'on rangeait dans des petites cases pour les trier, puis les revendre. Il y avait une solidarité et un partage incroyables dans ces cités. J'entends encore mon père et ses copains parlant dans un argot très imagé, chaque partie du corps avait son propre mot ; Audiard, à côté, c'était de la littérature... »

André Chatelon, qui travaillait depuis l'âge de quatorze ans, s'est formé sur le tard à la chaudronnerie, jusqu'à devenir cadre, et a travaillé douze ans dans ce secteur. Il s'est installé avec sa femme et ses deux enfants, David et Sandrine, dans la cité des Troènes à Gretz-Armainvilliers, en Seine-et-Marne, puis il a emménagé, à l'arrivée d'un troisième enfant, Éric, en 1980, non loin de là dans un pavillon à Touquin, près de Coulommiers. Après un licenciement et une année de formation, il a monté une auto-école, puis une deuxième, puis deux moto-écoles. Il ne cessait de répéter à ses enfants : « Travaillez pour vous en sortir ! Ne baissez jamais ni les yeux ni les bras ! Celui qui veut s'en sortir trouve un moyen, celui qui ne veut rien faire trouve une excuse. »

« Nous étions très libres, mais il ne fallait pas faire de bêtises... », se souvient encore David.

« Aujourd'hui, le camp de Noisy, la cité de la Joie et la cité des Troènes ont été démolis, mais il reste l'âme et la rage de ceux qui y ont vécu ! »[15], lance celui qui conte avec fierté le parcours de son père et de ses amis qui, sans le savoir, avaient choisi l'espérance.

---

15. *Ibid.*

Chapitre 10

AU DIABLE LES TIÈDES !

« Ne soyez pas en retard ! » Claude Davy, grand attaché de presse du cinéma français, faisant confiance au jeune journaliste que j'étais sans me connaître, m'avait débloqué un rendez-vous avec une star[1]. J'avais demandé un entretien avec le comédien, l'immense comédien, dont il gérait le planning gargantuesque, et il m'avait demandé de combien de temps je souhaitais disposer.

« Deux heures… », avais-je hasardé. Oui, j'avais demandé deux heures avec Gérard Depardieu, à qui, à l'époque, tout souriait : il jouait Obélix dans une superproduction à succès, il formait avec Carole Bouquet un couple glamour, et ses investissements, nombreux – dans le vin, l'immobilier… –, florissaient. Il était l'acteur français le plus populaire, et aucun scandale, aucune accusation n'entachaient sa réputation, comme ce sera le cas plus tard.

« Oui, c'est ça, tu as deux heures d'entretien avec Depardieu… », rigolaient certains de mes collègues, très sceptiques.

---

1. Entretien avec l'auteur paru dans *Le Point* n° 1586 du 7 février 2003.

Le rendez-vous avait été fixé à une adresse près de la place de la Nation. Pour ne pas être en retard, j'avais pris une confortable avance et j'avais tourné dans le quartier en attendant. À l'heure pétante, je sonnai à l'étage. On me fit pénétrer dans un petit appartement. Et, au milieu du salon, était assis, hilare, son gros ventre sur les genoux, Gérard Depardieu. À ses côtés, un vieillard plutôt amorti, c'était chez lui que nous étions, André Mandouze.

Je ne savais pas bien alors qui était André Mandouze, à part qu'il était un universitaire reconnu, engagé côté algérien pendant la guerre d'Algérie, ancien patron de l'hebdomadaire *Témoignage chrétien*. Je découvrirai plus tard qu'il fut un grand résistant, un catholique fervent, un « compagnon de route » du Parti communiste français durant la guerre froide et un soutien du FLN, autant dire un militant, et pas un tendre.

Mais ce jour-là, j'avais affaire au spécialiste de saint Augustin. C'était l'objet de ma visite : Depardieu avait accepté – à titre gratuit – de lire des textes du père de l'Église, sélectionnés avec soin par son ami Mandouze, dans la cathédrale Notre-Dame de Paris. Et il faut bien le dire, je n'avais d'yeux que pour Depardieu, lequel, même s'il prenait toute la place, essayait de mettre en avant son comparse. Et alors que je le bombardais de questions sur la foi, sur *sa* foi, il s'était levé d'un bond, s'était approché de moi, avait collé son gros nez au mien, comme quand le poissonnier du village dans *Astérix* lance à son rival « Il n'est pas frais, mon poisson ?! », et il m'avait dit – je sens encore son haleine : « Tu n'écoutes pas ce que l'on te dit. » Les murs de la pièce tremblaient, et moi aussi.

Alors, Depardieu s'était mis à faire les cent pas dans le petit salon d'André Mandouze, en confessant sa flamme pour le saint catholique :

> « Chez saint Augustin, pourquoi toujours chercher à comprendre plutôt que d'être simplement touché ? disait Gérard Depardieu. Chez Augustin, j'ai simplement vu un homme qui avance, malgré tout, avec le poids de son passé. Je trouve complètement étonnantes la modernité et la puissance du raisonnement. Ses textes sont magistraux d'honnêteté et porteurs d'une énergie. On est dans la poésie pure. Tiens, prends n'importe quoi *[il lit] :* “Qui es-Tu pour moi ? Qui es-Tu donc, mon Dieu ? Qu'est-Il, je le demande, sinon le Seigneur Dieu. Qui est en effet seigneur hormis le Seigneur ? Qui est Dieu hormis notre Dieu, toi très haut, très bon, très puissant, très tout-puissant, très miséricordieux, très juste, très secret et très présent, très beau et très fort…” Ce texte, c'est comme *[il récite]* : “Bon appétit, messieurs ! Ô ministres intègres ! Conseillers vertueux ! Voilà votre façon de servir, serviteurs qui pillez la maison ! Donc vous n'avez pas honte, et vous choisissez l'heure, l'heure sombre où l'Espagne agonisante pleure[2]…” Saint Augustin, c'est pareil ! C'est : “La Grèce en ma faveur est trop inquiétée, de soins plus importants je l'ai cru agitée[3].” Ou du *Cyrano*. L'essentiel est la force que le texte dégage. La beauté. »

Du Depardieu pour moi tout seul ! L'acteur expliquait que depuis deux ans il conservait toujours un exemplaire des *Confessions* à portée de main, parce

2. Citation tirée de *Ruy Blas*, de Victor Hugo, scène 2.
3. Tiré d'*Andromaque*, de Racine, acte I, scène 2.

que, affirmait-il, « la force de ces textes est dans la lumière qui s'en dégage, cette question éternelle qu'ils posent : que devons-nous faire pour essayer de devenir meilleurs ? ».

Pause.

C'était d'une si grande et d'une si belle générosité, que je me hasardai à chatouiller la bête.

— Il vous arrive de prier ?

— C'est une question privée, qui me regarde, rétorqua-t-il, me fixant de son regard sauvage. Tu sais, pendant toute ma jeunesse, j'ai marché avec un livre qui s'appelait *Le Récit d'un pèlerin russe*, livre anonyme qui raconte le chemin de l'amour de la vie, ce qui nous reste quand on est seul et enfant, et que l'on récite en une seule phrase : "Seigneur Jésus-Christ, ayez pitié de nous !" Cette phrase se transforme en respiration.

Je profitais de ce moment suspendu pour pousser mon avantage.

— Il vous arrive de vous confesser ?

Nouveau regard animal.

Je frissonne.

— Mais tu me parles comme si j'étais en train de me convertir ! Augustin a mis trente-trois ans à devenir chrétien. Moi, j'ai été élevé par des curés au catéchisme, jusqu'à ma communion. Mais quand je suis arrivé à Paris, pendant deux ans, je suis allé à la mosquée, parce que je trouvais la lecture du Coran très belle. Et j'aime l'orthodoxie pour sa théâtralité. C'est vrai que je suis un peu mystique et que j'adore les religions. Mais toutes les religions. Ce qui est beau, c'est la foi. Après vingt ans de psychanalyse, il est normal que je tombe sur saint Augustin. On découvre dans *Les*

Confessions les questions que soulèvent tous les psychanalystes, de Freud à Jung, en passant par Cooper.

Il est en verve, j'enchaîne.

— Retrouvez-vous dans saint Augustin quelque chose de l'abbé Donissan, le personnage de Bernanos que vous avez incarné dans *Sous le soleil de Satan*, le film de Maurice Pialat ?

— Qu'est-ce que la sainteté ? On est toujours entre le fou et le saint. L'abbé Donissan m'a particulièrement touché. Il se prend pour le curé d'Ars. Il a véritablement envie de comprendre ce qu'est la foi, même s'il est parfois un peu simplet dans sa tête. C'est un cheval, un bûcheron qui essaie de savoir ce qu'est le bien.

— Vous aussi, vous avez cherché ainsi ?

— Mais moi, je ne suis pas intéressant ! Je te parle d'un rôle, dans un univers, avec Maurice Pialat. Mon plaisir était de rentrer dans l'univers de Bernanos. Comme mon plaisir aujourd'hui est de rentrer dans l'univers d'Augustin, avec André Mandouze, qui a passé sa vie entière à s'éclairer avec ces textes. Ce n'est pas la grâce, allez, tiens, le pilier de Claudel… Je suis moins client de Claudel et de sa foi que de Bernanos, par exemple. Comme j'ai perdu la parole à l'adolescence, que je ne suis pas allé à l'école suffisamment, chaque mot m'importe. Quand, pour la première fois, au cours de théâtre de Jean-Laurent Cochet, j'ai entendu le vers de *Britannicus* : "Que dis-je aimer ? J'idolâtre Junie[4]", j'ai cru que ce verbe, "idolâtrer", parce que je n'avais pas été à l'école, signifiait

4. Tiré de *Britannicus*, Racine, acte II, scène 2.

que mon amour était tellement fort pour Junie qu'il jaillissait de l'âtre de la cheminée. Si l'on m'avait simplement donné la signification de ce verbe "idolâtrer", je me serais dit : "Ah ! ce n'est que cela." Je préfère mon explication : ce feu qui sort de la cheminée et brûle comme un amour ardent... Les mots, pour moi, c'est cela. Ils sont derrière les choses. Je n'ai aucune culture, j'ai quitté l'école à douze ans, et cela ne m'a pas empêché de lire... Pour faire passer un texte, il faut le faire entendre, il faut fasciner, captiver. C'est ce que dit saint Augustin. Si tu n'écoutes pas, tu coupes le dialogue. C'est le problème de l'information : on pose des questions auxquelles il faut répondre. Eh bien, non ! Il y a des questions qui demandent du temps, des questions qu'il faut manger, digérer...

— Vous avez appris à écouter ?

— Oui, puisque je n'avais pas de parole ni d'instruction. Que me restait-il ? Il fallait que je fasse comme si je savais parler, comme si je connaissais les choses. Il fallait oser. Et pourquoi y suis-je parvenu ? Parce que j'aime la vie. Ça, c'est une conversion. De continuer à aimer la vie, malgré tout. Il y a tellement de choses injustes devant lesquelles on passe avec plus ou moins de raideur... J'ai fait cent soixante films, une vingtaine de pièces de théâtre. Pour un type qui n'a pas fait d'études et a perdu la parole de l'âge de quinze à dix-sept ans ! J'ai retrouvé la parole parce que j'ai aimé les mots, parfois même sans les comprendre. Je les ai compris par le retour de l'écoute. Quand je me retrouve face à un homme qui écoute, le silence précédant sa réponse me convient.

Justement, à ses côtés, André Mandouze écoutait, intervenant juste ponctuellement, pas peu fier, grâce à son ami Depardieu – que lui avait présenté le président algérien Bouteflika –, de « faire entrer Augustin à Notre-Dame de Paris », moment qu'il attendait, disait-il, depuis soixante ans, après avoir écrit des centaines de pages sur le saint africain, l'avoir enseigné à l'université. Exercice d'admiration :

« Saint Augustin a écrit plus de quatre-vingt-treize ouvrages, il a prononcé une infinité de sermons, dont près d'un millier ont été rassemblés, on en découvre encore, racontait André Mandouze. *Les Confessions* ne représentent qu'une très petite partie de l'œuvre entière. Il a envoyé des lettres au monde entier. Combien croyez-vous qu'il y ait dans le monde d'articles et de livres publiés aujourd'hui chaque année sur saint Augustin ? Cinq cents ! Il est le représentant de la mixité africaine, il a en lui des éléments puniques, berbères, romains. Il est l'Algérien de l'époque. Et c'est cet Africain-là qui a converti l'Occident. »

Sans partager les engagements et les choix politiques d'extrême gauche d'André Mandouze, radical, jusqu'au-boutiste, écouter, voir, lire un tel homme et sa plume vigoureuse se débattre avec l'humanité, bouillonnant de feu spirituel, quelle tempête ! Mandouze comme Bidault, chacun dans un camp totalement, résolument opposé, témoignent d'une foi qui bouscule, qui secoue, qui réveille ! « Ainsi, parce que tu es tiède, et que tu n'es ni froid ni bouillant, je te vomirai de ma bouche[5] », dit le Christ de l'Apocalypse.

---

5. Apocalypse, III, 16.

« Notre monde n'a pas besoin d'âmes tièdes. Il a besoin de cœurs brûlants[6] », écrit Albert Camus, comme en écho à l'Évangile.

Au diable les tièdes !

Toute l'existence d'André Mandouze, depuis sa naissance le 11 juin 1916 à Bordeaux, se passe sous le signe de l'engagement. Il rejoint la Jeunesse étudiante chrétienne (JEC), où il fait la connaissance du père Antoine Dieuzayde, que l'on surnomme le « jésuite rouge », et qui déteint – si l'on ose dire – sur lui. À la fin des années 1930, le jeune Mandouze bataille contre l'Action française et le franquisme. Quand la guerre éclate, il ne tergiverse pas : en 1940, alors jeune professeur à Bourg-en-Bresse, il proteste, avec ses élèves, contre la diffusion du film antisémite *Le Juif Süss.* De fil en aiguille, Mandouze se rapproche du dominicain Maydieu et du jésuite Chaillet, au sein du réseau Témoignage chrétien. Lui qui sait manier la plume s'en sert pour sermonner les bonnes âmes, dévisser les mitres des évêques vichystes et accompagner au feu les jeunes résistants. Edgar Morin, qui l'a croisé à Lyon durant la guerre, m'avait raconté, encore ému, le jour d'avril 1941 où, indigné que les nazis aient planté leur drapeau sur l'Acropole d'Athènes, Mandouze avait lancé à ses étudiants : « Je vous demande de vous lever et d'observer une minute de silence parce que le drapeau de la barbarie flotte sur le temple de la civilisation[7]. »

---

6. Albert Camus, *Combat*, éditorial du 26 décembre 1944.
7. Jérôme Cordelier, *L'espérance est un risque à courir*, *op. cit.*

Les témoignages sur son compte ne manquent pas. En cette période d'après-guerre qui nous intéresse, avec sa verve gouailleuse, sa plume vive et acérée et son sens de la dramaturgie, André Mandouze fait partie des intellectuels chrétiens qui agitent l'université. C'est sur la terre algérienne que ce normalien, agrégé de lettres, transporte son idéalisme ; sur la terre de saint Augustin, à qui ce latiniste a consacré sa thèse à la Sorbonne, et dont il épouse les combats. Il sera un militant acharné de la décolonisation, lutte qui, pour lui, à l'inverse de Georges Bidault, prolonge son engagement dans la Résistance. Héros pour les uns, traître pour les autres, Mandouze ne laisse personne indifférent.

Mandouze, Bidault et les autres chrétiens engagés mettent dans la vivification du débat public la même passion qui les avait conduits à défier l'occupant nazi.

En ces années, de renaissance, plusieurs revues chrétiennes servent alors de réceptacles à ces paroles fortes, nourries au feu évangélique, et d'aiguillons à la vie intellectuelle.

Au premier chef, la revue *Esprit*, fondée en 1932 par Emmanuel Mounier, déjà très présente avant guerre, dans les années 1930, continue sa trajectoire. Mounier prône une « révolution personnaliste et communautaire » avec un mot d'ordre : « la rupture avec le désordre établi ». Il défend les républicains pendant la guerre d'Espagne et condamne les accords de Munich en 1938. Mais il n'est pas assez attentif à la vie démocratique : il ne voit que les dangers de l'individualisme, qui détruit les communautés et les personnes… Au début de la guerre, il croit pouvoir collaborer avec le gouvernement de Vichy et fait le choix de continuer la revue, mais après quelques mois, la revue est interdite (août 1941). Arrêté début 1942, il est jugé et acquitté, avant de rejoindre le groupe résistant d'Uriage et de se cacher dans le village refuge drômois de Dieulefit – qui accueillit jusqu'à 1500 personnes, juifs, intellectuels, résistants[8]...

Mounier se trompe dans certains de ses jugements, mais c'est un homme droit, rigoureux, soucieux de vivre conformément aux principes spirituels et éthiques qu'il juge justes. Au moment de sa mort subite, en 1950, François Mauriac dresse son éloge en ces termes dans son *Bloc-notes* : « L'exemple de Mounier aide à comprendre qu'être du côté des pauvres n'a pas de sens dans une vie comblée. Lui avait, dès le départ, sans ostentation mais délibérément, choisi la pauvreté. Il était né pauvre. La pauvreté est un état de l'âme[9]. »

Une étoile.

> « Mounier est mort dans son lit, subitement, la nuit du 22 mars 1950, mais son œuvre lui a survécu, raconte Jean-Louis Schlegel, qui a dirigé la rédaction d'*Esprit* de 2012 à 2019. Il avait créé la revue à l'âge de vingt-sept ans, et elle vit toujours. C'était un battant du point de vue de l'action, et lors de sa mort il laisse déjà derrière lui une œuvre importante d'essais divers, des interventions qui font rupture, en politique, en religion, dans

8. Voir *Esprit, une revue dans l'histoire (1932-2022)*, travail collectif élaboré par son comité éditorial à l'occasion des quatre-vingt-dix ans de la revue.

9. François Mauriac, *Le Bloc-notes*, *op. cit.*

la culture du temps. Ses textes sur l'engagement font florès chez les militants d'Action catholique, qui sont encore à leurs débuts mais en plein essor, et trouvent chez lui des raisons et des critères pour s'engager dans la vie de la Cité. Il est extrêmement lu dans les années 1950, comme la revue d'ailleurs, qui atteint alors près de 30000 abonnés[10]. »

Esprit est ainsi bien plus qu'une revue : c'est une communauté. Mounier a aussi rassemblé autour de lui un groupe d'intellectuels, dont un certain nombre habitent ensemble, avec leurs familles, dans une vaste propriété du vieux Châtenay-Malabry, dotée d'un superbe parc aux arbres centenaires. Ils sont chrétiens, de gauche, anciens résistants, et leurs noms vont peser dans le débat des décennies à venir, jusqu'en mai 1968. Ils s'appellent Henri-Irénée Marrou, Jean Baboulène, Paul Fraisse ou encore Jean-Marie Domenach – dont les petits-enfants, Léa et Hugo, ont écrit un livre émouvant sur cette aventure[11].

Autour d'*Esprit* gravitent des philosophes de renom. D'abord, le grand aîné, Jacques Maritain. L'homme a été élevé dans le protestantisme, converti au catholicisme, très engagé dans l'Église, auteur d'une œuvre abondante où il essaie de penser le rapport entre démocratie et Évangile, et qui irrigue le débat. Les réunions d'intellectuels, très prisées, qu'il organise dans son salon de sa maison de Meudon, avec son épouse Raïssa, ne désemplissent pas.

10. Jean-Louis Schlegel, entretien avec l'auteur.
11. Léa et Hugo Domenach, *Les Murs blancs*, Grasset, 2021.

Dans *Humanisme intégral*, publié en 1936, Maritain exhorte les chrétiens à s'engager en politique. Après avoir été proche de Charles Maurras, avec lequel il a rompu en 1926 – Maritain combat l'antisémitisme chrétien –, il soutient par ses réflexions les projets de démocratie chrétienne – tout en récusant les partis qui s'en réclament – et va en exporter l'idée dans plusieurs pays d'Amérique latine, où sa pensée reste vivace de nos jours – en Argentine, au Chili, au Venezuela, notamment. Maritain, c'est le grand penseur catholique de l'avant et de l'après-guerre, avec un rayonnement qui dépasse les frontières hexagonales : l'homme est professeur à l'université de Princeton aux États-Unis, et, comme on l'a vu, il sera ambassadeur de la France auprès du Saint-Siège de 1945 à 1948.

D'une certaine manière, ce philosophe dont l'œuvre influe sur les jeunes intellectuels des années 1930 est à l'origine d'*Esprit*, puisque c'est chez les Maritain qu'Emmanuel Mounier a rencontré avant guerre Georges Izard et André Déléage, avec lesquels il a créé la revue. Mais Mounier et Maritain, qui ont parrainé les débuts de la revue, divergent sur sa mission : Maritain veut en faire un organe de renouveau catholique, Mounier refuse qu'on enferme la revue en en faisant un porte-étendard communautariste.

> « Maritain s'est cependant séparé de Mounier sur la conception d'*Esprit*, car il prônait une "revue chrétienne", ce que justement *Esprit* n'est pas, ou n'est plus, précise Jean-Louis Schlegel. Elle est à la fois laïque et multiconfessionnelle, tout en restant très marquée par

la foi catholique personnelle de Mounier et une société encore culturellement chrétienne[12]. »

Esprit, du moins à ses débuts, attire à elle un autre futur grand intellectuel : Jacques Ellul. C'est un protestant épris de liberté, qui se rapproche de Mounier dès les années 1930 mais s'en éloigne par la suite. Le catholique social Mounier, même quelque peu cryptocommuniste après la guerre, croit dans les vertus du progrès pour servir et construire une société meilleure ; le protestant, nourri par la lecture de Karl Marx, Soren Kierkegaard et du théologien pasteur suisse Karl Barth, est attaché aux Écritures, mais « en rupture complète avec tous les conformismes sociaux[13] », ainsi que le souligne son ancien élève et meilleur connaisseur de son œuvre, Patrick Chastenet. Il est réfractaire aux dogmes, se méfie comme de la peste des « commandements du progressisme[14] », comme dirait aujourd'hui le philosophe Pierre Manent. « La question de la technique occupe une place centrale dans la réflexion de Jacques Ellul, dans la mesure où la technique moderne constitue d'après lui la principale menace sur la liberté de l'homme au XXe siècle[15] », souligne Chastenet. Le sujet est pris dans son acception la plus large, du machinisme au génie génétique, en passant par la mainmise des hauts fonctionnaires sur la conduite du pays, Ellul dénonçant

12. Jean-Louis Schlegel, entretien avec l'auteur.
13. Patrick Chastenet, *Introduction à Jacques Ellul*, La Découverte, 2019.
14. Pierre Manent, *Pascal et la proposition chrétienne*, Grasset, 2022.
15. Patrick Chastenet, *op. cit.*

« les dysfonctionnements des sociétés techniciennes, les multiples dommages qu'elles causent à l'homme et à la nature ». Le travail, les méthodes de la propagande, ses contemporains « obnubilés, fascinés, hypnotisés par la politique, c'est-à-dire par un mirage, une illusion[16] », la révolution, l'écologie… Les thèmes qu'aborde Ellul restent d'une intense actualité et font de lui un auteur très lu aujourd'hui, et pas seulement en France – le curieux lira avec profit le petit livre lumineux que Patrick Chastenet a consacré à son maître, si l'on peut dire, dans une expression pas très « ellulienne ».

Ellul est né à Bordeaux le 6 janvier 1912, d'un père italo-serbe, de culture grecque orthodoxe mais agnostique, et d'une mère française, Marthe Mendès, protestante très croyante et aux origines juives et portugaises.

> « Ellul a toujours voulu être un homme libre, souligne Patrick Chastenet. Et tant pis si le mot "liberté" est aujourd'hui galvaudé, il n'en existe aucun autre pour mieux désigner la valeur essentielle qui l'a constamment guidé, dans tous les domaines et en toutes circonstances. Ce goût de la liberté, il le cultiva amoureusement tout au long de sa vie, mais il l'avait d'abord reçu en héritage. Comme il le confia six mois avant sa mort, son père lui avait légué trois principes : ne jamais mentir – y compris à soi-même –, être miséricordieux envers les faibles, être inflexible face aux puissants[17]. »

Ellul fait aussi partie de la Résistance chrétienne durant la guerre, cachant des prisonniers évadés, des

16. Cité par Patrick Chastenet, *op. cit.*
17. *Ibid.*

résistants et des juifs, dont il organise l'exfiltration via les réseaux protestants – ce qui lui vaudra d'être distingué comme Juste parmi les nations.

Mais la grande figure de la bande d'*Esprit* – il réside lui aussi aux Murs blancs – sera un autre protestant : Paul Ricœur.

> « Ricœur incarne avec Emmanuel Levinas l'un des deux grands pôles de la philosophie de la deuxième moitié du XXe siècle, souligne sans ambages Jean-Louis Schlegel, qui a été son éditeur. C'est un philosophe académique, c'est-à-dire universitaire ; pas toujours de lecture facile, mais qui construit une pensée fortement influencée par les sciences humaines (psychanalyse, linguistique, histoire, sociologie) tout en restant dans la grande tradition occidentale de la métaphysique, surtout celle d'Aristote (son maître, bien plus que Platon), de Kant et de Hegel, où la personne humaine reste toujours le critère suprême. Comme lecteur de la tradition philosophique, Ricœur est un "passeur". Son intérêt majeur, dans la première partie de son œuvre, est précisément l'"interprétation" (le mot savant d'origine grecque est "herméneutique") des textes, du récit et de l'écriture du passé, et au-delà des textes, du rôle et de la vérité de l'histoire. En psychanalyse, cela le mènera à une rupture terrible avec Lacan en 1963 – Ricœur devra même quitter la France pour échapper à ses foudres. Mais à quelque chose malheur est toujours bon : exilé aux États-Unis, il s'intéressera à la réflexion pragmatique sur la justice et le droit de grands philosophes américains (Rawls, Walzer, etc.), et lors de son retour en France, dans les années 1980, il deviendra aussi un important penseur du politique et de l'éthique,

interrogé dans les médias à l'occasion. Ricœur jouera un rôle essentiel pour *Esprit*, qui publiera de grands textes de lui, notamment un article[18] qui a permis de relancer pour la jeune génération le sens du personnalisme[19]. »

Ricœur est aussi un grand auteur philosophique des éditions du Seuil, où il a longtemps dirigé la collection « L'Ordre philosophique ». La maison d'édition est née en 1935 à l'instigation de l'abbé Jean Plaquevent, très actif entre les deux guerres, notamment en fondant *L'Essor, revue catholique de la vie totale*, et qui fédère autour de lui beaucoup de jeunes disciples. C'est l'abbé Plaquevent qui a baptisé le Seuil de ce nom, parce que, dirait-il, c'est le « seuil tout neuf que nous refaisons à la porte de l'église pour permettre à beaucoup d'entrer ». Il installe la petite entreprise chez un couple de fidèles, Henri et Jeanne Sjöberg, rue du Parc-de-Montsouris dans le XIVe arrondissement de Paris. Henri travaille dans l'imprimerie puis dans une agence publicitaire ; il subventionne les débuts du Seuil. L'entreprise est reprise, en 1937, par des laïcs influencés par Plaquevent, mais surtout Paul Flamand, dont l'apport intellectuel est décisif, et Jean Bardet, qui en feront la grande maison d'édition que l'on connaît. Grâce au renfort d'*Esprit*, que Mounier a pu installer dans les locaux de l'éditeur, au numéro 27 de la rue Jacob, le Seuil trouvera pour les sciences humaines et l'histoire notamment, de nombreux auteurs. Durant

18. Paul Ricœur, « Meurt le personnalisme, revient la personne », *Esprit*, janvier 1983.

19. Jean-Louis Schlegel, entretien avec l'auteur.

les années d'après-guerre et les années 1950, la maison d'édition conservera son étiquette et son inspiration catholique. « Elle se sécularisera seulement et fortement dans les années 1960 », indique Jean-Louis Schlegel, qui sera éditeur dans la maison à partir des années 1980.

> « Claude Cherki, le PDG du Seuil dans les années 2000, d'origine juive, petit-fils de rabbin, qui disait ne croire ni en Dieu ni au diable, avait coutume de raconter l'histoire de l'expansion de l'entreprise de façon amusante, se souvient Jean-Louis Schlegel. La maison d'édition s'était développée surtout grâce à deux prêtres, un qui avait réellement existé, et un autre, de fiction : Teilhard de Chardin, publié à partir de 1955 et dont le tirage de certains titres a pu atteindre jusqu'à 100 000 exemplaires dans les années 1950, et... Don Camillo et ses démêlés hilarants avec le maire communiste Peppone, servi par le succès extraordinaire des films avec Fernandel. »

Dans la fièvre de la libération d'une France encore christianisée, une nouvelle élite catholique prend des positions de magistère.

> « Au sein de la société catholique, la percée de la Libération est moins une surprise qu'une consécration, souligne l'historien Étienne Fouilloux. Depuis sa défaite historique de 1880, l'Église de France a mené une politique obstinée de formation des cadres : d'abord au moyen du catholicisme social, trop décrié naguère pour que son importance ne soit pas mesurée désormais avec plus d'équité ; par l'entremise de mouvements d'Action

catholique spécialisés ensuite. Dès avant la guerre ces élites étaient opératoires[20]. »

Stanislas Fumet et Ella Sauvageot relancent l'hebdomadaire catholique *Temps présent*, prolongement de la revue *Sept* lancée dans les années 1930 par les dominicains des éditions du Cerf et arrêtée en 1937. *Temps présent* avait continué de paraître pendant la guerre à Lyon à la demande du cardinal Gerlier et sous le pilotage d'un comité éditorial prestigieux – réunissant les philosophes chrétiens Jean Lacroix, Joseph Hours, Gabriel Marcel et, bien sûr, Emmanuel Mounier. *Temps présent* disparaît en 1947, mais on trouve alors dans ses colonnes une liste impressionnante de signatures de personnalités, philosophes, écrivains, politiques, syndicalistes chrétiens qui comptent dans l'après-guerre – de Gaulle lui-même fit partie naguère des amis de *Temps présent*. L'hebdomadaire est une pépinière de talents journalistiques. Hubert Beuve-Méry y fait ses premières armes. Tout comme un autre journaliste qui va compter dans la seconde moitié du XXe siècle, jusqu'à être élu à l'Académie française, André Frossard. Ce fils d'un des fondateurs du Parti communiste français, élevé dans l'athéisme le plus profond, qui deviendra l'une des plumes marquantes du *Figaro*, fut un grand résistant – interné dans « la baraque aux juifs » de la prison de Montluc, à Lyon, il en fut l'un des sept rescapés (les autres, soixante-douze détenus, furent tous massacrés par les nazis) – et se convertit au catholicisme, sur lequel il écrira plusieurs

20. Étienne Fouilloux, *op.cit.*

ouvrages, notamment sur et avec le pape Jean-Paul II dont il sera proche.

Ella Sauvageot et Georges Hourdin, un autre journaliste de *Temps présent*, reprennent aussi à la Libération, avec Joseph Folliet et le dominicain Pierre Boisselot, l'emblématique directeur des éditions du Cerf, l'hebdomadaire *La Vie catholique* pour en faire un magazine « grand public ».

Participe aussi à *Temps présent* celui qui va incarner la figure de l'intellectuel chrétien engagé. On veut bien entendu parler de François Mauriac. En 1952, l'écrivain, plume phare du *Figaro*, démarre son *Bloc-notes* au sein des éditions de La Table ronde – il s'agissait de prendre la place de *La Nouvelle Revue française* de Gallimard qui avait alors (pour un temps) cessé de paraître –, avant d'en faire les beaux jours du *Figaro* et de *L'Express*, dont l'aventure démarre à ce moment-là. Dans cet aréopage d'intellectuels chrétiens engagés, d'autres figures se détachent. Le philosophe thomiste Étienne Gilson qui exerce un grand magistère : professeur au Collège de France depuis 1932 (il le sera jusqu'en 1951), il est élu à l'Académie française en 1947[21]. À ces figures, on peut ajouter aussi celle de l'historien René Rémond – qui est le neveu de l'évêque de Nice, sauveteur de nombreux juifs avec Moussa Abadi –, qui démarre une carrière prestigieuse en publiant en 1954 aux éditions Aubier *La droite en France de 1815 à nos jours. Continuité et diversité d'une*

21. Lire le travail très dense de l'historien Florian Michel, *Étienne Gilson, une biographie intellectuelle et politique*, Vrin, 2018.

tradition politique, un ouvrage remodelé et enrichi au fil des années pour donner l'une des thèses sur « les droites en France » les plus marquantes de la science politique dans la seconde moitié du XXe siècle.

Le monde court vers la modernité, et alors que la hiérarchie pontificale s'y montre réfractaire, figée dans la liturgie ante-Vatican II – on célèbre la messe en latin, dos aux fidèles –, l'avant-garde de l'Église pousse. Les jésuites ouvrent les colonnes de leur revue *Études* aux enjeux d'une société qui est en train de changer d'époque. Les dominicains, formés à la *disputatio* prônée par saint Dominique dès le XIIIe siècle, développent des collections au Cerf, leur maison d'édition, pour accueillir des auteurs engagés et contribuer aux débats d'idées. Les chrétiens, sans toujours le savoir, s'arment pour la fièvre intellectuelle des années 1960 et 1970.

Une revue théologique qui s'intitule *Dieu vivant* est publiée par un laïc, Marcel Moré, et le jeune jésuite Jean Daniélou. Elle paraît pendant dix ans de 1945 à 1955, attire des collaborations aussi prestigieuses et diverses que celles de Louis Massignon, Georges Bataille, Pierre Klossowski, Gabriel Marcel… Et, en 1946, à Paris, souligne Jean-Louis Schlegel, la revue réussit même à faire venir toute l'intelligentsia française – dont Sartre, Camus et Merleau-Ponty – pour débattre… du péché. Marcel Moré, le fondateur et animateur de cette revue, ouvre chaque samedi son salon aux intellectuels quai de la Mégisserie, y compris ceux avec lesquels il n'est pas d'accord.

Le journaliste et écrivain Jean Lacouture parle ainsi de l'oublié Marcel Moré, dans son livre hommage à

Paul Flamand, son ami et éditeur, cofondateur des éditions du Seuil :

> « Polytechnicien catholique, disciple de Léon Bloy (en qui il voyait l'anti-Marx, lequel lui avait été révélé dix ans plus tôt et qu'il admirait d'ailleurs), Marcel Moré avait adhéré au premier groupe *Esprit*. Mais, ami de Max Jacob, d'Antonin Artaud, de Georges Bataille, il avait fondé avec eux *La Bête noire*, revue proche du surréalisme. Son nom s'est depuis un demi-siècle quasiment effacé des mémoires. Il était alors, dans le monde des idées et des croyances, une sorte de mage. Touchant à la fois à Dieu et au diable, il fut au Seuil un irremplaçable agitateur d'idées. Évoquant cette époque devant ses proches et ses amis, Paul Flamand ne parlait qu'avec une sorte d'effroi révérenciel de ce Marcel Moré et de la revue *Dieu vivant* qu'il anima en compagnie de Massignon et qui fut l'une des sources d'inspiration du Seuil – parallèlement à *Esprit*[22]. »

Profitant d'un christianisme social et culturel encore dominant, les intellectuels chrétiens briquent leurs petites chapelles de pensée.

« Le moment d'utopie, d'espérance quasi millénariste de la Libération permet une "prise de parole" novatrice de laïcs et, malgré les menaces vaticanes, de clercs », constate Frédéric Gugelot. Il ajoute :

> « Prenant acte de la sécularisation de la société, ils veulent inscrire "quelques tonalités chrétiennes" dans

22. Jean Lacouture, *Paul Flamand, éditeur. La grande aventure des éditions du Seuil*, Les Arènes, 2010.

> l'action profane. Conscients des nouvelles exigences de la foi et de l'action dans la cité, ces intellectuels aspirent à “rechristianiser” la société en rendant visible la présence chrétienne. Ils proposent un autre mode d'être au monde en pariant sur l'insertion dans les réalités sociales et culturelles de leur temps pour les irriguer. »[23]

Quatre grands débats de leur temps sollicitent ces esprits affûtés, nourris au sel de l'Évangile : la question sociale, la décolonisation, la paix, et l'école.

Les luttes sociales, on l'a déjà largement évoqué, sont au cœur des grands chantiers de l'après-guerre, elles mobilisent des chrétiens qui les raccordent aux Évangiles et se trouvent tentés, comme Mounier et *Esprit*, par un rapprochement avec les marxistes, dans le contexte de la guerre froide. Sur la décolonisation, les chrétiens montent en première ligne. C'est le grand combat de la revue *Esprit* et de *Témoignage chrétien*, dirigés par André Mandouze et un autre chrétien haut en couleur : Georges Montaron.

Nous y reviendrons.

Au sortir de la guerre, le monde aspire à organiser les conditions d'une paix durable. Nombre de chrétiens se retrouvent dans le Mouvement mondial des partisans de la paix, et signent l'appel de Stockholm du 19 mars 1950 contre l'arme nucléaire, après les bombardements de Hiroshima et Nagasaki. Dans ce combat se détache l'aura du pasteur André Trocmé, l'artisan de l'accueil des juifs sur le plateau

---

23. Frédéric Gugelot, dans *À la gauche du Christ. Les chrétiens de gauche en France de 1945 à nos jours*, *op. cit.*

du Chambon-sur-Lignon, qui devient après guerre le secrétaire itinérant du Mouvement international de la réconciliation (MIR).

Des personnalités catholiques, ecclésiastiques et laïques – parmi lesquelles le père Chenu, Jean Lacroix ou Georges Montaron – signent l'appel de Stockholm :

> « Nous exigeons l'interdiction absolue de l'arme atomique, arme d'épouvante et d'extermination massive des populations. Nous exigeons l'établissement d'un rigoureux contrôle international pour assurer l'application de cette mesure d'interdiction. Nous considérons que le gouvernement qui, le premier, utiliserait, contre n'importe quel pays, l'arme atomique, commettrait un crime contre l'humanité et serait à traiter comme criminel de guerre. »

Facétieux, les signataires se réfèrent notamment au message de Noël 1944 de Pie XII et aux mots des cardinaux et archevêques de France affirmant qu'« un chrétien ne peut pas et ne doit pas se désintéresser des efforts qui sont tentés pour maintenir la paix entre les nations ».

Une mobilisation qui fait bondir Hubert Beuve-Méry, dont la plume fulmine dans *Le Monde* :

« L'appel de Stockholm [...] est une arme de guerre froide. Et nous nous refusons à le signer parce que, précisément, nous sommes pour la paix... Serviteurs de la dictature stalinienne, les signataires de l'appel de Stockholm doivent être partout dénoncés[24]. »

---

24. *Le Monde*, 28 octobre 1950.

Autres polémiques : après les joutes sur la loi Falloux de 1850, les lois Ferry de 1880 et celle instaurant la séparation de l'Église et de l'État en 1905, voilà la guerre scolaire à nouveau ranimée. Dans ce combat ce sont les protestants qui mènent l'assaut.

À partir de 1945, précise André Encrevé, « les protestants impriment leur marque sur un domaine particulier : l'école et la laïcité ». Leurs positions sont le fruit de leur histoire singulière.

> « La plupart des catholiques perçoivent alors la laïcité comme hostile à l'Église, explique l'historien, tandis que les protestants français la considèrent comme protectrice, en raison de leur histoire. Dans le protestantisme, il n'y a pas une seule mais plusieurs Églises ; elles ne sont pas regardées comme fondées par Dieu mais par des hommes, elles sont donc faillibles comme l'est toute œuvre humaine. Pour un protestant, il n'y a pas de coïncidence entre les Églises et la religion chrétienne ; cela permet à un État d'être séparé des Églises, sans que pour autant cet État soit séparé de la religion (on le voit aux États-Unis, par exemple). De ce fait, en 1905, les protestants ne sont pas hostiles à la séparation ; alors que, chacun le sait, le pape a condamné la loi de 1905. Par ailleurs, comme aux XVIIe et XVIIIe siècles les protestants ont beaucoup souffert de l'union entre l'Église catholique et l'État monarchique, au début du XXe siècle il existe encore chez eux une grande méfiance vis-à-vis de l'Église catholique, d'autant plus que celle-ci est officiellement hostile à la liberté religieuse jusqu'au concile Vatican II. Les protestants gardent à l'esprit qu'aux XVIIe et XVIIIe siècles, l'Église catholique a eu pour but de les faire disparaître : elle n'a jamais accepté

l'édit de Nantes, elle a approuvé les pires exactions – les “dragonnades”, les tortures, les condamnations aux galères qu'ont subies leurs ancêtres – pour obtenir leur adhésion de force au catholicisme. Au début du XXe siècle, les mentalités sont encore imprégnées de cette tragique histoire. »

Les divergences se retrouvent sur le terrain scolaire…

« Pendant la Seconde Guerre mondiale, poursuit André Encrevé, les protestants sont en général hostiles au régime de Vichy au plus tard dans l'été 1941, en raison de son antisémitisme, tout d'abord, mais aussi à cause de sa politique scolaire car ils se souviennent que, sous la monarchie, c'est par l'école que l'Église catholique a tenté de leur arracher leurs enfants. Vichy leur rappelle donc ce très mauvais souvenir avec sa loi du 2 novembre 1941, qui a institué une aide financière publique aux écoles religieuses, principalement catholiques. Après la Libération, on se demande s'il faut maintenir le versement de ces subventions. C'est la mission très concrète que confie à l'automne 1944 le ministre de l'Éducation nationale René Capitant à André Philip. »[25]

Quel est son objet ?

« André Philip, reprend notre historien, souhaite l'intégration des écoles confessionnelles au service public dans les villages où il est difficile de maintenir deux écoles, position qui sera suivie par la commission

25. André Encrevé, entretien avec l'auteur.

d'étude qu'il préside pour les communes de moins de deux mille habitants. Mais il propose aussi que l'enseignement du catéchisme soit possible au sein des écoles publiques, pour ceux des enfants dont les parents le souhaitent. Pour Philip, la laïcité doit être "ouverte à tous, dans des conditions telles que les enfants de toutes les familles spirituelles de la France puissent s'y trouver à l'aise". À ses yeux, elle n'est pas une vague neutralité qui "comme telle n'a jamais de valeur éducative". Selon André Philip, "il s'agit de donner aux enfants le fonds commun qui définit la civilisation et la culture françaises et qui est précisément cet ensemble de valeurs morales et spirituelles, historiquement héritées du christianisme, pour lesquelles, sous la Résistance, des milliers de Français ont accepté de se laisser tuer ou torturer". »

Des positions reprises par la Fédération protestante de l'enseignement, animée par le philosophe Paul Ricœur, qui, en 1956, promeut « la paix scolaire » en défendant, précise encore André Encrevé, « une laïcité respectueuse de la foi, l'État devant donc se préoccuper de son expression collective »[26].

Les positions iconoclastes d'André Philip hérissent à la fois la gauche et la droite. À partir de 1945, les subventions publiques aux écoles privées sont supprimées. Il faudra attendre la loi Debré du 31 décembre 1959 pour qu'il soit mis fin – pour un temps – à la guerre scolaire en organisant la contractualisation des établissements confessionnels avec l'État.

Dans les rangs catholiques, ce sont les combats sociaux et politiques qui creusent les lignes de partage

26. *Ibid.*

entre ceux de gauche et de droite. La déchristianisation se profile – la crise des vocations commence dès les années 1950, souligne le sociologue Jean-Louis Schlegel –, et les catholiques de droite en font leur cause. Ils se battent pour que l'Église garde son rang et son dominium social. Ils sont pour l'ordre, face au désordre établi. Dans le même esprit, ils défendent bec et ongles la nation, « dont le chrétien tend à faire une idole », note Mauriac. L'Église est le socle et la colonne vertébrale de la société. Telles sont les causes que soutiennent les conservateurs, une Église boussole et refuge dans un monde où le vent souffle et peut emporter vers les grandes aventures. Les progressistes, eux, portent le fer sur le front social, pour que triomphe un humanisme chrétien.

> « Les catholiques de gauche, nous explique Jean-Louis Schlegel, qui est un des leurs, sont ceux qui se permettent des critiques contre l'Église, qui veulent sortir du "ghetto catholique" dans lequel ils se sentent enfermés depuis la Révolution française et qui impose de ne pas discuter avec l'ennemi. Ils admettent que la société puisse être différenciée, même laïque, attente que l'on retrouve dans les slogans des mouvements d'Action catholique, la JOC, la JAC : "Nous referons chrétiens nos frères !" On accuse ces chrétiens de gauche de moins parler des âmes, de la conversion, de la prière que de justice sociale. Ce n'est pas faux, mais cela couve dans les années 1950 ; on sentira ce partage surtout avec le concile Vatican II. Les catholiques de droite, eux, vivent dans l'idée que l'on peut ressusciter un monde chrétien ; ils veulent rester dans leur paroisse.

Les catholiques de gauche n'ont pas le projet de rendre le monde chrétien, ils veulent le changer[27]. »

La presse, en plein développement, est un instrument privilégié.

Le quotidien *La Croix*, fondé en 1883 par les religieux assomptionnistes, replié à Bordeaux puis à Limoges durant la guerre, fait peau neuve.

Le journal essaie de faire oublier son passé sulfureux, notamment l'antisémitisme que relayait le titre pendant l'affaire Dreyfus[28]. Dérive pour laquelle le père assomptionniste Michel Kubler, après le père Merklen dans les années 1930, fera repentance dans un retentissant éditorial paru dans le numéro daté des 11-12 janvier 1998 :

> « Oui, nous avons écrit cela. De Dreyfus : "C'était l'ennemi juif trahissant la France." De Zola défendant l'innocent : "Étripez-le !" Des juifs : "Contre le Christ qui les a maudits, et dont ils demeurent les ennemis farouches, ils voudraient pouvoir soulever toutes choses : leur haine va jusqu'au délire." Ainsi écrivait-on, il y a cent ans, dans *La Croix*. Il faut s'en souvenir. Il nous faut nous en repentir.
>
> Les hommes qui signèrent ces lignes mortifères sont nos grands frères. Assomptionnistes ou laïcs, les rédacteurs de *La Croix* eurent en ce temps-là une attitude que rien – ni l'antisémitisme général, parfois plus excessif

27. Jean-Louis Schlegel, entretien avec l'auteur.
28. Pour en savoir plus lire la série d'articles « Aux racines de l'antisémitisme de *La Croix* » par Isabelle de Gaulmyn, *La Croix*, juillet 2023.

encore, des milieux catholiques, ni l'anticléricalisme odieux d'en face – ne saurait excuser. Ils voulaient sauver Rome et la France ? Ils n'ont fait que salir le Christ qu'ils pensaient servir. En criant "À bas les juifs !", en se proclamant "le journal le plus antijuif de France", notre quotidien ne voyait pas qu'il trahissait le crucifix arboré alors si fièrement en première page.

Notre quotidien, comme l'ensemble de l'Église, ne savait plus, ou pas encore, que les juifs sont nos "frères aînés". Il aura fallu cent ans de plus, la Shoah, un Concile, un Pape visionnaire (Jean-Paul II, à la synagogue de Rome en 1986) pour s'en souvenir. L'Église et *La Croix* ont largement, depuis des décennies, exprimé ce respect[29]. »

Jean Gélamur, engagé pendant la guerre dans les corps francs, proche de Jean-Marie Lustiger, va transformer la Bonne Presse, la société propriétaire de *La Croix*, en groupe Bayard Presse, dont il sera le PDG de 1960 à 1985, et qui étend sa toile dans la presse et dans l'édition, notamment les publications pour la jeunesse, secteur en pleine expansion. Fleuron de la maison, le magazine *Pèlerin*, à la longévité exceptionnelle, qui dure encore, et de belle façon – fondé par les assomptionnistes en 1873, c'est l'un des plus vieux titres de la presse française –, dédié à l'origine à l'histoire des pèlerinages, commence à s'étendre aux débats de société et à la vie quotidienne. *La Croix*, vaisseau amiral du groupe, a ouvert la voie, en prise avec la modernité. Sous la houlette du père Émile Gabel, les prêtres qui signent dans le journal cèdent peu à peu la place à une

29. Michel Kubler, *La Croix*, éditorial des 11 et 12 janvier 1998.

nouvelle génération de journalistes laïcs – il faut tout de même attendre 1956 pour que le crucifix qui était apposé sous le titre du journal disparaisse de la une... Ces nouvelles plumes, formées à l'esprit public dans le militantisme de la JEC, sont appelées à un grand avenir. Elles s'appellent Jean Boissonnat, Noël Copin, Jacques Duquesne... Grâce aux enquêtes de celui-ci, *La Croix* sera le premier quotidien à dénoncer la torture en Algérie. Combat porté aussi par *Témoignage chrétien*, sous l'impulsion d'André Mandouze et de Georges Montaron.

Les organes de presse issus de la Résistance chrétienne se multiplient à la Libération. D'autres grands quotidiens, parmi les plus forts tirages de la presse française, et qui le restent encore aujourd'hui, sont le fruit de cette histoire. *La Voix du Nord* est née dans la clandestinité en avril 1941, sous la houlette du catholique social, qui imprègne la culture du Nord, Natalis Dumez, associé en la circonstance avec un syndicaliste policier Jules Noutour – qui mourra au camp de Gross-Rosen en février 1945.

Georges Bidault, Pierre-Henri Teitgen et Francisque Gay accompagnent la création de *Ouest-France*, dont le premier numéro paraît le 7 août 1944, à la place de *L'Ouest-Éclair*. Son créateur, Paul Hutin-Desgrées, issu d'une famille nombreuse, catholique et pratiquante, d'exploitants agricoles de la Meuse, ancien élève des jésuites, a épousé la fille du propriétaire de *L'Ouest-Éclair*, il travaille au journal avant guerre, mais le quitte pour entrer dans la clandestinité à partir de 1940. *L'Ouest-Éclair* soutient Vichy et est interdit de parution pour collaboration avec l'ennemi à la Libération. Paul Hutin revient aux commandes et le transforme en *Ouest-France*, qui demeure à ce jour le plus fort tirage de toute la presse quotidienne, et reste irrigué par les valeurs de la démocratie chrétienne. L'Association pour le soutien des principes de la démocratie humaniste (ainsi se dénomme-t-elle), toujours contrôlée par la famille Hutin et longtemps présidée par Jacques Duquesne, qui chapeaute le groupe, y veille scrupuleusement. Signalons aussi que *Ouest-France* eut à affronter, de 1948 à 1956, un autre quotidien, *Ouest-Matin*, fondé par un chrétien de gauche, professeur d'économie à Rennes, Henri Denis.

Dans cette même mouvance chrétienne, Émilien Amaury lance en août 1944 *Le Parisien libéré* et l'hebdomadaire *Carrefour*. Amaury a commencé sa carrière comme coursier cycliste, et fut secrétaire de Marc Sangnier. La petite-fille du fondateur du Sillon, Anicette Sangnier, dont le père Jean, journaliste, qui avait participé à la création de *Ouest-France*, a rejoint Amaury – d'abord dans la Résistance au sein du Groupe de la rue de Lille puis dans son groupe de presse –, se souvient de celui-ci comme d'un « homme imposant, à la forte personnalité. Homme de presse d'envergure, il n'a pas suivi la voie d'un Francisque Gay[30] ou d'un Maurice Schumann (la voix de Radio-Londres). À la fin de sa vie, une confrontation musclée l'a opposé au syndicat du livre. Grand cavalier, on l'a retrouvé mort d'une chute de cheval dans la forêt de Chantilly ».

30. Rappelons que ce grand silloniste, éditeur et homme politique, proche de Georges Bidault, avait fondé avant guerre les journaux *La Vie catholique* et *L'Aube*.

Le Monde, dont le premier numéro sort le 18 décembre 1944, est lui aussi imprégné des valeurs démocrates-chrétiennes. Il paraît sur les cendres du journal *Le Temps*, désormais interdit par l'ordonnance du 30 septembre 1944 visant les titres qui ont continué de paraître sous l'Occupation : il en récupère les locaux rue des Italiens, le matériel, l'équipe rédactionnelle, les employés et ouvriers. À sa barre, Hubert Beuve-Méry, le patron de presse qui, notamment à travers ses éditoriaux signés Sirius, installe un *mano a mano* avec de Gaulle.

Certes. Mais le quotidien à gros tirage qui défend le plus les valeurs chrétiennes, également le titre le plus ancien de la presse française, puisqu'il a été fondé en 1826, est – et cela, encore de nos jours – *Le Figaro*. Un journal qui épouse l'histoire de France, de Charles X à de Gaulle. Une institution menée tambour battant par Pierre Brisson, qui décide de suspendre la parution du journal en 1942 pour s'élever contre la censure de Vichy. Il reparaît le 25 août 1944, jour de la libération de Paris, et Brisson, ami de Bidault, avec François Mauriac, pilier de la maison, puis Raymond Aron, en fait une machine de guerre qui surfe entre le MRP et le gaullisme triomphant, résolument dressée contre les communistes. Pour ne pas abandonner le champ culturel aux marxistes, Brisson crée un supplément, *Le Littéraire*, dans lequel s'épanouissent les meilleures plumes du siècle, dont celles des chrétiens engagés François Mauriac, bien entendu, le père Riquet, grand résistant qui, explique Étienne de Montety, l'actuel directeur du *Figaro littéraire*, « fait le pont entre les mondes de la déportation, de l'Église et de la presse », André Siegfried, mais aussi le poète Paul Claudel ou encore Julien

Green, l'écrivain américain converti du protestantisme – la religion de sa mère – au catholicisme, et qui sera élu au fauteuil de Mauriac à l'Académie française.

Ce supplément devient *Le Figaro littéraire* en 1947, puis à l'orée des années 1950 il s'étoffe en pagination et en journalistes, pour concurrencer les *Lettres françaises* de Louis Aragon. Les ventes du quotidien ne cessent de grimper – jusqu'à atteindre près de 500 000 exemplaires à la fin des années 1950. Ce succès doit beaucoup à Mauriac.

> « Depuis la Libération, sa parole compte au *Figaro*, son aura rejaillit sur l'ensemble du titre, explique Étienne de Montety. Mauriac exerce à lui seul un magistère puissant, il a une telle ampleur qu'il joue un rôle immense. Ce qu'il dit infuse dans la société. Quand il prend position contre l'épuration en tant que chrétien face à Camus, qui veut que la justice passe, sa parole pèse ; à tel point que *Le Canard enchaîné* le surnomme saint François des Assises... »[31]

Le Figaro est le quotidien de la droite catholique – mais pas seulement : libéral, atlantiste, européen, Pierre Brisson a le regard (et l'ambition) large. Au *Monde*, le positionnement spirituel penche plus à gauche. Hubert Beuve-Méry est imprégné des valeurs chrétiennes, tout en gardant ses distances par rapport à l'Église. Orphelin de père et séparé de mère, « Beuve » a été élevé par les dominicains, auxquels il restera lié toute sa vie. Il a commencé sa carrière

31. Étienne de Montety, entretien avec l'auteur.

de journaliste aux *Nouvelles religieuses*. Ses premières armes intellectuelles, il les a aiguisées avant guerre au contact de Charles Flory, croisant chez lui son beau-père, le philosophe Maurice Blondel, très influent chez les chrétiens, et dans ses rencontres avec le fondateur de la revue *Esprit*, Emmanuel Mounier. À ses débuts, Beuve-Méry fait aussi partie, rappelons-le, de la petite équipe de *Temps nouveau*, où s'épanouissent de fortes personnalités chrétiennes, qu'on a déjà croisées, tels Stanislas Fumet, Joseph Folliet et Louis Terrenoire – avant la suspension de la revue par Vichy en 1941.

Pendant la guerre, Hubert Beuve-Méry rejoint l'école des cadres d'Uriage, qui tient à la fois du camp scout et de l'école de Saumur, fondée au château d'Uriage par deux jeunes officiers de cavalerie, Pierre Dunoyer de Segonzac et Éric Audemard d'Alançon, et qui sera un véritable vivier pour la future élite du pays. Dans *L'Idéologie française*, livre qui eut un retentissement médiatique et fit polémique lors de sa sortie en 1981, le philosophe Bernard-Henri Lévy percevait sous l'habit de ces cadres « la quintessence du pétainisme ». La réalité d'Uriage fut plus complexe, comme le souligne le journaliste Laurent Greilsamer dans sa biographie très documentée d'Hubert Beuve-Méry[32] : le capitaine Segonzac ne cache pas ses accointances pétainistes, mais prend ses distances, à tel point que la feuille collaborationniste *La Gerbe* critique l'école. À Uriage, relate Greilsamer, on croise l'abbé René de Naurois – l'homme qui enrôla Beuve-Méry –, futur aumônier du commando Kieffer qui débarquera en Normandie

32. Laurent Greilsamer, *L'Homme du Monde*, Perrin, 2010.

avec les Américains, et encore Henri Frenay, fondateur de *Combat*, le jésuite Henri de Lubac, ainsi que le dominicain Jean Maydieu, que nous avons déjà croisés – c'est d'ailleurs Beuve-Méry qui les fit venir.

C'est par l'intermédiaire du père Maydieu que Beuve rencontre un autre catholique engagé, grand résistant appelé à jouer un rôle important dans la France de l'après-guerre. Cet homme, c'est Philippe Vianney. Quand Beuve tombe sur lui au couvent des dominicains du boulevard de Latour-Maubourg, le résistant a fondé – avec sa femme, Hélène Mordkovitch, née à Paris de parents russes et épousée en 1942 – l'un des grands réseaux de la Résistance. Défense de la France, dès 1941, imprime et diffuse son journal éponyme de façon clandestine à 450 000 exemplaires ; on y retrouve les signatures de résistants chrétiens que nous avons déjà croisés, tels Geneviève de Gaulle-Anthonioz alias Gallia, Robert d'Harcourt, Mgr Chevrot.

Vianney est « l'antithèse » du taciturne Beuve, précise Laurent Greilsamer : « Il est le vent, la tempête. Lorsqu'il parle, les mots se bousculent et se heurtent dans sa bouche. On l'imagine dansant sur le soleil, riant aux étoiles. Car cet homme qui a bâti un groupe de résistance exceptionnel est un enfant. » Vianney dira, relate Greilsamer, dans le contexte de la fondation du *Monde*, qu'« il fallait susciter des foyers de vérité et d'invention pour l'homme du siècle à venir ». Ajoutant : « Beuve avait une âme de fondateur d'ordre. »[33]

Catholique engagé et visionnaire, Vianney crée – toujours avec son épouse – le 11 juillet 1946, en même

33. *Ibid.*

temps que l'école de voile des Glénans en Bretagne, le Centre de formation des journalistes, que présidera Beuve-Méry. « Nous avions pu mesurer durant les années de guerre [...] l'importance de l'indépendance d'esprit et de la culture pour ceux dont le métier est d'informer, expliquera Philippe Vianney. Nous avions assisté aussi à l'effondrement moral de beaucoup de journalistes passés au service de la collaboration. »

Le résistant Philippe Vianney voyait plus loin encore. Il avait créé le CFJ à partir d'une université d'un nouveau genre, le Centre de formation internationale (CFI) qu'il ambitionnait d'élargir à l'Europe :

« J'étais persuadé que le progrès humain dépendrait plus que jamais de l'existence d'élites reliées entre elles, exposait son initiateur, et que donc les rechercher et les former [...] était une fonction fondamentale. [...] Ces quelques milliers de jeunes "volontaires de la liberté" constituaient un capital irremplaçable, la fleur de toute une génération. »

Ce projet européen fera long feu, mais il est sûr que cette idée prophétique, puisée dans les combats de la Résistance chrétienne, infuse au long des décennies pour guider les chantiers d'une France en reconstruction, puis en expansion, et de plus en plus connectée à ses voisins européens. Des « volontaires de la liberté », pour porter un avenir commun de paix et de sérénité sur un continent dont le sol a été noirci par le sang de millions de combattants. Le cri lancé par Bernanos à la fin de la guerre, que l'on peut résumer dans cette phrase qui claque comme un étendard, « L'espérance est un risque à courir », reste un mot d'ordre pour des générations de bâtisseurs. « Quand les hommes ne rêvent plus de cathédrales, ils ne savent plus faire de belles mansardes. Quand ils n'ont plus la passion de la liberté, ils ne savent plus édifier les libertés[34]. » Ces mots ont été écrits par Emmanuel Mounier, en 1949.

---

34. Emmanuel Mounier, *Le Personnalisme*, PUF, 1949.

Épilogue

« ON NE TUE PAS UNE IDÉE AVEC DES BALLES »

D'autres guerres ont commencé. Mais on peut être un grand guerrier et un homme de paix. C'est le cas de Philippe Leclerc de Hauteclocque. Il a mené l'armée française pour libérer la Normandie, Paris, Strasbourg, jusqu'au nid d'aigle d'Hitler à Berchtesgaden, devançant les Américains de quelques minutes. Drapé de la gloire des batailles livrées et gagnées, il aurait pu poursuivre sa carrière à la tête des armées, et pourquoi pas au gouvernement : la France a besoin d'hommes de sa trempe pour se reconstruire. Mais c'est un homme d'action, un combattant, et la France d'alors n'est pas réduite. C'est un empire. Dont Leclerc connaît bien des contours.

Dans ce vaste Empire français, se joue aussi la question qui sera majeure pour les années, les décennies à venir. L'indépendance des pays qui forment encore les colonies françaises. On parle alors très peu de décolonisation, mais l'idée chemine dans bien des têtes. Et en particulier, on le sait peu car il n'aura guère le temps de la mettre en œuvre, dans celle du chrétien Leclerc…

Le 18 juillet 1945, le chef de la 2e DB écrit au général de Gaulle, immédiatement après un entretien en tête-à-tête : « Vous voudriez que j'accepte le poste de gouverneur militaire de Paris ou de commandant des troupes pouvant éventuellement intervenir. Je ne le désire à aucun prix et je souhaite recevoir une mission dans notre Empire ou à l'étranger... »

Et c'est ainsi que Leclerc s'envole pour l'Indochine. Le soldat entame alors une mission quelque peu oubliée et devient ce que le général Vézinet, l'un de ses plus proches compagnons, qualifie dans la biographie[35] qu'il lui a consacrée de « pacificateur méconnu ». C'est sans doute à partir de là que le spirituel Leclerc prend vraiment le pas sur l'héroïque combattant. Lui qui n'a pas l'habitude de se payer de mots mais qui a le sens des formules, quand le destin frappe, lance une phrase magnifique pour résumer les aspirations des peuples à poursuivre leur destinée hors du giron français, et mettre en garde les autorités d'une réaction inadaptée : « On ne tue pas une idée avec des balles. »

Leclerc se met au service – encore et toujours – et applique la doctrine de de Gaulle, fixée par la conférence de Brazzaville de 1944, qui organise les relations au sein de l'Empire. Il s'agit de créer une Fédération indochinoise, dotée d'un gouvernement propre et d'une certaine autonomie pour gérer ses ressources, mais dans le cadre d'une « Union française » : les intérêts à l'extérieur de l'Indochine sont représentés

35. Adolphe Vézinet, *Le Général Leclerc*, France Empire, 1998.

par la France, et par elle seule. Et, surtout, toute idée d'émancipation des peuples est proscrite.

Leclerc veut aller plus loin. Il anticipe l'évolution du monde, et c'est dans cette perspective qu'il se met à défendre l'idée de décolonisation. Comme le précise le général Jean Compagnon[36], qui fut à ses côtés à Strasbourg, Berchtesgaden, puis en Indochine, les ambitions de Leclerc sont résumées dans la préface qu'il donne à un livre du père Émile Dehon – un autre compagnon d'armes avec lequel il a débarqué en pirogue à Douala en 40. L'ouvrage de ce missionnaire au Cameroun – qui passera dans ce pays l'essentiel de sa vie, avant et après la guerre – s'intitule *La Nouvelle Politique coloniale de la France*[37], et paraît en 1945.

Philippe Leclerc, souligne Compagnon, en « approuve tout le texte ».

> « Habitué à vivre la doctrine chrétienne, écrit Philippe Leclerc, le RP Dehon a été choqué des différences économiques, sociales, spirituelles, qui séparent les indigènes des blancs, le plus souvent de la faute de ceux-ci. Les remèdes qu'il propose sont nouveaux et parfaitement adaptés aux nécessités et aux possibilités de la France de demain. L'auteur de cet ouvrage n'entend pas la colonisation comme le contrôle d'une région par une nation puissante, mais comme un apport de vie et de bonheur qui commence par coûter au colonisateur

36. Jean Compagnon, *Leclerc, maréchal de France*, Flammarion, 1994.

37. Émile Dehon (préface du général Leclerc), *La Nouvelle Politique coloniale de la France*, Flammarion, 1945.

du sens, puis de la peine, mais finit par lui rapporter grandeur et prestige.

Que les coloniaux civils et militaires connaissent ce livre et sachent le comprendre. Mais, en dehors d'eux, que chaque Français sente cette communauté, non plus seulement nationale, mais impériale, française, qui se réalisera pour le plus grand bien des pays où, dans le monde entier, flotte le drapeau tricolore[38]. »

En Indochine, Leclerc milite pour la pacification et le dialogue avec Hô Chi Minh.

« Mon père avait voulu instaurer avec les autorités locales une relation forte, nous raconte sa fille, Bénédicte de Francqueville, dernier de ses enfants en vie. Quand il est arrivé à Hanoi, il a ainsi demandé au général Giap[39] d'avoir devant sa résidence une garde qui ne soit pas française, mais vietnamienne, c'était une belle preuve de confiance. Il disait aux soldats de sa troupe de ne pas molester leurs adversaires, parce qu'ils étaient des amis. C'est dans cet esprit qu'il avait tissé des relations cordiales avec Hô Chi Minh, qui avait travaillé en France et parlait un français impeccable ; il y avait un profond respect entre eux. Hô Chi Minh avait confiance en lui, et mon père considérait que, bien que communiste, cet homme était de valeur, parce qu'il était un patriote. Un jour, après que Papa eut quitté son poste en Indochine, de passage à Paris, Hô Chi Minh avait cherché à le voir sachant qu'il était lui aussi dans la capitale. Mon père l'a reçu mais sans rien lui céder parce qu'il ne voulait pas donner l'impression de pratiquer un double jeu. Papa

38. *Ibid.*
39. Le futur vainqueur de Diên Biên Phu.

n'était pas d'accord avec la guerre en Indochine, mais il ne voulait pas que cela se sache pour ne pas gêner ses successeurs. Il implorait le gouvernement de traiter avec Hô Chi Minh, qui avait menacé d'une guerre à tous crins, et d'ouvrir la porte à l'indépendance. Il sentait que, des deux côtés, les populations devenaient xénophobes, et avant qu'il ne soit trop tard il plaidait pour que la France quitte l'Indochine en bonne intelligence, que l'on se retire calmement afin de pouvoir conserver des liens qui permettent de construire un avenir serein. Avant de rejoindre l'Indochine, il s'était arrêté à Ceylan, où Lord Mountbatten avait demandé à le rencontrer ; et Mountbatten, c'était celui qui avait réussi l'indépendance en Inde. Mon père et lui partageaient les mêmes opinions[40]. »

Las, de Gaulle a nommé au-dessus de lui Georges Thierry d'Argenlieu comme haut-commissaire pour la France et commandant en chef. Celui-ci est chargé des affaires politiques, Leclerc de la chose militaire. Mais leur relation se transforme vite en « subornation désagréable[41] » pour Leclerc. Sur le papier, Thierry d'Argenlieu est un homme de qualité : cet ami intime de de Gaulle est un résistant de la première heure. Amiral, il a été le chef des Forces navales françaises libres dès 1940, puis membre du Conseil de défense de l'Empire, entre autres postes. Mieux, c'est un religieux carme – de Gaulle dira qu'il fut à l'origine de la croix de Lorraine comme symbole de la France libre. Un grand soldat, un gaulliste militant, un fervent

40. Bénédicte de Francqueville, entretien avec l'auteur.
41. Selon la formule d'Adolphe Vézinet, *op. cit.*

catholique, ce Thierry d'Argenlieu a tout pour plaire à Leclerc. Mais les deux hommes ne s'entendront jamais : ils divergent – gravement – sur la stratégie, la vision, la conception de leur mission. Pour Thierry d'Argenlieu, souligne le général Compagnon, la déclaration de Brazzaville est « en quelque sorte la bible que lui donne de Gaulle en lui confiant la mission de "rétablir la souveraineté française dans les territoires de l'Union indochinoise"[42] ». Quand Leclerc prône l'ouverture et la négociation avec Hô Chi Minh, son supérieur ne dévie pas de sa ligne et pense qu'il suffit de mater l'adversaire.

Sans marge de manœuvre, le patron de la 2e DB donne sa démission. Et, en 1947, il rejoint l'Afrique du Nord, en tant qu'inspecteur général des forces terrestres, navales et aériennes.

> « Volant d'Alger à Tunis, de Tunis à Rabat, de Rabat à Alger, raconte le général Vézinet, il se sert des entrevues et des contacts avec les autorités et les notabilités locales pour mener une enquête sur la situation générale, tant au point de vue militaire qu'économique ou social. On lui a ménagé des visites dans des milieux divers. Son sens de l'humain et du social, dont il avait donné bien des preuves, notamment en Indochine, se manifeste à nouveau. C'est ainsi, par exemple, qu'en réaction contre l'étalage vaniteux d'une réussite matérielle un peu insolente il ne peut s'empêcher de jeter l'embarras et la consternation parmi les notables d'un village de colons en demandant : "Et maintenant,

42. Jean Compagnon, *op. cit.*

montrez-moi ce que vous avez fait pour vos travailleurs indigènes !"[43] »

« Papa était très préoccupé par le sort des populations locales, se souvient Bénédicte de Francqueville. Quand il revenait en France, et que l'on se retrouvait en famille, à table, on parlait de choses et d'autres, et tout d'un coup on le sentait absorbé, on avait l'impression qu'il était ailleurs. Il donnait l'air d'être absent. En fait, il était tout entier dédié à sa mission : après la guerre, son obsession était la reconstruction, le retour à l'unité du pays autour de de Gaulle. Et il conservait un lien particulier avec le Maghreb. Avant la guerre, il avait vécu au Maroc avec notre mère, et il avait gardé une affection particulière pour ce pays ; jeune instructeur militaire, il avait emmené ses élèves visiter la France, et on a encore dans nos archives une photo de lui avec eux, chez nous, à Tailly. Après la guerre, il avait dû laisser sa famille à Paris, et il espérait nous faire venir en Algérie, nous disait-il ; on ne comprenait pas trop ce que cela signifiait, mais on y croyait. Malheureusement, Papa voyait très bien que tout cela allait mal tourner, qu'il allait arriver en Algérie ce qui s'était passé en Indochine. Il prenait des notes, et il avait l'intention d'écrire ses Mémoires parce qu'il avait peur que l'on raconte n'importe quoi. Malheureusement, il n'a pas pu le faire[44]… »

Philippe Leclerc de Hauteclocque, en effet, n'aura pas le temps de mener à bien ses projets humanistes

43. Adolphe Vézinet, *op. cit.*
44. Bénédicte de Francqueville, entretien avec l'auteur.

et généreux : le 28 novembre 1947, son avion s'écrase dans le désert du Sahara, près de Colomb-Béchar.

Les positions opposées d'un Leclerc et d'un Thierry d'Argenlieu sur la décolonisation reflètent les débats qui agitent à l'époque les consciences chrétiennes. L'Indochine, puis surtout le drame algérien, vont creuser une ligne de partage entre croyants, et les attitudes des uns et des autres évolueront à mesure que l'on s'enfonce dans le conflit armé. La trajectoire de Jacques Soustelle est à ce titre emblématique. Il est nommé par Pierre Mendès France en Algérie pour pacifier le pays ; c'est alors un grand ethnologue, qui parle couramment une foultitude de dialectes, et il est considéré comme un homme d'ouverture. Las, cet esprit d'envergure ne se remettra pas du massacre de Melouza en 1957, village dans lequel le FLN tua 315 individus, et il deviendra un défenseur du maintien de l'Algérie dans l'orbite de la France.

Les mouvements de l'âme se cognent aux réalités du terrain et de la politique. Ainsi, Georges Bidault se retrouvera-t-il confronté au piège indochinois et deviendra un partisan radical de l'Algérie française, compagnon de route de l'OAS. A-t-il perdu son âme et pactisé avec le diable ? Pas facile de juger pour qui n'a pas connu cette période complexe. Rappelons que François Mitterrand, ministre de l'Intérieur, affirme, lui aussi, en 1954 que « l'Algérie c'est la France et la France ne reconnaitra pas chez elle d'autre autorité que la sienne. » Cette opinion est partagée par la majorité de la classe politique. Bidault ira jusqu'au bout de ce qu'il considère comme une cohérence, comme il s'en explique dans ses Mémoires, dont le titre – *D'une résistance à l'autre* – dit tout.

L'Algérie scelle le divorce de Bidault avec de Gaulle. Les revirements gaulliens sur la question, dont il pointe scrupuleusement l'évolution, et les mensonges surtout, indignent Bidault. « À la vérité, la tentation de décoloniser n'est venue que dans la solitude de Colombey à l'heure des grands désenchantements et des mauvaises fréquentations », écrit-il, accusant le président de la France de « jeter au vent le patrimoine dont on lui confie la garde »[45].

Chez les chrétiens engagés, l'Algérie va provoquer une grande fracture. D'un côté, Bidault et Soustelle. De l'autre, un André Mandouze qui, dès 1946, s'engage corps et âme au service du camp adverse. Sans nuances, là aussi. Professeur à l'université d'Alger, il se présente aux élections municipales et prend la tête du Comité d'action des intellectuels algériens pour la liberté et la démocratie. « Le dilemme algérien : suicide ou salut public[46] », interpelle-t-il dans un article de la revue *Esprit* d'octobre 1948. Dans cette lutte, il rejoint des ecclésiastiques comme Mgr Léon-Étienne Duval, l'archevêque d'Alger, ou bien Robert Davezies, que l'on surnomme « le curé du FLN » et qui fait partie du réseau Jeanson, dans la mouvance d'*Esprit* et d'Emmanuel Mounier.

La décolonisation est en cours, et pour beaucoup de chrétiens il s'agit d'accompagner la marche

45. Georges Bidault, *op. cit.*

46. André Mandouze, « Le dilemme algérien : suicide ou salut public », *Esprit*, octobre 1948.

de l'histoire. Robert Schuman – qui a glissé dans la déclaration du 9 mai 1950 sur la CECA une référence à l'Eurafrique – ne dit pas autre chose dans un discours, à Metz, en 1954, alors que commence la guerre d'Algérie : « La construction européenne a un avenir en dépit des obstacles dressés sur sa route, le système colonial par contre n'a aucun avenir. La France doit préparer à l'indépendance des peuples qu'elle a en charge, et plus tôt celle-ci surviendra, mieux la France s'en portera. Si par malheur elle retardait cette évolution, elle risquerait de le payer au prix fort du sang et des larmes… »

Jean-Marie Pelt, qui fut son collaborateur, s'en souvient ainsi :

> « Il nous recevait bien souvent à l'époque où durant la guerre d'Algérie nous allions lui exprimer les soucis de notre génération, devant ce conflit dont le sens nous échappait, et qui nous avait paru d'emblée sans issue. Il nous écoutait alors avec une attention intense, posant des questions, curieux de tout et d'abord de ce monde des plus jeunes dont il entendait bien ne point se couper. Ce qui explique peut-être certains de ses propos, d'un libéralisme inattendu, à une époque où la version officielle affectait de ne voir dans ce conflit que de simples opérations de maintien de l'ordre. Enfin, quand après plusieurs heures parfois de dialogue, nous quittions sa maison de Scy-Chazelles, il nous accompagnait, un peu voûté, jusqu'au pas de la porte et puis, immobile, il nous suivait longuement du regard jusqu'au détour du chemin. C'est à ce moment peut-être que nous sentions mieux l'immense patrimoine d'affectueuse tendresse et

de fraternité humaine qui se cachait sous l'apparente réserve de cet homme solitaire[47]. »

À ce moment-là, personne ne prend vraiment la mesure de l'engrenage meurtrier qui se met en place. Les dizaines et dizaines de milliers de morts, de part et d'autre. L'affrontement entre deux peuples dont les blessures ne seront jamais pansées. Les destins de familles qui ont patiemment construit sur plusieurs générations un capital humain et économique et vont voir celui-ci voler en éclats ; et se retrouvent contraintes du jour au lendemain de s'inventer une nouvelle vie.

À la date du 2 novembre 1954, au lendemain de la Toussaint rouge où le FLN algérien ensanglante le pays par une série d'attentats meurtriers, dans son *Bloc-notes*, sous le titre « La guerre d'Algérie commence », François Mauriac note :

« Je ne croyais pas que le pire fût si proche[48]. »

47. Jean-Marie Pelt, *op. cit.*
48. François Mauriac, *op. cit.*

REMERCIEMENTS

Merci à Jacqueline Fleury-Marié pour nos conversations amicales, nourries par sa mémoire exceptionnelle, son sens de la transmission, sa simplicité et son humour réjouissant malgré les tragédies traversées. J'y associe, bien entendu, notre amie commune l'historienne Christine Antier, la vigie qui, de son regard précis et sans concession, a relu et enrichi le premier chapitre, ainsi qu'Hervé Fleury, qui a accepté d'évoquer sa relation avec sa mère.

Merci à Odile de Vasselot, grande dame elle aussi, qui m'a confié son témoignage avec une humilité tout aussi remarquable que ses faits de résistance.

Merci à Bénédicte de Francqueville, dernière fille de Philippe Leclerc de Hauteclocque, pour son témoignage sur son père, sa confiance et sa chaleureuse gaieté.

Merci à sœur Myriam Selz pour notre discussion à bâtons rompus sur sa trajectoire hors du commun et pleine de grâce, et son rire enfantin.

Merci à Anicette Sangnier d'avoir évoqué avec une touchante délicatesse la figure de son grand-père Marc Sangnier.

Merci à Annie B. qui, avec une grande pudeur, a accepté de lever le voile sur un secret de famille douloureux.

Merci à Sébastien Maillard pour sa relecture avisée de la partie européenne, et pour m'avoir mis en relation avec les grands experts et acteurs publics que sont Enrico Letta, Alain Lamassoure et Joachim Bitterlich, que je remercie tous les trois pour leurs lumières, leurs confidences et leur mise en perspective historique.

Merci au sociologue Jean-Louis Schlegel pour avoir fait ressurgir de manière vivante un ancien monde.

Merci à l'historien et haut fonctionnaire Arnaud Teyssier pour avoir partagé ses connaissances sur de Gaulle et la haute administration.

Merci au grand rabbin Haïm Korsia pour son éclairage sur le dossier de la restitution des enfants juifs cachés après la guerre.

Merci à l'historien André Encrevé pour son savoir précis du protestantisme d'après-guerre.

Merci à Etienne de Montety, pour les informations données sur *Le Figaro* de l'après-guerre.

Merci à Jean-Paul Huchon pour ses confessions iconoclastes.

Merci à David Chatelon pour son témoignage émouvant sur son père au camp de Noisy et à la cité du Plessis-Trévise.

Merci à Augustin de Romanet de m'avoir mis sur la piste de Henry Kissinger analysant la « stratégie d'humilité » de Konrad Adenauer, et à mon confrère du *Point* François-Guillaume Lorrain sur celle de Joseph Rovan.

Merci, enfin, à Philippe Robinet, directeur des éditions Calmann-Lévy, qui a cru en ce projet et l'a encouragé, à Marine Montégut, qui l'accompagne, et à Marie Merveilleux, pour son efficacité minutieuse, ainsi qu'à la longue chaîne de celles et ceux qui ont permis à ce livre d'aboutir et de se faire connaître.

BIBLIOGRAPHIE

ADENAUER, Konrad, *Mémoires : 1945-1953*, Hachette, 1965.

ADENAUER, Konrad, *Mémoires : 1953-1956*, Hachette, 1967.

ADENAUER, Konrad, *Mémoires : 1956-1963*, Hachette, 1969.

BARTHES, Roland, *Mythologies*, Le Seuil, 1957.

BÉDARIDA, Renée, *Pierre Chaillet, témoin de la résistance spirituelle*, Fayard, 1988.

BERNANOS, Georges, « Le temps des robots », *Scandale de la vérité. Essais, pamphlets, articles et témoignages*, Robert Laffont, Bouquins, 2019.

BIDAULT, Georges, *D'une résistance à l'autre*, Les Presses du Siècle, 1965.

BLOCH-LAINÉ, François, *Ce que je crois*, Grasset, 1995.

BLONDEL, Maurice, *L'Action*, Félix Alcan, 1893.

BOUVIER, Jean et François BLOCH-LAINÉ, *La France restaurée, 1944-1954*, Fayard, 1986.

CHAILLET, Pierre, *L'Autriche souffrante*, Bloud et Gay, 1939.

CHARBONNEL, Jean, *Edmond Michelet*, Beauchesne, 1987.

CHASTENET, Patrick, *Introduction à Jacques Ellul*, La Découverte, 2019.

CHENAUX, Philippe, *La Fin de l'antijudaïsme chrétien*, Cerf, 2023.

CHENU, Roselyne, *Paul Delouvrier ou la passion d'agir, entretiens avec Roselyne Chenu*, Le Seuil, 1994.

COMPAGNON, Jean, *Leclerc, maréchal de France*, Flammarion, 1994.

CONGAR, Yves, *Journal d'un théologien (1946-1956)*, Paris, Cerf, 2000.

CORDIER, Daniel, *Alias Caracalla*, Gallimard, 2009.

CORDIER, Maurice et FOUQUER, Roger, *Le Général Leclerc, ou se commander à soi-même*, Desclée de Brouwer, 1990.

DEHON, Émile (préface du général LECLERC), *La Nouvelle Politique coloniale de la France*, Flammarion, 1945.

DOMENACH, Léa et Hugo, *Les Murs blancs*, Grasset, 2021.

DURAND, Jean-Dominique, *L'Europe de la démocratie chrétienne*, Éditions Complexe, 1995.

ENCREVÉ, André, « Les protestants français face aux protestants allemands à la fin de la Seconde Guerre mondiale », *Les Protestants et la vie politique française*, CNRS Éditions, 2020.

FLEURY-MARIÉ, Jacqueline, *Résistante*, Calmann-Lévy, 2019.

FOUILLOUX, Étienne, *Les Chrétiens français entre crise et libération, 1937-1947*, Le Seuil, 1997.

GAULLE (de), Charles, *Mémoires de guerre – Le Salut : 1944-1946*, Plon, 1959.

GAULLE-ANTHONIOZ (de), Geneviève, *La Traversée de la nuit*, Seuil, 1998.

GAULLE-ANTHONIOZ (de), Geneviève, *Le Secret de l'espérance*, Fayard, 2001.

GODIN, Henri et Yvan, DANIEL, *La France, pays de mission ?*, Cerf, 1943.

GREILSAMER, Laurent, *L'Homme du Monde, biographie d'Hubert Beuve-Méry*, Perrin, 2010.

HENNING, Christophe, *Vous, c'est la charité ! Biographie de l'abbé Rhodain*, Fayard – Le Sarment, 2002.

KAPLAN, Jacob, *Les Temps de l'épreuve*, Éditions de Minuit, 1952.

KISSINGER, Henry, *Leadership, six études de stratégie mondiale*, Fayard, 2023.

KÜNG, Hans, *Mémoires : mon combat pour la liberté*, Éditions du Cerf-Novalis, 2006.

LACOUTURE, Jean, *Paul Flamand, éditeur. La grande aventure des éditions du Seuil*, Les Arènes, 2010.

LATREILLE, André, *De Gaulle, la Libération et l'Église catholique*, éditions du Cerf, 1978.

LEJEUNE, René-François, *Robert Schuman, un père pour l'Europe*, Éditions de l'Emmanuel, 2013.

LENTINI, Gerlando, *Aux racines chrétiennes de l'Union européenne*, Éditions des Béatitudes, 2006.

LUBAC (de), Henri, *Surnaturel : Études historiques*, Éditions Lethielleux, 1946.

MANENT, Pierre, *Pascal et la proposition chrétienne*, Grasset, 2022.

MANENTI, Pierre, *Histoire du gaullisme social*, Perrin, 2021.

MAURIAC, François, *Le Bloc-notes*, préface de Jean-Luc Barré, édition établie et annotée par Jean Touzot, Bouquins, Robert Laffont-Mollat, 2020.

MICHEL, Florian et RAISON DU CLEUZIOU, Yann, *À la droite du Père. Les catholiques et les droites de 1945 à nos jours*, Le Seuil, 2002.

MICHEL, Florian, *Étienne Gilson, une biographie intellectuelle et politique*, Vrin, 2018.

MICHELET, Edmond, *Rue de la Liberté*, Le Seuil, 1955.

MICHONNEAU, Georges, *Paroisse, communauté missionnaire*, Cerf, 1946.

MONNET, Jean, *Mémoires*, préface d'Emmanuel Macron et Ursula von der Leyen, postface d'Éric Roussel, Fayard, 2022.

NOTIN, Jean-Christophe, *Leclerc*, Perrin, 2005.

PELLETIER, Denis et SCHLEGEL, Jean-Louis (dir.), *À la gauche du Christ, les chrétiens de gauche en France de 1945 à nos jours*, Points Seuil, 2015.

PELT, Jean-Marie, *Robert Schuman, père de l'Europe*, Conseil général de la Moselle, Serge Domini Éditeur, 2002.

PETIT, Vincent (dir.), *Le Temple national, prêtres et pasteurs au Parlement français depuis 1789*, Presses universitaires de Lyon, 2021.

POUJADE, Robert, *Avec de Gaulle et Pompidou*, L'Archipel, 2011.

POUJOL, Catherine, *L'Église de France et les enfants juifs*, PUF, 2013.

RÉMOND, René, *La droite en France de 1815 à nos jours. Continuité et diversité d'une tradition politique*, Aubier, 1954.

RICCARDI, Andrea, *La Guerre du silence. Pie XII, le nazisme, les Juifs*, Cerf, 2023.

RIOUX, Jean-Pierre, *La France de la Quatrième République, tome I : l'ardeur et la nécessité*, Points Seuil, 1980.

ROVAN, Joseph, *Mémoires d'un Français qui se souvient d'avoir été Allemand*, Le Seuil, 1999.

SCHUMAN, Robert, *Pour l'Europe*, Fondation Robert Schuman, Nagel, 2010.

SELZ, Myriam, *Fille de Jérusalem*, Cerf, 2017.

SIEGFRIED, André, *L'Âme des peuples*, Hachette, 1950.

STETTEN-PIGASSE, Jean, *Sur le fil de l'espoir*, à compte d'auteur, 2012.

TANDONNET, Maxime, *Georges Bidault, de la Résistance à l'Algérie française*, Perrin, 2022.

VASSELOT (DE), Odile, *Tombés du ciel : histoire d'une ligne d'évasion*, Éditions du Félin, 2005.

VÉZINET, Adolphe, *Le Général Leclerc*, France Empire, 1998.

VITTORI, Jean-Pierre (dir.), avec la collaboration d'Irène Michine, préface de Stéphane Hessel, *Le Grand Livre des témoins*, Les Éditions de l'Atelier, 2005.

INDEX

TABLE DES MATIÈRES

Photocomposition PCA, 44400 Rezé

Achevé d'imprimer en septembre 2023
par CPI BUSSIÈRE (18200 Saint-Amand-Montrond)
pour le compte des Éditions Calmann-Lévy
21, rue du Montparnasse, 75006 Paris

PAPIER CERTIFIÉ

CALMANN LÉVY s'engage
pour l'environnement en réduisant
l'empreinte carbone de ses livres.
Celle de cet exemplaire est de :
800 g éq. CO_2
Rendez-vous sur
www.calmann-levy-durable.fr

N° d'éditeur : 3646091/01
N° d'imprimeur : 2073794
Dépôt légal : octobre 2023
Imprimé en France.